Algorithmische Mathematik

Stefan Hougardy · Jens Vygen

Algorithmische Mathematik

2., korrigierte und erweiterte Auflage

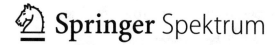 Springer Spektrum

Stefan Hougardy
Forschungsinstitut für Diskrete
Mathematik, Universität Bonn
Bonn, Deutschland

Jens Vygen
Forschungsinstitut für Diskrete
Mathematik, Universität Bonn
Bonn, Deutschland

ISBN 978-3-662-57460-7   ISBN 978-3-662-57461-4   (eBook)
https://doi.org/10.1007/978-3-662-57461-4

Die Deutsche Nationalbibliothek verzeichnet diese Publikation in der Deutschen Nationalbibliografie; detaillierte bibliografische Daten sind im Internet über http://dnb.d-nb.de abrufbar.

Springer Spektrum
© Springer-Verlag GmbH Deutschland, ein Teil von Springer Nature 2016, 2018

Verantwortlich im Verlag: Annika Denkert

Springer Spektrum ist ein Imprint der eingetragenen Gesellschaft Springer-Verlag GmbH, DE und ist ein Teil von Springer Nature
Die Anschrift der Gesellschaft ist: Heidelberger Platz 3, 14197 Berlin, Germany

Vorwort

Seit es Computer gibt, nimmt die Bedeutung von Algorithmen in fast allen Bereichen der Mathematik ständig zu. An der Universität Bonn wurde daher neben Analysis und Linearer Algebra eine dritte Grundvorlesung für das erste Semester konzipiert: die Algorithmische Mathematik. Dieses Buch gibt genau die Inhalte dieser Vorlesung wieder, die die Autoren mehrfach gehalten haben, und die etwa 30 mal 90 Minuten (zuzüglich Übungen) umfasst. Wir setzen nirgends mehr als Schulwissen voraus; dennoch ist das Buch für Leser ohne mathematische Vorbildung anspruchsvoll.

Im Gegensatz zu den meisten anderen einführenden Büchern über Algorithmen, die vielleicht eher auf Informatikstudenten abzielen, legen wir von Anfang an viel Wert auf eine rigorose mathematische Vorgehensweise. Exakte Definitionen, präzise Sätze und genau ausgearbeitete elegante Beweise sind gerade am Anfang eines Mathematikstudiums unentbehrlich. Das Buch beinhaltet aber auch viele Beispiele, Erläuterungen und Hinweise auf weiterführende Themen.

Bei der Auswahl der Themen haben wir darauf geachtet, ein möglichst breites Spektrum von Algorithmen und algorithmischen Fragestellungen zu zeigen, soweit dies ohne tiefere mathematische Kenntnisse möglich ist. Wir behandeln Grundlagen (Kap. 1–3), numerische Fragen (Kap. 4–5), Graphen (Kap. 6–7), Sortieralgorithmen (Kap. 8), Kombinatorische Optimierung (Kap. 9 und 10) sowie die Gauß-Elimination (Kap. 11). Dabei sind die verschiedenen Themen oft miteinander verzahnt; die Reihenfolge kann daher nicht ohne Weiteres verändert werden. Neben klassischen Algorithmen und deren Analyse wird der Leser wichtige theoretische Grundlagen, viele Querverbindungen und sogar auch Hinweise auf offene Forschungsfragen entdecken.

Algorithmen wirklich zu verstehen und mit ihnen zu arbeiten ist kaum möglich, ohne sie auch implementieren zu können. Parallel zu den mathematischen Themen führen wir daher in diesem Buch in die Programmiersprache C++ ein. Wir bemühen uns dabei, die technischen Details auf das Notwendige zu beschränken – dies ist kein Programmierkurs! – und dennoch das Buch auch für Studienanfänger ohne Programmiererfahrung zugänglich zu machen.

Die von uns sorgfältig konzipierten Programmbeispiele sollen einerseits die wichtigsten Elemente der Sprache C++ lehren und darüber hinaus zum Selbststudium anregen.

Andererseits sind sie aber auch stets so gewählt, dass sie thematisch den jeweiligen Stoff ergänzen. Natürlich kann man nicht wirklich programmieren lernen, ohne es selbst zu tun, ebenso wenig wie man Mathematik lernen kann, ohne selbst Aufgaben und Probleme zu lösen. Dazu möchten wir alle Studienanfänger von Beginn an mit Nachdruck ermuntern.

Wir wünschen allen Lesern viel Freude an der Algorithmischen Mathematik!

Bonn   Stefan Hougardy
März 2015   Jens Vygen

Vorwort zur 2. Auflage

Neben viel positiver Resonanz, die wir zur ersten Auflage unseres Buches erhalten haben, gab es mehrfach den Wunsch, dass eine Neuauflage Übungsaufgaben enthalte. Diesem Wunsch sind wir nun nachgekommen und haben an das Ende eines jeden Kapitels einen Abschnitt mit Übungsaufgaben hinzugefügt. Ansonsten ist die zweite Auflage inhaltlich identisch mit der ersten Auflage; wir haben lediglich einige kleinere Fehler behoben.

Hinweise auf noch verbliebene Fehler nehmen wir gerne entgegen.

Bonn   Stefan Hougardy
März 2018   Jens Vygen

Anmerkungen zu den C++-Programmen

Dieses Buch enthält eine Reihe von Programmbeispielen in C++. Der Sourcecode aller dieser Programme kann über die Webseiten der Autoren heruntergeladen werden. Wir benutzen in diesem Buch die in ISO/IEC 14882:2011 [6] spezifizierte C++-Version, die auch unter dem Namen C++11 bekannt ist. Zum Kompilieren der Programmbeispiele eignen sich alle gängigen C++-Compiler, die diese C++-Version unterstützen. Beispielsweise unterstützt der frei verfügbare GNU C++ Compiler g++ ab der Version 4.8.1 alle in diesem Buch benutzten Sprachelemente von C++11. Gute Lehrbücher zu C++11 sind z. B. [5, 26, 33]. Ausführliche Informationen zu C++11 findet man auch im Internet, z. B. unter http://de.cppreference.com oder http://www.cplusplus.com.

Danksagung

Wir möchten uns an dieser Stelle bei allen bedanken, die uns im Laufe der Jahre Anregungen und Verbesserungsvorschläge zu diesem Buch gegeben haben. Neben den Studierenden aus unseren Vorlesungen möchten wir uns hier insbesondere bei Christoph Bartoschek, Ulrich Brenner, Helmut Harbrecht, Stephan Held, Dirk Müller, Philipp Ochsendorf, Jan Schneider und Jannik Silvanus bedanken.

Für Hinweise auf verbleibende Fehler und weitere Verbesserungsvorschläge sind wir natürlich jederzeit dankbar.

Stefan Hougardy
Jens Vygen

Symbolverzeichnis

	mit der Eigenschaft, dass
$\exists$	es gibt (mindestens) ein
$\forall$	für alle
$\emptyset$	leere Menge
$\subseteq$	Teilmenge
$\subset$	echte Teilmenge
$\cup$	Vereinigung von Mengen
$\cap$	Schnitt von Mengen
$\dot{\cup}$	disjunkte Vereinigung von Mengen
$\triangle$	symmetrische Differenz
$\times$	kartesisches Produkt
$\wedge$	logisches und
$\vee$	logisches oder
$\lceil \cdot \rceil$	obere Gaußklammer
$\lfloor \cdot \rfloor$	untere Gaußklammer
$\approx$	ungefähr gleich
$\leftarrow$	Zuweisung im Pseudocode
$\top$	Transposition

Inhaltsverzeichnis

Einleitung

1

In diesem Kapitel werden wir einige grundlegende Begriffe einführen und erste Algorithmen vorstellen, analysieren und in C++ implementieren. Zudem werden wir sehen, dass nicht alles berechenbar ist.

1.1 Algorithmen

Der Begriff Algorithmus bezeichnet eine endliche Rechenvorschrift, für die Folgendes spezifiziert ist:

- Was wird als Eingabe für den Algorithmus akzeptiert?
- Welche Rechenschritte werden in welcher Reihenfolge durchgeführt, gegebenenfalls in Abhängigkeit von Eingabewerten oder Zwischenergebnissen?
- Wann stoppt der Algorithmus und was wird dann ausgegeben?

Für eine formale Definition benötigt man ein konkretes Rechnermodell wie etwa die Turing-Maschine [36] oder eine Programmiersprache wie zum Beispiel C++ [32]. Wir wollen hier zunächst darauf verzichten und uns auf Beispiele beschränken.

Das Wort Algorithmus geht auf Mohammed ibn Musa Alchwarizmi (ca. 780–840) zurück. Er revolutionierte die Mathematik in der westlichen Welt durch ein Buch über das indische Zahlensystem und Rechenvorschriften (Addition, Subtraktion, Multiplikation, Division, Bruchrechnen, Wurzelziehen); siehe [13, 37].

© Springer-Verlag GmbH Deutschland, ein Teil von Springer Nature 2018
S. Hougardy und J. Vygen, *Algorithmische Mathematik*,
https://doi.org/10.1007/978-3-662-57461-4_1

Einige Algorithmen sind jedoch viel älter; zum Beispiel wurden das Sieb des Eratosthenes, der euklidische Algorithmus und die Gauß-Elimination bereits vor über 2000 Jahren beschrieben. Wir werden diese Algorithmen noch im Detail besprechen.

Algorithmen können von Menschen ausgeführt werden, in Hardware implementiert werden (früher in mechanischen Rechenmaschinen, heute auf Computerchips) oder in Software, d. h. als Computerprogramm in einer Programmiersprache geschrieben werden, das dann übersetzt und auf einem universellen Mikroprozessor ausgeführt werden kann.

Die Algorithmische Mathematik ist der Teil der Mathematik, der sich mit dem Entwurf und der Analyse von Algorithmen beschäftigt. Seit es Computer gibt, nimmt die Bedeutung von Algorithmen in fast allen Bereichen der Mathematik ständig zu, von unzähligen Anwendungen ganz zu schweigen. Die Numerische Mathematik und weite Teile der Diskreten Mathematik sind dadurch überhaupt erst entstanden. Natürlich bilden Algorithmen auch eine Grundlage der Informatik.

1.2   Berechnungsprobleme

Mit $\mathbb{N}$, $\mathbb{Z}$, $\mathbb{Q}$ und $\mathbb{R}$ bezeichnen wir wie üblich die Mengen der natürlichen Zahlen (ohne die Null), der ganzen Zahlen, der rationalen Zahlen und der reellen Zahlen. Diese werden wir hier ebenso wenig formal definieren wie Standardbegriffe aus der naiven Mengenlehre. Wir benötigen aber darüber hinaus einige mathematische Grundbegriffe.

Definition 1.1 *Seien A und B zwei Mengen. Dann ist deren* **kartesisches Produkt** *definiert durch* $A \times B := \{(a, b) \mid a \in A, b \in B\}$. *Eine* **Relation** *auf* (A, B) *ist eine Teilmenge von* $A \times B$.

Für eine Menge A und eine Relation $R \subseteq A \times A$ schreiben wir statt $(a, b) \in R$ oft auch kurz $a R b$. Beispiele sind die Relation $\{(x, x) \mid x \in \mathbb{R}\}$, die wir mit $=$ bezeichnen, und die Relation $\{(a, b) \in \mathbb{N} \times \mathbb{N} \mid \exists c \in \mathbb{N} \text{ mit } b = ac\}$, die wir mit „ist Teiler von" bezeichnen.

Definition 1.2 *Seien A und B zwei Mengen und* $f \subseteq A \times B$, *so dass es für alle* $a \in A$ *genau ein* $b \in B$ *gibt mit* $(a, b) \in f$. *Dann heißt f eine* **Funktion** *(oder* **Abbildung***) von A nach B. Wir schreiben auch* $f : A \rightarrow B$. *Statt* $(a, b) \in f$ *schreiben wir* $f(a) = b$ *oder auch* $f : a \mapsto b$. *Die Menge A heißt* **Definitionsbereich***, die Menge B* **Wertebereich** *von f.*

Eine Funktion $f : A \rightarrow B$ *heißt* **injektiv***, wenn* $f(a) \neq f(a')$ *für alle* $a, a' \in A$ *mit* $a \neq a'$ *gilt. Eine Funktion* $f : A \rightarrow B$ *heißt* **surjektiv***, wenn für jedes* $b \in B$ *ein* $a \in A$ *existiert mit* $f(a) = b$. *Eine Funktion heißt* **bijektiv** *(oder eine* **Bijektion***), wenn sie injektiv und surjektiv ist.*

Beispiel 1.3 Die Funktion $f\colon \mathbb{N} \to \mathbb{N}$, die durch $f(x) = 2 \cdot x$ definiert sei, ist injektiv, aber nicht surjektiv. Die Funktion $g\colon \mathbb{Z} \to \mathbb{N}$, die durch $g(x) = |x| + 1$ definiert sei, ist surjektiv, aber nicht injektiv. Die Funktion $h\colon \mathbb{Z} \to \mathbb{N}$, die durch

$$h(x) = \begin{cases} 2 \cdot x, & \text{falls } x > 0 \\ -2 \cdot x + 1, & \text{falls } x \leq 0 \end{cases}$$

definiert sei, ist injektiv und surjektiv und damit bijektiv.

Definition 1.4 *Für $a, b \in \mathbb{Z}$ bezeichne $\{a, \dots, b\}$ die Menge $\{x \in \mathbb{Z} \mid a \leq x \leq b\}$. Falls $b < a$, so ist $\{a, \dots, b\}$ die* **leere Menge** *$\{\}$, die wir aber meist mit $\emptyset$ bezeichnen.*

Eine Menge A heißt **endlich,** *wenn es eine injektive Funktion $f\colon A \to \{1, \dots, n\}$ für ein $n \in \mathbb{N}$ gibt, andernfalls* **unendlich.** *Eine Menge A heißt* **abzählbar,** *wenn es eine injektive Funktion $f\colon A \to \mathbb{N}$ gibt, andernfalls* **überabzählbar.** *Die Anzahl der Elemente in einer endlichen Menge A bezeichnen wir mit $|A|$.*

Durch eine Funktion $f\colon A \to B$ können wir ausdrücken, dass ein Computerprogramm bei Eingabe $a \in A$ das Ergebnis $f(a) \in B$ ausgibt. Nahezu alle Computer rechnen intern nur mit Nullen und Einsen. Als Eingabe und Ausgabe erlauben wir der besseren Lesbarkeit halber aber meist auch andere Zeichenketten:

Definition 1.5 *Sei A eine nichtleere endliche Menge. Für $k \in \mathbb{N} \cup \{0\}$ bezeichnen wir mit A^k die Menge der Funktionen $f\colon \{1, \dots, k\} \to A$. Ein Element $f \in A^k$ schreiben wir oft auch als Folge $f(1) \dots f(k)$ und bezeichnen es als* **Wort** *(oder* **Zeichenkette**) *der* **Länge** *k über dem* **Alphabet** *A. Das einzige Element $\emptyset$ von A^0 nennen wir das* **leere Wort** *(es hat Länge 0). Wir setzen $A^* := \bigcup_{k \in \mathbb{N} \cup \{0\}} A^k$. Eine* **Sprache** *über dem Alphabet A ist eine Teilmenge von A^*.*

Damit können wir definieren:

Definition 1.6 *Ein* **Berechnungsproblem** *ist eine Relation $P \subseteq D \times E$, wobei es zu jedem $d \in D$ mindestens ein $e \in E$ gibt mit $(d, e) \in P$. Wenn $(d, e) \in P$, dann ist e eine* **korrekte Ausgabe** *für das Problem P mit Eingabe d. Die Elemente von D heißen* **Instanzen** *des Problems.*

P heißt **eindeutig,** *wenn P eine Funktion ist. Sind D und E Sprachen über einem endlichen Alphabet A, so sprechen wir von einem* **diskreten Berechnungsproblem.** *Sind D und E Teilmengen von $\mathbb{R}^m$ bzw. $\mathbb{R}^n$ für $m, n \in \mathbb{N}$, so sprechen wir von einem* **numerischen Berechnungsproblem.** *Ein eindeutiges Berechnungsproblem $P\colon D \to E$ mit $|E| = 2$ heißt* **Entscheidungsproblem.**

Mit anderen Worten: ein Berechnungsproblem ist genau dann eindeutig, wenn es für jede Eingabe nur eine korrekte Ausgabe gibt. Kommen zudem nur 0 oder 1 (nein oder ja) als Ausgabe in Frage, so handelt es sich um ein Entscheidungsproblem.

Computer können naturgemäß nur diskrete Berechnungsprobleme lösen. Für numerische Berechnungsprobleme muss man sich auf Eingaben beschränken, die durch endliche Zeichenketten beschreibbar sind, und kann auch nur derartige Ausgaben produzieren; man muss also Rundungsfehler in Kauf nehmen. Wir gehen darauf später ein und betrachten zunächst diskrete Berechnungsprobleme. Zuvor präzisieren wir aber im nächsten Abschnitt den Begriff des Algorithmus und erläutern die Möglichkeit, Algorithmen mittels Pseudocode oder mittels der Programmiersprache C++ zu spezifizieren.

1.3   Algorithmen, Pseudocode und C++

Algorithmen dienen dazu, Berechnungsprobleme zu lösen. Erste formale Definitionen des Algorithmusbegriffs entstanden in der ersten Hälfte des 20. Jahrhunderts. So wurde der Algorithmusbegriff von Alonzo Church 1936 mittels des sogenannten Lambda-Kalküls [7] und von Alan Turing 1937 mit Hilfe der Turing-Maschinen [36] definiert. Es gibt heutzutage eine Vielzahl weiterer Definitionen. Alle diese konnten jedoch als äquivalent nachgewiesen werden, d. h. unabhängig davon, welche dieser Definitionen des Algorithmusbegriffs man verwendet, bleibt die Menge der Berechnungsprobleme, die ein solcher Algorithmus lösen kann, stets dieselbe.

Aus praktischer Sicht ist man natürlich meistens daran interessiert, einen Algorithmus auf einem Computer ausführen zu können. Heutige Computer benötigen ihre Anweisungen als **Maschinencode**. Da dieser Maschinencode für Menschen nur schwer verständlich ist, benutzt man stattdessen sogenannte höhere Programmiersprachen. Diese Programmiersprachen erlauben es, Anweisungen für den Computer zu erstellen, die zum einen für einen Menschen hinreichend leicht verständlich sind und zum anderen mit Hilfe eines sogenannten **Compilers** in für den Computer verständlichen Maschinencode übersetzt werden können. Nachfolgende Abbildung veranschaulicht die Schritte vom Entwurf eines Algorithmus bis zur Ausführung auf einem Computer.

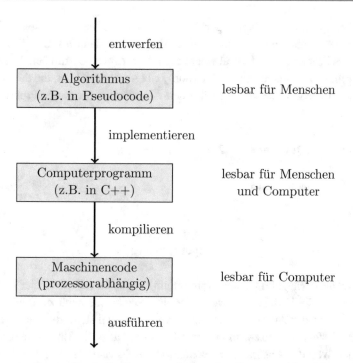

Wir benutzen in diesem Buch die Programmiersprache C++, um Algorithmen zu spezifizieren. Eine endliche Folge von Anweisungen, die den Regeln einer Programmiersprache
genügen, nennt man ein **Programm.** Für C++ und viele weitere Programmiersprachen kann
man zeigen, dass sich alle Algorithmen als Programme in der entsprechenden Programmiersprache schreiben lassen. Den Begriff des Algorithmus kann man daher auch alternativ über
C++ Programme definieren. Wir werden uns hier damit begnügen, eine gewisse Teilmenge
der Sprache C++ vorzustellen. Dabei werden wir auf eine formale Definition der Semantik verzichten; siehe hierfür [32]. Stattdessen erklären wir die wichtigsten Elemente dieser
Programmiersprache anhand von Beispielen. Das Umsetzen einer algorithmischen Idee in
ein Programm nennt man **implementieren.**

Als eine weitere Möglichkeit, um Algorithmen zu spezifizieren, benutzen wir in diesem
Buch sogenannten **Pseudocode.** Dieser erlaubt es, die umgangssprachliche Formulierung
eines Algorithmus so weit zu präzisieren, dass sie für einen Menschen immer noch leicht
verständlich ist und eine Umsetzung in eine Programmiersprache nicht sehr aufwändig ist.
Zu beachten ist jedoch, dass wir in Pseudocode auch umgangssprachliche Formulierungen
zulassen, so dass es insbesondere nicht möglich ist, Pseudocode automatisch in Maschinencode oder in ein C++-Programm umzusetzen. Die Syntax und Semantik von Pseudocode
werden wir hier nicht formal definieren, da sie weitestgehend selbsterklärend ist und uns
der Pseudocode auch nur dazu dient, die einem Algorithmus zu Grunde liegende Idee auf-
zuschreiben.

Anhand eines sehr einfachen Algorithmus schauen wir uns zunächst eine Umsetzung in Pseudocode an und implementieren den Algorithmus dann als C++-Programm. Wir betrachten das Problem, das Quadrat einer natürlichen Zahl zu bestimmen. Wir wollen also einen Algorithmus angeben, der die Funktion $f : \mathbb{N} \to \mathbb{N}$ berechnet, die durch $f(x) = x^2$ definiert ist. In Pseudocode können wir einen Algorithmus für dieses Problem wie folgt aufschreiben:

Algorithmus 1.7 (Quadrat einer Zahl)

Eingabe: $x \in \mathbb{N}$.
Ausgabe: das Quadrat von x.

$$\text{antwort} \leftarrow x \cdot x$$
$$\textbf{output } \text{antwort}$$

Pseudocode kann (wie jedes Computerprogramm) Variablen enthalten; hier sind das neben der Eingabe „x" die Variable „antwort". Der im Pseudocode benutzte Pfeil „$\leftarrow$" besagt, dass wir den Wert des Ausdrucks, der rechts von dem Pfeil steht, der Variablen, die links von dem Pfeil steht, zuweisen. In unserem Fall erhält also die Variable mit dem Namen „antwort"den Wert des Ausdrucks $x \cdot x$ zugewiesen. Danach wird mit dem Befehl **output** der in „antwort" abgespeicherte Wert ausgegeben.

In C++ kann man diesen Algorithmus wie folgt implementieren:

Programm 1.8 (Quadrat einer Zahl)

```
1  // square.cpp (Compute the Square of an Integer)
2
3  #include <iostream>
4
5
6  int main()
7  {
8      std::cout << "Enter an integer: ";
9      int x;
10     std::cin >> x;
11     int result = x * x;
12     std::cout << "The square of " << x << " is " << result << ".\n";
13 }
```

Wir erläutern hier nur kurz die Zeilen 8 bis 12 des Programms. Eine detailliertere Erklärung aller Programmzeilen findet man in den Boxen **C++ im Detail (1.1)**, **C++ im Detail (1.2)** sowie **C++ im Detail (1.3)**. In Zeile 8 wird zunächst ein kurzer Text auf den Bildschirm ausgegeben, der dazu auffordert, eine ganze Zahl einzugeben. In Zeile 9 wird eine Variable „x"definiert, die eine ganze Zahl repräsentiert. Die eingegebene Zahl wird in Zeile 10 eingelesen und in der Variablen „x" gespeichert. In Zeile 11 wird eine weitere Variable mit dem Namen „result" definiert, und es wird ihr der Wert $x \cdot x$ zugewiesen. Schließlich werden in Zeile 12 die eingegebene Zahl und das berechnete Ergebnis ausgegeben.

> **C++ im Detail (1.1): Die Grundstruktur eines Programms**
>
> Ein C++-Programm ist eine Zeichenkette, die den Regeln der Sprache C++ genügt. Jedes C++-Programm muss eine Funktion mit dem Namen `main` enthalten. Diese Funktion wird bei Programmstart als Erste ausgeführt. Dabei werden die Anweisungen ausgeführt, die hinter `int main()` zwischen den geschweiften Klammern { und } eingeschlossen sind. Ein kürzest mögliches C++-Programm sieht wie folgt aus:
>
> ```
> int main(){}
> ```
>
> Da zwischen den geschweiften Klammern nichts steht, tut dieses Programm nichts. Eine Anweisung in C++ muss immer mit einem Semikolon beendet werden. Anweisungen kann man innerhalb einer Zeile hintereinander schreiben, der besseren Lesbarkeit halber empfiehlt es sich aber, pro Zeile höchstens eine Anweisung anzugeben, so wie dies zum Beispiel in Programm 1.8 gemacht wurde. Leerzeichen und Leerzeilen können an vielen Stellen in ein C++-Programm eingefügt werden, ohne die Funktion des Programms zu ändern. Damit kann man zum Beispiel Blöcke von zusammengehörenden Anweisungen einrücken, um so die Lesbarkeit zu erhöhen. Ebenfalls wichtig für die Lesbarkeit ist das Einfügen von Kommentaren in den Programmcode. Ein Kommentar wird durch // eingeleitet. Der Compiler ignoriert alle Zeichen ab dem // bis zum Zeilenende.
>
> Wichtig ist noch zu wissen, dass C++ im Gegensatz zu einigen anderen Programmiersprachen zwischen Groß- und Kleinschreibung unterscheidet. Daher ist zum Beispiel `int Main(){}` kein gültiges C++-Programm.

1.4   Einfacher Primzahltest

Als erstes Beispiel für ein Entscheidungsproblem wollen wir testen, ob eine gegebene natürliche Zahl prim ist.

Definition 1.9 *Eine natürliche Zahl n heißt* **prim,** *wenn $n \geq 2$ ist und es keine natürlichen Zahlen a und b gibt mit $a > 1$, $b > 1$ und $n = a \cdot b$.*

Wir betrachten also das Entscheidungsproblem $\{(n, e) \in \mathbb{N} \times \{0,1\} \mid e = 1 \Leftrightarrow n \text{ prim}\}$. Man beachte, dass hier $\mathbb{N}$ als Sprache über einem Alphabet aufgefasst wird, zum Beispiel wie gewohnt über dem Alphabet $\{0, 1, 2, 3, 4, 5, 6, 7, 8, 9\}$. Wir schreiben solche Probleme meist wie folgt:

C++ im Detail (1.2): Ein- und Ausgabe

Ein Programm, das eine Funktion berechnet, benötigt als Eingabe ein Element des Definitionsbereichs und liefert als Ausgabe den Funktionswert zurück. Im einfachsten Fall lassen sich die Eingabe und die Ausgabe eines Programms über Tastatur und Bildschirm realisieren. Die Sprache C++ stellt im Rahmen der sogenannten Standardbibliothek dazu Möglichkeiten bereit. Die Standardbibliothek ist eine sehr umfangreiche Ansammlung von nützlichen Funktionalitäten. Um darauf zurückgreifen zu können, muss man den Compiler anweisen, die entsprechend benötigten Teile dem eigenen Programm zur Verfügung zu stellen. Der für die Ein- und Ausgabe zuständige Teil der Standardbibliothek heißt `iostream`. Er wird über die Anweisung `#include <iostream>` in Zeile 3 von Programm 1.8 eingebunden.

Um auf Funktionalitäten der Standardbibliothek zugreifen zu können, muss man jeweils ein `std::` voranstellen. Die Bildschirmausgabe erfolgt mittels `std::cout`, indem man hinter den Outputoperator `<<` das schreibt, was auf den Bildschirm ausgegeben werden soll. Einen Text gibt man aus, indem man diesen in Anführungszeichen einschließt. Dies geschieht beispielsweise in Zeile 8 von Programm 1.8. Werte von Variablen gibt man durch Angabe des entsprechenden Variablennamens aus. Man muss nicht jede einzelne Ausgabe mittels `std::cout` einleiten, sondern kann mehrere direkt hintereinander folgende Ausgaben durch Aneinanderreihung mit dem `<<`-Operator bewirken. Zeile 12 von Programm 1.8 zeigt dies. Hier wird zudem durch die Ausgabe der Zeichenfolge `\n` ein Zeilenvorschub erzeugt.

Das Gegenstück zu `cout` ist `cin`. Mittels `std::cin >>` lassen sich über die Tastatur eingegebene Werte einlesen. Auch hier kann man mehrere Einleseoperationen direkt hintereinander ausführen. Zum Beispiel liest man mit der Anweisung

```
std::cin >> x >> y >> num_iterations;
```

Werte für die drei Variablen `x`, `y` und `num_iterations` ein.

Entscheidungsproblem 1.10 (Prim?)

Eingabe: $n \in \mathbb{N}$.

Frage: Ist n prim?

Wir wollen nun einen Algorithmus entwerfen, der dieses Problem löst, das heißt bei Eingabe von $n \in \mathbb{N}$ entscheidet, ob n prim ist. Ein solcher Algorithmus heißt auch Primzahltest.

C++ im Detail (1.3): Elementare Datentypen und Operatoren

Ein wichtiges Element jeder Programmiersprache ist die Möglichkeit, Variablen zu definieren. Jede Variable in C++ hat einen festgelegten Typ. Die für uns wichtigsten Typen sind `int`, `bool` und `double`. Der Datentyp `int` dient zum Abspeichern von ganzen Zahlen. Eine Variable vom Typ `bool` kann nur zwei unterschiedliche Werte speichern, nämlich `true` und `false`. Variablen vom Typ `double` dienen zum Speichern von reellen Zahlen. Um eine Variable zu definieren, d. h. um sie dem Compiler bekannt zu machen, gibt man wie zum Beispiel in Zeile 9 von Programm 1.8 einfach den gewünschten Datentyp und den Namen der Variablen an. Man kann der Variablen dabei auch direkt einen Wert zuweisen, wie es z. B. in Zeile 11 von Programm 1.8 geschieht. Schließlich kann man zudem auch mehrere Variablen vom gleichen Typ in einer Anweisung definieren, indem man die Variablen wie im folgenden Beispiel durch Kommata abtrennt:

```
int i, j = 77, number_of_iterations = j + 2, first_result;
```

Variablen dürfen in ihren Namen alle Buchstaben, Ziffern und das Zeichen „_" enthalten. Ein Variablenname darf allerdings nicht mit einer Ziffer beginnen. Man sollte Variablennamen stets so wählen, dass sie das Verständnis des Programms erleichtern.

Eine einzelne Variable oder die Verknüpfung von Variablen durch Operatoren nennt man einen Ausdruck. Für die Datentypen `int` und `double` stehen neben den Rechenoperatoren +, -, * und / für die Addition, Subtraktion, Multiplikation und Division auch die Vergleichsoperatoren ==, <, >, <=, >= und != zur Verfügung. Letztere liefern ein Ergebnis vom Typ `bool` und entsprechen den bekannten Relationen $=$, $<$, $>$, $\leq$, $\geq$ und $\neq$. Zu beachten ist, dass ein einfaches = in C++ nicht einen Vergleich liefert, sondern für die Zuweisung eines Wertes an eine Variable benutzt wird. Ausdrücke vom Typ `bool` lassen sich mit `and` und `or` logisch verknüpfen und mit `not` negieren. Die Reihenfolge, in der Ausdrücke ausgewertet werden, kann mit Hilfe von runden Klammern `()` geeignet festgelegt werden.

Ein nahe liegender (aber nicht sehr guter) Algorithmus ergibt sich direkt aus der Definition. Man testet zunächst, ob $n \geq 2$ ist. Ist dies der Fall, so testet man für alle natürlichen Zahlen a und b mit $2 \leq a, b \leq \frac{n}{2}$, ob $n = a \cdot b$ ist.

Dies erfordert bis zu $(\frac{n}{2} - 1)^2$ Multiplikationen. Auch wenn ein heutiger Computer mehrere Milliarden Rechenoperationen (einschließlich Multiplikationen) pro Sekunde ausführen kann, wird die Rechenzeit beispielsweise für eine achtstellige Primzahl schon mehrere Stunden betragen.

Natürlich geht es viel besser. Wir formulieren unseren Primzahltest zunächst mit Pseudocode:

Algorithmus 1.11 (Einfacher Primzahltest)
Eingabe: $n \in \mathbb{N}$.
Ausgabe: die Antwort auf die Frage, ob n prim ist.

> **if** $n = 1$ **then** antwort $\leftarrow$ „nein" **else** antwort $\leftarrow$ „ja"
> **for** $i \;\leftarrow\; 2$ **to** $\lfloor \sqrt{n} \rfloor$ **do**
> $\quad$ **if** i ist Teiler von n **then** antwort $\leftarrow$ „nein"
> **output** antwort

Wir sehen hier zwei neue Elemente im Pseudocode. Zum einen eine sogenannte **if**-Anweisung. Diese Anweisung dient dazu, andere Anweisungen in Abhängigkeit von dem Wahrheitsgehalt einer Aussage auszuführen (in unserem Fall ist die Aussage „$n = 1$" bzw. „i ist Teiler von n"). Ist die Aussage wahr, so werden die Anweisungen im **then**-Teil ausgeführt, ansonsten die Anweisungen im **else**-Teil. Dabei darf der **else**-Teil auch fehlen, dies entspricht einem leeren **else**-Teil.

Die zweite neue Anweisung, die wir in diesem Beispiel benutzt haben, ist die **for**-Anweisung. In der **for**-Anweisung werden einer Variable der Reihe nach unterschiedliche Werte zugewiesen. In unserem Beispiel haben wir die Variable i, der die Werte von 2 bis $\lfloor \sqrt{n} \rfloor$ zugewiesen werden. Für jeden dieser an die Variable zugewiesenen Werte wird dann der Anweisungsblock ausgeführt, der eingerückt unter der **for**-Anweisung steht.

Es gibt noch zwei Stellen in Algorithmus 1.11, die der Erläuterung bedürfen. Folgende Definitionen sind sehr nützlich:

Definition 1.12 *Für $x \in \mathbb{R}$ definieren wir die untere bzw. obere* **Gaußklammer** *durch*

$$\lfloor x \rfloor := \max\{k \in \mathbb{Z} \mid k \leq x\},$$
$$\lceil x \rceil := \min\{k \in \mathbb{Z} \mid k \geq x\}.$$

Für zwei natürliche Zahlen a und b definieren wir $a \bmod b := a - b \cdot \lfloor \frac{a}{b} \rfloor$.

Also bezeichnet $a \bmod b$ den Rest der ganzzahligen Division von a durch b. Natürlich ist b genau dann Teiler von a, wenn $a \bmod b = 0$ ist. Die Operationen $a \bmod b$ und $\lfloor \frac{a}{b} \rfloor$ können mit jedem modernen Computer in wenigen Taktzyklen ausgeführt werden, und daher gelten sie als elementare Rechenoperationen. In C++ schreibt man hierfür a%b bzw. a/b. Allerdings ist bei negativem a oder b zu beachten, dass a/b in C++ immer zur 0 hin gerundet wird.

Ferner ist nicht offensichtlich, dass das Wurzelziehen durch eine elementare Rechenope-ration realisiert werden kann; es lässt sich hier aber leicht vermeiden: wir müssen i genau so lange um jeweils 1 erhöhen, bis $i \cdot i > n$ ist.

Wie gefordert, ist der Ablauf des Algorithmus für jede zulässige Eingabe wohldefiniert. Man sieht unmittelbar, dass der Algorithmus stets terminiert (d. h. der Ablauf endet nach endlich vielen Schritten) und die korrekte Ausgabe berechnet. Wir sagen auch, er **berechnet die Funktion** $f: \mathbb{N} \to \{\text{ja,nein}\}$, wobei $f(n) = \text{ja}$ genau dann, wenn n prim ist. Statt $\{\text{ja,nein}\}$ schreiben wir oft $\{\texttt{true}, \texttt{false}\}$ oder $\{1,0\}$.

Die Anzahl der Rechenoperationen ist hier im Wesentlichen proportional zu $\sqrt{n}$. Um dies präzise auszudrücken, benutzt man die Landau-Symbole:

Definition 1.13 *Sei $g: \mathbb{N} \to \mathbb{R}_{\geq 0}$. Dann definieren wir:*

$$O(g) := \{f: \mathbb{N} \to \mathbb{R}_{\geq 0} \mid \exists \alpha \in \mathbb{R}_{>0} \; \exists n_0 \in \mathbb{N} \; \forall n \geq n_0 : f(n) \leq \alpha \cdot g(n)\};$$

$$\Omega(g) := \{f: \mathbb{N} \to \mathbb{R}_{\geq 0} \mid \exists \alpha \in \mathbb{R}_{>0} \; \exists n_0 \in \mathbb{N} \; \forall n \geq n_0 : f(n) \geq \alpha \cdot g(n)\};$$

$$\Theta(g) := O(g) \cap \Omega(g).$$

Statt $f \in O(g)$ sagt man oft auch: f ist $O(g)$, oder schreibt sogar: $f = O(g)$. Die Benutzung des Gleichheitszeichens ist hierbei anders als üblich nicht symmetrisch; dennoch hat sich diese Notation durchgesetzt.

Bezeichnet g die Funktion $n \mapsto \sqrt{n}$ und $f(n)$ die Anzahl der Rechenoperationen von Algorithmus 1.11 bei Eingabe n, so ist $f \in O(g)$. Wir sagen auch, der Algorithmus hat (asymptotische) **Laufzeit** $O(\sqrt{n})$.

In diesem Fall gilt sogar, dass der Algorithmus Laufzeit $\Theta(\sqrt{n})$ hat, weil auch nie weniger als $\sqrt{n}$ Rechenschritte ausgeführt werden. Man kann den Algorithmus 1.11 aber leicht verändern, indem man die **for**-Anweisung abbricht, sobald ein Teiler gefunden wurde (so werden wir ihn gleich auch implementieren). Diese Variante des Algorithmus terminiert dann oft viel schneller, beispielsweise nach einer konstanten Anzahl Rechenoperationen für alle geraden Zahlen n.

Bei der O-Notation spielen konstante Faktoren keine Rolle. Wir wissen ohnehin nicht genau, wie viele Rechenoperationen ein Computerprogramm wirklich durchführen wird. Dies kann vom Compiler und der Hardware abhängen. Dass Algorithmus 1.11 mit Laufzeit $O(\sqrt{n})$ aber schneller ist als der naive Algorithmus, dessen Laufzeit $\Theta(n^2)$ beträgt, gilt – unabhängig von den in der O-Notation versteckten Konstanten – jedenfalls für hinreichend große n.

Es geht noch besser. Allerdings wurde erst 2002 ein Algorithmus gefunden dessen Laufzeit $O((\log n)^k)$ für eine Konstante k ist [1, 38]. Dabei bezeichnet **log** oder $\log_2$ den Logarithmus zur Basis 2. Den natürlichen Logarithmus, d. h. den Logarithmus zur Basis e bezeichnen wir mit **ln**. Für die O-Notation ist es nicht von Bedeutung, welche Basis dem Logarithmus zu Grunde liegt, da $\log n = \Theta(\ln n)$ gilt.

Programm 1.14 (Einfacher Primzahltest)

```cpp
1  // prime.cpp (Simple Primality Test)
2
3  #include <iostream>
4
5
6  bool is_prime(int n)
7  {
8      // numbers less than 2 are not prime:
9      if (n < 2) {
10         return false;
11     }
12
13     // check all possible divisors up to the square root of n:
14     for (int i = 2; i * i <= n; ++i) {
15         if (n % i == 0) {
16             return false;
17         }
18     }
19     return true;
20 }
21
22
23 int get_input()
24 {
25     int n;
26     std::cout << "This program checks whether a given integer\\ is prime.\n"
27               << "Enter an integer: ";
28     std::cin >> n;
29     return n;
30 }
31
32
33 void write_output(int n, bool answer)
34 {
35     if (answer) {
36         std::cout << n << " is prime.\n";
37     }
38     else {
39         std::cout << n << " is not prime.\n";
40     }
41 }
42
43
44 int main()
45 {
46     int n = get_input();
47     write_output(n, is_prime(n));
48 }
```

Das Programm 1.14 stellt eine C++-Implementierung von Algorithmus 1.11 dar. Die Funktion is_prime implementiert den eigentlichen Algorithmus; die beiden anderen Funktionen
get_input und write_output sorgen lediglich für die Ein- und Ausgabe. Wie man
einer Funktion in C++ Parameter übergeben kann und wie die Funktion Werte zurückliefern

kann, ist in der Box **C++ im Detail (1.4)** genauer erklärt. Wie auch schon im Pseudocode des Algorithmus 1.11 haben wir in der Funktion `is_prime` eine `if`-Anweisung und eine `for`-Anweisung benutzt. Auf beides gehen wir in der Box **C++ im Detail (1.5)** genauer ein.

C++ im Detail (1.4): Funktionen

Funktionen in C++ entsprechen in gewisser Weise mathematischen Funktionen. Eine Funktion in C++ erhält eine bestimmte Anzahl an Argumenten als **Funktionsparameter** übergeben und liefert einen Ergebniswert zurück. Funktionen tragen wesentlich zur Strukturierung und besseren Lesbarkeit von Programmen bei. Geeignet gewählte Funktionsnamen wie z. B. `write_output` und `is_prime` in Programm 1.14 suggerieren dem Leser sofort, was eine Anweisung wie `write_output (n, is_prime(n))` bewirkt, ohne dass er im Detail verstehen muss, wie die Funktion `is_prime` implementiert ist.

Die Definition einer Funktion beginnt mit einem Typbezeichner, der angibt, welchen Typ das Ergebnis der Funktion hat. Soll eine Funktion kein Ergebnis zurückliefern, wie z. B. die Funktion `write_output` in Programm 1.14, so gibt man ihr den Rückgabetyp `void`. Es folgt sodann der Name der zu definierenden Funktion, auf den eine durch Kommata getrennte Liste der übergebenen Parameter in runden Klammern folgt. Für jeden Parameter ist der Typ und der Name anzugeben. Schließlich folgt der Anweisungsteil der Funktion, der durch geschweifte Klammern umschlossen wird. Um einen Funktionswert zurückzuliefern benutzt man die `return`-Anweisung. Sobald eine solche erreicht wird, wird die Funktion beendet und der hinter der `return`-Anweisung stehende Ausdruck ausgewertet und als Ergebnis zurückgeliefert.

Der Ausdruck `++i` in Zeile 14 von Programm 1.14 bewirkt die Erhöhung der Variablen `i` um 1; stattdessen könnte man auch `i = i + 1` schreiben.

Wir kümmern uns hier nicht darum, wie sich das Programm 1.14 verhält, wenn die Eingabe keine natürliche Zahl ist (in der Praxis sollte man allerdings meist so programmieren, dass unerwartete Eingaben abgefangen werden). Es sei aber bereits an dieser Stelle darauf hingewiesen, dass Programm 1.14 nur korrekt funktioniert, wenn die Eingabezahl nicht zu groß ist. Auf dieses Problem und eine Lösung gehen wir im nächsten Kapitel ein.

1.5 Sieb des Eratosthenes

Im vorigen Abschnitt haben wir ein Entscheidungsproblem behandelt. Wir geben nun ein Beispiel für ein allgemeineres diskretes Berechnungsproblem:

Berechnungsproblem 1.15 (Liste von Primzahlen)

Eingabe: $n \in \mathbb{N}$.

Aufgabe: Berechne alle Primzahlen p mit $p \leq n$.

C++ im Detail (1.5): if und for

Die allgemeine Form einer if-Anweisung in C++ sieht wie folgt aus:

if (*Bedingung*) {*Anweisungsblock1*} else {*Anweisungsblock2*}

Bedingung ist dabei ein Ausdruck, der ein Ergebnis vom Typ bool liefert. Die runden Klammern um diesen Ausdruck müssen zwingend gesetzt werden. Ist das Ergebnis dieses Ausdrucks true, so werden die Anweisungen in *Anweisungsblock1* ausgeführt, ansonsten die Anweisungen in *Anweisungsblock2*. Ein Beispiel für eine if-Anweisung sehen wir in den Zeilen 35–40 von Programm 1.14. Den else-Teil einer if-Anweisung kann man auch weglassen. Dies entspricht einem else-Teil, in dem *Anweisungsblock2* leer ist. In den Zeilen 15–17 von Programm 1.14 sieht man ein Beispiel. Falls einer der Anweisungsblöcke in einer if-Anweisung nur eine Anweisung enthält, so kann man die geschweiften Klammern um diesen Anweisungsblock auch weglassen.

Die allgemeine Form einer for-Anweisung ist die folgende:

for (*Initialisierung*; *Bedingung*; *Ausdruck*) {*Anweisungsblock*}

Bei Erreichen einer for-Anweisung wird zunächst die *Initialisierung* ausgeführt. In dieser definiert man meist eine Variable, die eine Reihe von Werten durchlaufen soll. Sodann wird getestet, ob *Bedingung* den Wert true ergibt. Ist dies der Fall, so wird der *Anweisungsblock* durchlaufen und anschließend wird *Ausdruck* ausgewertet. *Ausdruck* dient meist dazu, den Wert der in der Initialisierung definierten Variablen zu verändern. Die letzten drei Schritte werden so lange wiederholt, bis *Bedingung* den Wert false ergibt. Die in den Zeilen 14–18 von Programm 1.14 definierte for-Schleife hat als Initialisierung int i = 2, als Bedingung i * i <= n und als Ausdruck ++i. In diesem Beispiel sehen wir auch, dass aufgrund der return-Anweisung im Anweisungsblock der Schleife eine for-Schleife vorzeitig beendet werden kann, d. h. auch wenn *Bedingung* noch erfüllt ist.

Wollen wir ein Programm für dieses Problem schreiben, so können wir die Funktion is_prime (und auch get_input) wiederverwenden: Dies führt unmittelbar zu einem Algorithmus mit Laufzeit $O(n\sqrt{n})$. Besser ist Algorithmus 1.16, der Sieb des Eratosthenes genannt wird. Im Pseudocode dieses Algorithmus benutzen wir die Variable p, die ein Vektor der Länge n ist. Der Zugriff auf die i-te Komponente dieses Vektors erfolgt mittels $p[i]$.

Algorithmus 1.16 (Sieb des Eratosthenes)

Eingabe: $n \in \mathbb{N}$.

Ausgabe: alle Primzahlen, die nicht größer als n sind.

> **for** $i \leftarrow 2$ **to** n **do** $p[i] \leftarrow$ „ja"
> **for** $i \leftarrow 2$ **to** n **do**
>   **if** $p[i] =$ „ja" **then**
>   **output** i
>   **for** $j \leftarrow i$ **to** $\lfloor \frac{n}{i} \rfloor$ **do** $p[i \cdot j] \leftarrow$ „nein".

Satz 1.17 *Algorithmus 1.16 ist korrekt und hat Laufzeit $O(n \log n)$.*

Beweis Wir zeigen zunächst die Korrektheit: für alle $k \in \{2, \ldots, n\}$ ist k genau dann Teil der Ausgabe, wenn k prim ist.

Sei $k \in \{2, \ldots, n\}$. Wenn im Algorithmus jemals $p[k] \leftarrow$ „nein" gesetzt wird, dann ist $k = i \cdot j$ mit $j \geq i \geq 2$ und k somit nicht prim. Für Primzahlen $k \in \{2, \ldots, n\}$ gilt also stets $p[k] =$ „ja"; somit werden sie auch korrekt ausgegeben.

Wenn k nicht prim ist, so sei i der kleinste Teiler von k, der mindestens 2 ist. Sei $j := \frac{k}{i}$. Offenbar ist $2 \leq i \leq j = \frac{k}{i} \leq \lfloor \frac{n}{i} \rfloor$ und i prim. Daher ist stets $p[i] =$ „ja", und die Zuweisung $p[i \cdot j] \leftarrow$ „nein" wird erreicht. Ab dann ist $p[k] =$ „nein", und das bleibt auch so. Wenn später i den Wert k erreicht, wird die Zahl k daher nicht ausgegeben.

Die erste Zeile benötigt Laufzeit $O(n)$. Der restliche Teil hat höchstens Laufzeit proportional zu $\sum_{i=2}^{n} \frac{n}{i} = n \sum_{i=2}^{n} \frac{1}{i} \leq n \int_{1}^{n} \frac{1}{x} dx = n \ln n$, also $O(n \log n)$. $\qquad\square$

Tatsächlich ist die Laufzeit geringer, weil die innere Schleife nur für Primzahlen i ausgeführt wird (es wird ja zunächst getestet, ob $p[i] =$ „ja" ist). Wegen $\sum_{p \leq n:\ p \text{ prim}} \frac{1}{p} = O(\log \log n)$ (dies werden wir hier nicht beweisen, ein elementarer Beweis findet sich z. B. in [35]), hat das Sieb des Eratosthenes tatsächlich sogar Laufzeit $O(n \log \log n)$.

Dieser Algorithmus wurde übrigens wohl nicht zuerst von Eratosthenes (ca. 276–194 v. Chr.) entdeckt, sondern noch früher. Programm 1.18 zeigt eine Implementierung in C++. Die Funktion `sieve` implementiert dabei den eigentlichen Algorithmus. In dieser Funktion definieren wir eine Variable `is_prime` vom Typ `vector`, um uns für jede Zahl zu merken, ob sie prim ist oder nicht. Der Datentyp `vector` wird in der Box **C++ im Detail (1.6)** genauer erklärt.

Programm 1.18 (Sieb des Eratosthenes)

```
 1  // sieve.cpp (Eratosthenes' Sieve)
 2
 3  #include <iostream>
 4  #include <vector>
 5
 6
 7  void write_number(int n)
 8  {
 9      std::cout << " " << n;
10  }
11
12
13  void sieve(int n)
14  {
15      std::vector<bool> is_prime(n + 1, true);  // Initializes variables
16
17      for (int i = 2; i <= n; ++i) {
18          if (is_prime[i]) {
19              write_number(i);
20              for (int j = i; j <= n / i; ++j) {
21                  is_prime[i * j] = false;
22              }
23          }
24      }
25  }
26
27
28  int get_input()
29  {
30      int n;
31      std::cout << "This program lists all primes up to a given integer.\n"
32                << "Enter an integer: ";
33      std::cin >> n;
34      return n;
35  }
36
37
38  int main()
39  {
40      int n = get_input();
41      if (n < 2) {
42          std::cout << "There are no primes less than 2.\n";
43      }
44      else {
45          std::cout << "The primes up to " << n << " are:";
46          sieve(n);
47          std::cout << ".\n";
48      }
49  }
```

Ein verwandtes Problem besteht darin, zu einer gegebenen Zahl $n \in \mathbb{N}$ die Primfaktorzerlegung zu berechnen. Die Frage, wie schnell man dieses Problem lösen kann, ist von hoher praktischer Bedeutung, weil Verschlüsselungsverfahren wie RSA auf der Annahme basieren, dass man zu einer gegebenen Zahl $n = p \cdot q$, wobei p und q große Primzahlen sind, diese Faktoren nicht effizient finden kann.

C++ im Detail (1.6): Der abstrakte Datentyp `vector`
Ein `vector` dient dazu, eine Menge von Objekten gleichen Typs zu speichern.
Dieser Datentyp ist in der Standardbibliothek definiert und kann durch Einbinden
von `#include <vector>` genutzt werden. Einen `vector` definiert man durch
`std::vector<` *Datentyp* `>` *Vektorname*`;`, wobei *Datentyp* festlegt, welchen
Typ die Objekte haben, die in dem `vector` gespeichert werden sollen, und *Vektorname* der Variablenname für den `vector` ist. Bei der Definition eines `vectors` kann
man optional ein oder zwei Parameter in runden Klammern angeben. Der erste Parameter gibt dabei an, wie viele Objekte der `vector` zu Beginn enthalten soll, und
der zweite Parameter gibt den Wert an, mit dem diese initialisiert werden sollen. So
liefern die folgenden Definitionen:

```
std::vector<bool> is_prime;
std::vector<int> prime_number(100);
std::vector<int> v(1000,7);
```

einen `vector` mit Namen `is_prime`, der 0 Elemente vom Typ `bool` enthält,
einen `vector` mit Namen `prime_number`, der 100 Elemente vom Typ `int` enthält,
sowie einen `vector` mit Namen `v`, der 1000 Elemente vom Typ `int` enthält, die alle
den Wert 7 haben. Die Elemente eines `vectors` sind konsekutiv von 0 ausgehend
durchnummeriert. Der oben definierte `vector` `v` enthält also 1000 Elemente mit den
Indizes 0 bis 999. Auf den Wert eines Elements, das den Index i in einem `vector`
hat, kann man mittels *Vektorname*`[i]` zugreifen. Z.B. liefert `v[99]` das 100ste
Element des oben definierten `vectors` `v`.

1.6   Nicht alles ist berechenbar

Mit Algorithmen (bzw. C++-Programmen) kann man vieles berechnen, aber nicht alles. Wir
wollen zunächst zeigen, dass jede Sprache, insbesondere auch die der C++-Programme,
abzählbar ist. Hierzu benötigen wir:

Lemma 1.19 *Sei $k \in \mathbb{N}$ und $l \in \mathbb{N}$. Definiere $f^l : \{0, \ldots, k-1\}^l \to \{0, \ldots, k^l - 1\}$ durch*
$f^l(w) := \sum_{i=1}^{l} a_i k^{l-i}$ für alle $w = a_1 \ldots a_l \in \{0, \ldots, k-1\}^l$. Dann ist f^l wohldefiniert
und bijektiv.

Beweis Für $w \in \{0, \ldots, k-1\}^l$ ist $0 \leq f^l(w) \leq \sum_{i=1}^{l}(k-1)k^{l-i} = k^l - 1$, also ist f^l
wohldefiniert.

Wir zeigen nun die Injektivität von f^l. Seien $w, w' \in \{0, \ldots, k-1\}^l$ mit $w = a_1 \ldots a_l$,
$w' = a'_1 \ldots a'_l$ und $w \neq w'$. Dann gibt es einen kleinsten Index j mit $1 \leq j \leq l$ so

dass $a_j \neq a'_j$. Sei ohne Einschränkung $a_j > a'_j$. Dann gilt: $f^l(w') = \sum_{i=1}^{l} a'_i k^{l-i} = \sum_{i=1}^{j-1} a'_i k^{l-i} + a'_j k^{l-j} + \sum_{i=j+1}^{l} a'_i k^{l-i}$. Wegen $\sum_{i=1}^{j-1} a'_i k^{l-i} = \sum_{i=1}^{j-1} a_i k^{l-i}$, $a'_j k^{l-j} \leq (a_j - 1)k^{l-j}$ und $\sum_{i=j+1}^{l} a'_i k^{l-i} \leq \sum_{i=j+1}^{l} (k-1)k^{l-i} = k^{l-j} - 1$ erhalten wir somit $f^l(w') \leq \sum_{i=1}^{j-1} a_i k^{l-i} + (a_j - 1)k^{l-j} + k^{l-j} - 1 = \sum_{i=1}^{j-1} a_i k^{l-i} + a_j k^{l-j} - 1 < f^l(w)$. Es gilt also $f^l(w') \neq f^l(w)$.

Da $|\{0, \ldots, k-1\}^l| = k^l = |\{0, \ldots, k^l - 1\}|$, muss f^l auch surjektiv sein. □

Satz 1.20 *Sei A eine nichtleere endliche Menge. Dann ist die Menge A^* abzählbar.*

Beweis Sei $f : A \to \{0, \ldots, |A| - 1\}$ eine Bijektion. Dann definieren wir eine Funktion $g : A^* \to \mathbb{N}$ durch $g(a_1 \ldots a_l) := 1 + \sum_{i=0}^{l-1} |A|^i + \sum_{i=1}^{l} f(a_i)|A|^{l-i}$. Wir behaupten, dass g injektiv ist. Dies folgt aber direkt aus Lemma 1.19, weil g die Menge der Wörter der Länge l bijektiv auf $\{1 + \sum_{i=0}^{l-1} |A|^i, \ldots, \sum_{i=0}^{l} |A|^i\}$ abbildet. □

Korollar 1.21 *Die Menge aller C++-Programme ist abzählbar.*

Beweis C++-Programme sind Wörter über einem endlichen Alphabet. Die Aussage folgt somit aus Satz 1.20, da Teilmengen abzählbarer Mengen abzählbar sind. □

Damit können wir nun zeigen:

Satz 1.22 *Es gibt Funktionen $f : \mathbb{N} \to \{0,1\}$, die von keinem C++-Programm berechnet werden.*

Beweis Sei $\mathcal{P}$ die (nach Korollar 1.21 abzählbare) Menge der C++-Programme, die eine Funktion $f : \mathbb{N} \to \{0,1\}$ berechnen. Sei $g : \mathcal{P} \to \mathbb{N}$ eine injektive Funktion. Für $P \in \mathcal{P}$ sei f^P die von P berechnete Funktion.

Betrachte eine Funktion $f : \mathbb{N} \to \{0,1\}$ mit $f(g(P)) := 1 - f^P(g(P))$ für alle $P \in \mathcal{P}$. Eine solche existiert, da g injektiv ist. Offenbar ist $f \neq f^P$ für alle $P \in \mathcal{P}$, und somit wird f von keinem C++-Programm berechnet. □

Dies ist im Wesentlichen Cantors Diagonalbeweis, der auch zeigt, dass $\mathbb{R}$ überabzählbar ist. Man sieht, dass tatsächlich nur „wenige" Funktionen berechenbar sind, nämlich nur abzählbar viele unter den insgesamt überabzählbar vielen.

Unter den nicht berechenbaren Funktionen sind durchaus auch interessante, die sich konkret angeben lassen. Wir stellen nun das berühmteste Beispiel vor.

Sei Q die Menge aller C++-Programme, die eine natürliche Zahl als Eingabe akzeptieren. Sei $g\colon \mathbb{N} \to Q$ eine surjektive Funktion. Da nach Korollar 1.21 Q abzählbar ist, existiert eine injektive Funktion $f\colon Q \to \mathbb{N}$, und wir können $g(f(Q))\colon = Q$ für $Q \in Q$ setzen, und $g(n)\colon = Q_0$ für ein beliebiges $Q_0 \in Q$, wenn $n \notin \{f(Q) \mid Q \in Q\}$.

Definiere eine Funktion $h\colon \mathbb{N} \times \mathbb{N} \to \{0,1\}$ durch

$$h(x, y) = \begin{cases} 1 & \text{falls } g(x) \text{ bei Eingabe von } y \text{ nach endlich vielen Schritten hält;} \\ 0 & \text{sonst.} \end{cases}$$

Dieses Entscheidungsproblem wird als das **Halteproblem** bezeichnet. Die Funktion h heißt daher auch Haltefunktion.

Satz 1.23 *Die Haltefunktion h wird von keinem C++-Programm berechnet.*

Beweis Angenommen, es gäbe ein solches Programm P, das h berechnet. Dann gibt es auch ein Programm Q, das bei Eingabe von $x \in \mathbb{N}$ zunächst die Funktion $h(x, x)$ berechnet, und das anhält, falls $h(x, x) = 0$, und in eine Endlosschleife läuft, falls $h(x, x) = 1$.

Sei $q \in \mathbb{N}$ mit $g(q) = Q$. Nach Definition von h ist $h(q, q) = 1$ genau dann, wenn $g(q)$ bei Eingabe von q terminiert. Nach Konstruktion von Q ist aber $h(q, q) = 0$ genau dann, wenn Q bei Eingabe von q terminiert. Dies ist ein Widerspruch; P existiert also nicht. $\square$

Dieser Satz gilt natürlich ebenso für jede andere Programmiersprache, und auch allgemein für Algorithmen. Man sagt auch, das Halteproblem ist nicht **entscheidbar.**

Es ist auch in der Praxis keineswegs immer einfach zu sehen, ob ein Programm stets terminiert. Ein gutes Beispiel ist der folgende Algorithmus:

Algorithmus 1.24 (Collatz-Folge)

Eingabe: $n \in \mathbb{N}$.

Ausgabe: Angabe, ob die Collatz-Folge von n den Wert 1 erreicht.

> **while** $n > 1$
>   **if** $n \bmod 2 = 0$
>   **then** $n \ \leftarrow n/2$
>   **else** $n \ \leftarrow 3 \cdot n + 1$
> **output** „Collatz-Folge erreicht den Wert 1"

Bis heute ist nicht bekannt, ob dieser einfache Algorithmus immer terminiert. Diese Frage
ist als das Collatz-Problem bekannt. Eine Implementierung von Algorithmus 1.24 in C++
zeigt das Programm 1.25:

Programm 1.25   (Collatz-Folge)

```
1  // collatz.cpp (Collatz Sequence)
2
3  #include <iostream>
4
5  using myint = long long;
6
7  myint get_input()
8  {
9      myint n;
10     std::cout << "This program computes the Collatz sequence for an "
11               << "integer.\n" << "Enter an integer: ";
12     std::cin >> n;
13     return n;
14 }
15
16
17 int main()
18 {
19     myint n = get_input();
20     while (n > 1) {
21         std::cout << n << "\n";
22         if (n % 2 == 0) {
23             n = n / 2;
24         }
25         else {
26             n = 3 * n + 1;
27         }
28     }
29     std::cout << n << "\n";
30 }
```

Wir haben im Programm den Datentyp long long statt int benutzt (und mit der
using-Anweisung als myint abgekürzt), weil damit auch größere ganze Zahlen gespeichert werden können. Den größten darstellbaren Wert kann man mit Hilfe der Funktion
std::numeric_limits<myint>::max() ermitteln, die in <limits> definiert
ist. Das Ergebnis kann von dem verwendeten Compiler abhängen, der Wert ist aber meist
$2^{63} - 1$.

Für das Programm 1.25 verhindert aber auch die Verwendung des Datentyps long
long nicht unbedingt, dass der darstellbare Zahlenbereich überschritten wird und ein sogenannter Überlauf stattfindet. Im nächsten Kapitel werden wir sehen, wie man noch größere
Zahlen darstellen kann.

> **C++ im Detail (1.7): Die `while`-Anweisung**
> Die allgemeine Form der `while`-Anweisung sieht wie folgt aus:
> `while (Bedingung) {Anweisungsblock}`
> Die *Bedingung* wird ausgewertet und falls sie den Wert `true` ergibt, so wird der *Anweisungsblock* ausgeführt, ansonsten wird im Programmcode hinter dem *Anweisungsblock* fortgefahren. Dieser Ablauf wiederholt sich so lange, bis *Bedingung* den Wert `false` ergibt. Alternativ gibt es die `do while`-Anweisung:
> `do {Anweisungsblock} while (Bedingung);`
> Diese verhält sich entsprechend, nur dass hier erst der *Anweisungsblock* ausgeführt wird und dann die *Bedingung* getestet wird.

Als ein weiteres neues Sprachelement haben wir in den Zeilen 20–28 von Programm 1.25 eine `while`-Anweisung verwendet. Diese wird genauer in der Box **C++ im Detail (1.7)** erklärt.

Für Zahlen bis $5 \cdot 2^{60}$ ist experimentell nachgewiesen worden, dass die Collatz-Folgen endlich sind und somit obiges Programm für solche Eingaben terminiert [28].

1.7 Übungsaufgaben

1. Es seien A und B zwei nichtleere Mengen. Beweisen Sie: es gibt eine injektive Abbildung $f : A \to B$ genau dann, wenn es eine surjektive Abbildung $g : B \to A$ gibt.

2. Es seien m und n zwei natürliche Zahlen. Außerdem seien $A := \{1, \ldots, m\}$ und $B := \{1, \ldots, n\}$. Bestimmen Sie in Abhängigkeit von m und n die Zahl der ...
   a) Abbildungen von A nach B.
   b) injektiven Abbildungen von A nach B.
   c) bijektiven Abbildungen von A nach B.
   d) Relationen auf (A, B).

3. Es sei A eine endliche Menge und $f : A \to A$ eine Funktion. Für alle $a \in A$ sei $f_0(a) := a$ und $f_i(a) := f(f_{i-1}(a))$ für $i \in \mathbb{N}$. Zeigen Sie, dass folgende Aussagen äquivalent sind:
   a) f ist injektiv.
   b) f ist surjektiv.
   c) Es gibt ein $i \in \mathbb{N}$ mit $f_i = f_0$.
   Welche der sechs Implikationen gelten auch, wenn A unendlich ist?

4. Zeigen Sie, dass $\mathbb{Z} \times \mathbb{N}$ abzählbar ist.

5. Für eine Menge A bezeichnen wir mit 2^A die Potenzmenge von A, d. h. die Menge aller Teilmengen von A. Es sei nun A eine endliche Menge.
   a) Beweisen Sie $|2^A| = 2^{|A|}$.
   b) Sei $R := \{(B, C) \in 2^A \times 2^A \mid B \subseteq C\}$. Zeigen Sie $|R| = 3^{|A|}$.

6. Für natürliche Zahlen b und k sei $W(b, k)$ die Menge aller Wörter der Länge k über dem Alphabet $\{1, \ldots, b\}$. Zeigen Sie, dass es eine bijektive Funktion φ von $\{1, \ldots, |W(b, k)|\}$ nach $W(b, k)$ gibt, so dass sich für alle $i \in \{1, \ldots, |W(b, k)| - 1\}$ die Wörter $\varphi(i)$ und $\varphi(i + 1)$ nur an genau einer Stelle unterscheiden.

7. Modifizieren Sie das Programm `square.cpp` (Programm 1.8) so, dass es
   a) die dritte Potenz von x statt des Quadrats von x ausgibt.
   b) die k-te Potenz x^k ausgibt, wobei $k \in \mathbb{N}$ eine zusätzliche Eingabe ist. (Sie dürfen davon ausgehen, dass die Eingabewerte hinreichend klein sind, so dass $x^k < 10^9$ ist.)
   c) testet, ob x eine Quadratzahl ist, d. h. $x = a^2$ für ein $a \in \mathbb{N}$ ist, und zwar ohne die C++-Funktion `std::sqrt` (für eine Näherung der Quadratwurzel) zu benutzen.

8. Seien $a, b \in \mathbb{N}$. Beweisen Sie, dass b genau dann Teiler von a ist, wenn $a \bmod b = 0$ ist.

9. Überprüfen Sie anhand von sinnvollen Beispielen, wie Ihr C++-Compiler Ausdrücke der Form `a%b` und `a/b` auswertet, wenn a und b Variablen vom Typ `int` sind, von denen mindestens eine nicht positiv ist. Geben Sie drei aufschlussreiche Beispiele an. Finden Sie anschließend mathematische Formeln für den Wert von `a%b` und `a/b`, die dem Verhalten Ihres Compilers entsprechen.

10. Beweisen Sie folgende Aussagen:
    a) Für alle Funktionen $f, g : \mathbb{N} \to \mathbb{R}_{\geq 0}$ gilt: $f = O(g) \Leftrightarrow g = \Omega(f)$.
    b) Für alle Funktionen $f, g, h : \mathbb{N} \to \mathbb{R}_{\geq 0}$ mit $f = O(g)$ und $g = O(h)$ gilt $f = O(h)$.

11. Beweisen Sie:
    a) $\log n = \Theta(\ln n)$
    b) $\log(n!) = \Theta(n \log n)$

12. Beweisen Sie, dass für alle $k, l \in \mathbb{N}$ gilt:
    a) $(\log n)^k = O(n^{1/l})$
    b) $2^{\sqrt{\log n}} = O(n^{1/l})$

13. Es sei $z \in \mathbb{R}_{\geq 0}$ eine Konstante. Zeigen Sie, dass dann gilt: $\sum\limits_{i=1}^{n} i^z = \Theta(n^{1+z})$.

14. Schreiben Sie ein C++-Programm, das alle Primzahlzwillinge (also Paare von Primzahlen, deren Differenz 2 ist) auflistet, die kleiner als 10^6 sind. Wie viele gibt es?

15. Schreiben Sie ein C++-Programm, das zu einer gegebenen natürlichen Zahl $n \geq 2$ ihre Primfaktorzerlegung berechnet. Das Programm soll Laufzeit $O(\sqrt{n})$ haben.

16. Die (starke) Goldbachsche Vermutung besagt, dass jede gerade natürliche Zahl außer 2 die Summe zweier Primzahlen ist. Schreiben Sie ein C++-Programm, das zu zwei gegebenen natürlichen Zahlen a und b mit $2 < a < b$ diese Vermutung für alle geraden Zahlen in $\{a, \ldots, b\}$ überprüft.

17. Zeigen Sie, dass die Potenzmenge von $\mathbb{N}$ (vgl. Aufgabe 5) überabzählbar ist.
    Hinweis: Verfahren Sie ähnlich wie im Beweis von Satz 1.22.

18. Erklären Sie, warum nur abzählbar viele unter den überabzählbar vielen Funktionen berechenbar sind.

19. Schreiben Sie Programm 1.25 (Collatz-Folge) so um, dass es dasselbe tut, aber ohne eine `while`-Anweisung auskommt.

20. Finden Sie eine Zahl zwischen 1 und 1000, bei deren Eingabe die Collatz-Folge möglichst lang ist.

21. Ersetzen Sie im Programm 1.25 (Collatz-Folge) in Zeile 26 die Anweisung `n = 3 * n + 1;` durch

    a) `n = n + 1;`. Zeigen Sie, dass das Programm dann stets terminiert, und geben Sie (mit Hilfe der O-Notation) eine möglichst gute Schranke für die Zahl der Rechenschritte an.

    b) `n = n + 3;`. Für welche Startwerte terminiert das Verfahren dann? Beweisen Sie die Korrektheit Ihrer Antwort.

Darstellungen ganzer Zahlen

Ein Computer speichert alle Informationen mit Bits, die jeweils 0 oder 1 sein können. Ein Byte besteht aus acht Bits. Wir sind anfangs davon ausgegangen, dass wir alle auftretenden natürlichen Zahlen im Datentyp `int` speichern können. Tatsächlich ist das nicht der Fall. Eine Variable vom Typ `int` entspricht einer Folge von normalerweise 4 Bytes. Damit sind natürlich nur 2^{32} verschiedene Zahlen darstellbar. Wir lernen in diesem Kapitel, wie ganze Zahlen gespeichert werden.

2.1 *b*-adische Darstellung natürlicher Zahlen

Natürliche Zahlen werden in der Binärdarstellung (auch 2-adische Darstellung genannt) gespeichert. Diese ist analog zur gewohnten Dezimaldarstellung. Beispielsweise ist

$$106 = 1 \cdot 10^2 + 0 \cdot 10^1 + 6 \cdot 10^0$$
$$= 1 \cdot 2^6 + 1 \cdot 2^5 + 0 \cdot 2^4 + 1 \cdot 2^3 + 0 \cdot 2^2 + 1 \cdot 2^1 + 0 \cdot 2^0$$

in Binärdarstellung 1101010. Statt 10 oder 2 könnte man auch jede andere natürliche Zahl $b \geq 2$ als Basis nehmen:

Satz 2.1 *Seien $b \in \mathbb{N}$, $b \geq 2$, und $n \in \mathbb{N}$. Dann existieren eindeutig bestimmte Zahlen $l \in \mathbb{N}$ und $z_i \in \{0, \ldots, b-1\}$ für $i = 0, \ldots, l-1$ mit $z_{l-1} \neq 0$ und*

$$n = \sum_{i=0}^{l-1} z_i b^i.$$

© Springer-Verlag GmbH Deutschland, ein Teil von Springer Nature 2018
S. Hougardy und J. Vygen, *Algorithmische Mathematik*,
https://doi.org/10.1007/978-3-662-57461-4_2

Das Wort $z_{l-1} \ldots z_0$ heißt die **b-adische Darstellung** *von n; man schreibt manchmal auch* $n = (z_{l-1} \ldots z_0)_b$. *Es gilt stets* $l - 1 = \lfloor \log_b n \rfloor$.

Vollständige Induktion

Um eine Aussage $A(n)$ für alle $n \in \mathbb{N}$ zu beweisen, genügt es offenbar, zu zeigen, dass $A(1)$ gilt (Induktionsanfang) und dass für alle $i \in \mathbb{N}$ die Aussage $A(i + 1)$ aus $A(i)$ folgt (Induktionsschritt). Beim Beweis des Induktionsschritts nennt man $A(i)$ auch die Induktionsvoraussetzung. Diese Beweistechnik heißt (vollständige) Induktion.

Allgemeiner kann auch für eine beliebige Menge M eine Aussage $A(m)$ für alle $m \in M$ bewiesen werden, indem man eine Funktion $f: M \to \mathbb{N}$ angibt und zeigt, dass für jedes $m \in M$ aus der Annahme „$A(m)$ ist falsch" folgt, dass es ein $m' \in M$ mit $f(m') < f(m)$ gibt, sodass auch $A(m')$ falsch ist. Wir sprechen hier auch von Induktion über f.

Beweis Die letzte Aussage ist sofort klar: falls $n = \sum_{i=0}^{l-1} z_i b^i$ mit $z_i \in \{0, \ldots, b - 1\}$ für $i = 0, \ldots, l - 1$ und $z_{l-1} \neq 0$ ist, so ist $b^{l-1} \leq n \leq \sum_{i=0}^{l-1}(b - 1)b^i = b^l - 1$ und somit $\lfloor \log_b n \rfloor = l - 1$.

Die Eindeutigkeit der b-adischen Darstellung folgt nun direkt aus Lemma 1.19.

Wir beweisen die Existenz per Induktion über $l(n) := 1 + \lfloor \log_b n \rfloor$; vergleiche die Box **Vollständige Induktion**. Ist $l(n) = 1$, also $n \in \{1, \ldots, b - 1\}$, so hat n die Darstellung $n = \sum_{i=0}^{0} z_i b^i$ mit $z_0 = n$.

Sei daher nun $n \in \mathbb{N}$ mit $l(n) \geq 2$. Setze $n' := \lfloor n/b \rfloor$. Dann gilt $l' := l(n') = l(n) - 1$. Nach Induktionsvoraussetzung hat n' daher eine Darstellung $n' = \sum_{i=0}^{l'-1} z_i' b^i$ mit $z_i' \in \{0, \ldots, b - 1\}$ für $i = 0, \ldots, l' - 1$ und $z_{l'-1}' \neq 0$. Setze $z_i := z_{i-1}'$ für $i = 1, \ldots, l'$ und $z_0 := n \bmod b \in \{0, \ldots, b - 1\}$. Wir erhalten:

$$n = b\lfloor n/b \rfloor + (n \bmod b) = bn' + z_0 = b \cdot \sum_{i=0}^{l'-1} z_i' b^i + z_0 = \sum_{i=1}^{l'} z_{i-1}' b^i + z_0 = \sum_{i=0}^{l-1} z_i b^i.$$

$\square$

Liegt eine Zahl in b-adischer Darstellung $(z_{l-1} \ldots z_0)_b$ vor, so kann man diese Zahl mit dem sogenannten Horner-Schema ausrechnen, indem man

$$\sum_{i=0}^{l-1} z_i \cdot b^i = z_0 + b \cdot (z_1 + b \cdot (z_2 + \cdots + b \cdot (z_{l-2} + b \cdot z_{l-1}) \cdots))$$

ausnutzt; dies spart einige Multiplikationen.

Umgekehrt liefert der Beweis von Satz 2.1 unmittelbar einen Algorithmus, um für beliebiges b die b-adische Darstellung einer Zahl $z \in \mathbb{N}$ zu erhalten. Programm 2.2 zeigt eine C++-Implementierung, die für $2 \leq b \leq 16$ funktioniert. Traditionell spielen neben der Binärdarstellung ($b = 2$) auch die Oktaldarstellung ($b = 8$) und die Hexadezimaldarstellung ($b = 16$) eine gewisse Rolle. Für die Darstellung einer Zahl mit $b > 10$ benutzt man die Buchstaben A,B,C,... für die Ziffern größer als 9.

Programm 2.2 (Basiskonverter)

```
 1  // baseconv.cpp (Integer Base Converter)
 2
 3  #include <iostream>
 4  #include <string>
 5  #include <limits>
 6
 7  const std::string hexdigits = "0123456789ABCDEF";
 8
 9  std::string b_ary_representation(int base, int number)
10  // returns the representation of "number" with base "base", assuming 2<=base<=16.
11  {
12      if (number > 0) {
13          return b_ary_representation(base, number / base) + hexdigits[number % base];
14      }
15      else {
16          return "";
17      }
18  }
19
20
21  bool get_input(int & base, int & number)              // call by reference
22  {
23      std::cout << "This program computes the representation of a natural number"
24              << " with respect to a given base.\n"
25              << "Enter a base among 2,...," << hexdigits.size() << " : ";
26      std::cin >> base;
27      std::cout << "Enter a natural number among 1,...,"
28              << std::numeric_limits<int>::max() << " : ";
29      std::cin >> number;
30      return (base > 1) and (base <= hexdigits.size()) and (number > 0);
31  }
32
33
34  int main()
35  {
36      int b, n;
37      if (get_input(b, n)) {
38          std::cout << "The " << b << "-ary representation of " << n
39                  << " is " << b_ary_representation(b, n) << ".\n";
40      }
41      else std::cout << "Sorry, wrong input.\n";
42  }
```

Das Programm 2.2 benutzt den `string`-Datentyp aus der Standardbibliothek. Etwas mehr Hintergrund zur Verwendung dieses Datentyps ist in der Box **C++ im Detail (2.1)** dargestellt.

C++ im Detail (2.1): Strings

Um den `string`-Datentyp der Standardbibliothek benutzen zu können, muss man mittels `#include <string>` zunächst den entsprechenden Teil einbinden. Eine Variable mit Namen s vom Typ `string` kann dann mittels `std::string s;` definiert werden. Man kann, wie in Zeile 7 von Programm 2.2, einer `string`-Variablen bei der Definition direkt einen Wert zuweisen, indem man diesen Wert explizit angibt. Nützlich ist auch die Möglichkeit, eine `string`-Variable mit einer vorgegebenen Anzahl gleicher Zeichen zu befüllen. Folgendes Beispiel

```
std::string s(10, 'A');
```

definiert eine `string`-Variable s mit Wert `"AAAAAAAAAA"`. Auf ein einzelnes Zeichen an Position i in einer `string`-Variablen s kann man mittels `s[i]` zugreifen. Dabei ist zu beachten, dass das erste Zeichen in einer `string`-Variablen an Position 0 steht. Der Ausdruck `s1 + s2` erzeugt einen `string`, der entsteht, indem man den `string` s2 an den `string` s1 hängt. Die Funktion `s.size()` liefert die Anzahl Zeichen zurück, die in dem `string` s enthalten sind.

In Programm 2.2 sehen wir ein erstes Beispiel für eine Funktion, die sich selbst aufruft. Solche Funktionen nennt man rekursiv. Die Verwendung rekursiver Funktionen kann den Code eleganter machen; allerdings muss man immer aufpassen, dass die Rekursionstiefe, d. h. die maximale Anzahl ineinander geschachtelter Aufrufe der Funktion, beschränkt ist (hier kann sie höchstens 32 betragen, wenn die größte darstellbare Zahl des Datentyps int $2^{31} - 1$ ist). Eine alternative nicht-rekursive Implementierung der Funktion `b_ary_representation` zeigt folgender Code-Ausschnitt:

```
 1  std::string b_ary_representation(int base, int number)
 2  // returns the representation of "number" with base "base", assuming 2<=base<=16.
 3  {
 4      std::string result = "";
 5      while (number > 0) {
 6          result = hexdigits[number % base] + result;
 7          number = number / base;
 8      }
 9      return result;
10  }
```

Ferner sei darauf hingewiesen, dass Variablen an die Funktion `get_input` nicht wie in den anderen bisherigen Funktionen per Wert an neue lokale Variablen übergeben werden („call by value"), sondern dass durch das vorgestellte &-Zeichen Referenzen auf die in der Funktion `main` definierten Variablen übergeben werden („call by reference"). Die Funktion `get_input` hat somit keine eigenen Variablen. Vielmehr werden die beiden in der Funktion `main` definierten Variablen b und n unter anderen Namen, nämlich `base` und `number`, in der Funktion `get_input` weiterbenutzt.

Die `string`-Variable `hexdigits` haben wir in Zeile 7 von Programm 2.2 außerhalb jeder Funktion definiert. Damit ist diese Variable eine **globale Variable,** die für jede der drei in dem Programm vorkommenden Funktionen sichtbar ist. Um zu verhindern, dass der Wert dieser Variablen versehentlich verändert wird, ist sie durch das Voranstellen von `const` als **Konstante** definiert worden.

Die Darstellung von Zahlen zur Basis 8 oder 16 lässt sich übrigens in C++ sehr einfach durch Verwendung der Streammanipulatoren `std::oct` und `std::hex` erreichen. So bewirkt zum Beispiel die Anweisung `std::cout << std::hex;`, dass alle folgenden Zahlen in hexadezimaler Schreibweise ausgegeben werden. Mittels `std::dec` kann man auf die dezimale Darstellung wieder zurückschalten.

2.2 Exkurs: Aufbau des Hauptspeichers

Am Beispiel von Programm 2.2 können wir gut erklären, wie der Teil des Hauptspeichers des Computers aufgebaut wird, den das Betriebssystem für die Programmausführung freigegeben hat. Jedes Byte in diesem Bereich hat eine Adresse, die üblicherweise in Hexadezimaldarstellung angegeben wird.

Wenn ein Programm ausgeführt wird, ist der verfügbare Teil des Hauptspeichers in vier Bereiche gegliedert, die oft „Code", „Static", „Stack" und „Heap" genannt werden (siehe die Abb. 2.1; Details können von Prozessor und Betriebssystem abhängen).

Im Bereich Code liegt das Programm selbst, in Maschinencode, den der Compiler aus dem Quelltext erzeugt hat. Er gliedert sich in den Programmcode der einzelnen Funktionen.

Im Stack wird bei jedem Aufruf einer Funktion „obenauf" Platz für das Ergebnis (wenn nicht `void`) und die lokalen Variablen der Funktion (einschließlich der Funktionsargumente) reserviert. Für Variablen, die per „call by reference" übergeben wurden, wird allerdings keine neue Variable angelegt, sondern nur die Speicheradresse der übergebenen Variable gespeichert. Bei der Ausführung werden vom Prozessor stets zwei Adressen verwaltet, eine für die Stelle im Code, die gerade ausgeführt wird, und eine für die Stelle im Stack, wo der Bereich der Funktion beginnt, die gerade ausgeführt wird. Wird eine Funktion rekursiv ausgeführt, wird bei jedem Aufruf ein eigener Bereich im Stack angelegt.

Außerdem werden für jede Funktion (außer `main`) zwei Rücksprungadressen gespeichert, eine in den Code und eine in den Stack, damit das Programm weiß, wo und mit welchen Variablen es nach Beenden der Funktion weitermachen muss. Beim Beenden einer Funktion wird ihr Platz im Stack wieder freigegeben und kann wiederverwendet werden.

Daneben gibt es „freien Speicher", den sogenannten Heap, den man vor allem dann braucht, wenn erst bei der Ausführung des Programms klar ist, wie viel Speicherplatz gebraucht wird. Beispielsweise liegen die in einem `vector` oder `string` gespeicherten Daten in einem Abschnitt auf dem Heap. Es gibt aber immer eine zugehörige normale Variable, die auf dem Stack liegt, und die die Speicheradresse enthält, an der der Abschnitt im Heap mit den eigentlichen Daten beginnt. Eine Variable, die eine Speicheradresse enthält, heißt Pointer.

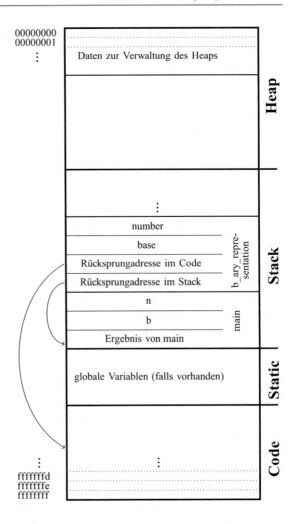

Abb. 2.1 Beispielhafter Aufbau des Hauptspeichers

Schließlich gibt es einen Bereich Static, der etwaige globale Variablen enthält (die man allerdings weitgehend vermeiden sollte).

Die Inhalte des Speichers werden zu Beginn nicht initialisiert; man kann also beispielsweise nicht wissen, welchen Wert eine nicht initialisierte Variable hat. Ebenso wenig hat man Einfluss auf die Wahl der Speicheradressen im Stack oder Heap. Zu einer Variable x bezeichnet &x ihre Speicheradresse. Ist umgekehrt p ein Pointer, so bezeichnet *p den Inhalt der Variable, der an der Speicheradresse p gespeichert ist.

Den Wert einer per call by reference an eine Funktion übergebenen Variable kann diese Funktion ändern (nicht aber natürlich ihre Speicheradresse). Will man den Wert nicht ändern, so schreibt man besser const voran, um dies für Leser des Quelltextes zu dokumentieren und um eine irrtümliche Änderung auszuschließen.

2.3   *b*-Komplementdarstellung ganzer Zahlen

Wir sind es gewohnt, negative Zahlen durch Voranstellen eines „$-$"-Zeichens zu spezifizieren. In einem Computer ließe sich dies zum Beispiel dadurch realisieren, dass man das erste Bit für das Vorzeichen reserviert und den Wert 0 mit „$+$" und den Wert 1 mit „$-$" identifiziert. Diese Darstellung nennt man Vorzeichen- oder Betragsdarstellung.

Beispiel 2.3 Wir betrachten Binärdarstellungen mit vier Bits, von denen das erste Bit für das Vorzeichen reserviert ist. Die Zahl $+5$ wird in Binärdarstellung als 0101 dargestellt, die Zahl -5 entsprechend als 1101. Mit dieser Vorzeichendarstellung lassen sich die Zahlen

$$
\begin{array}{llll}
0 \text{ entspricht } 0000 & \text{sowie} & -0 \text{ entspricht } 1000 \\
1 \text{ entspricht } 0001 & & -1 \text{ entspricht } 1001 \\
\quad\quad\vdots & & \quad\quad\vdots \\
7 \text{ entspricht } 0111 & & -7 \text{ entspricht } 1111
\end{array}
$$

darstellen. Ein Nachteil dieser Darstellung ist, dass es zwei unterschiedliche Darstellungen für die Null gibt. Ein wesentlich gravierenderer Nachteil ist aber, dass die Addition eine Fallunterscheidung benötigt: man kann nicht einfach die Binärdarstellungen addieren, denn beispielsweise muss die Addition von 0010 und 1001 den Wert 0001 ergeben.

Deshalb wird diese Darstellung in den Standarddatentypen nicht verwendet. Stattdessen identifiziert man jede negative Zahl $z \in \{-2^{l-1}, \ldots, -1\}$ mit $z + 2^l$, wobei l die Anzahl der verwendeten Bits ist. Man spricht hier von der Komplementdarstellung.

Beispiel 2.4 Mit der Komplementdarstellung mit vier Bits lassen sich die Zahlen

$$
\begin{array}{llll}
0 \text{ entspricht } 0000 & \text{sowie} & -8 \text{ entspricht } 1000 \\
1 \text{ entspricht } 0001 & & -7 \text{ entspricht } 1001 \\
\quad\quad\vdots & & \quad\quad\vdots \\
7 \text{ entspricht } 0111 & & -1 \text{ entspricht } 1111
\end{array}
$$

darstellen. Die Addition von 0010 (entspricht der Zahl 2) und 1001 (entspricht der Zahl -7) ergibt 1011, was der Zahl -5 entspricht.

Allgemein kann man die *b*-Komplementdarstellung einer Zahl für beliebige Basen $b \geq 2$ definieren. Dazu definieren wir zunächst das *b*-Komplement:

Definition 2.5 *Seien l und $b \geq 2$ natürliche Zahlen und $n \in \{0, \ldots, b^l - 1\}$. Dann ist $K_b^l(n) := (b^l - n) \bmod b^l$ das l-stellige **b-Komplement** von n.*

K_2 nennt man auch das Zweierkomplement und K_{10} das Zehnerkomplement.

Lemma 2.6 *Seien $b, l \in \mathbb{N}$ mit $b \geq 2$, und sei $n = \sum_{i=0}^{l-1} z_i b^i$ mit $z_i \in \{0, \ldots, b-1\}$ für $i = 0, \ldots, l-1$. Dann gilt:*

(i) $K_b^l(n+1) = \sum_{i=0}^{l-1} (b-1-z_i) b^i$ *falls $n \neq b^l - 1$; außerdem $K_b^l(0) = 0$;*

(ii) $K_b^l(K_b^l(n)) = n$.

Beweis $K_b^l(0) = 0$ ergibt sich unmittelbar aus der Definition des b-Komplements. Für $n \in \{0, \ldots, b^l - 2\}$ gilt zudem: $K_b^l(n+1) = b^l - 1 - \sum_{i=0}^{l-1} z_i b^i = \sum_{i=0}^{l-1} (b-1) b^i - \sum_{i=0}^{l-1} z_i b^i = \sum_{i=0}^{l-1} (b-1-z_i) b^i$. Damit ist (i) bewiesen.

$K_b^l(K_b^l(0)) = 0$ ergibt sich unmittelbar aus (i). Für $n > 0$ gilt $K_b^l(n) = b^l - n > 0$ und somit $K_b^l(K_b^l(n)) = b^l - (b^l - n) = n$. Dies beweist (ii).   □

Beispiel 2.7 Das b-Komplement einer positiven Zahl lässt sich nach Lemma 2.6(i) berechnen, indem man zunächst 1 subtrahiert und dann stellenweise die Differenz zu $b-1$ ausrechnet. Es gilt zum Beispiel:

$$K_2^4((0110)_2) = (1010)_2 \qquad K_{10}^4((4809)_{10}) = (5191)_{10}$$
$$K_2^4((0001)_2) = (1111)_2 \qquad K_{10}^4((0000)_{10}) = (0000)_{10}$$

Definition 2.8 *Seien l und $b \geq 2$ natürliche Zahlen und $n \in \{-\lfloor b^l/2 \rfloor, \ldots, \lceil b^l/2 \rceil - 1\}$. Dann erhält man die l-stellige b-**Komplementdarstellung** von n, indem man die b-adische Darstellung von n (falls $n \geq 0$) bzw. die b-adische Darstellung von $K_b^l(-n)$ (falls $n < 0$) vorne mit so vielen Nullen auffüllt, dass sich eine l-stellige Zahl ergibt.*

Der wesentliche Vorteil der b-Komplementdarstellung ist, dass sich mit dieser ohne Fallunterscheidung leicht rechnen lässt. Dies ergibt sich aus dem folgenden Satz.

Satz 2.9 *Seien l und $b \geq 2$ natürliche Zahlen und $Z := \{-\lfloor b^l/2 \rfloor, \ldots, \lceil b^l/2 \rceil - 1\}$.*

Betrachte die Funktion $f \colon Z \to \{0, \ldots, b^l - 1\}$ die durch $z \mapsto \begin{cases} z & \text{falls } z \geq 0 \\ K_b^l(-z) & \text{falls } z < 0 \end{cases}$

definiert ist. Dann ist f bijektiv und für $x, y \in Z$ gilt:

(a) *Ist $x + y \in Z$, so gilt $f(x+y) = (f(x) + f(y)) \bmod b^l$;*

(b) *Ist $x \cdot y \in Z$, so gilt $f(x \cdot y) = (f(x) \cdot f(y)) \bmod b^l$;*

Beweis Für $z \in Z$ gilt $f(z) = (z + b^l) \bmod b^l$. Damit ist f wegen $|Z| = b^l$ bijektiv. Seien $x, y \in Z$ und $p, q \in \{0, 1\}$ mit $f(x) = x + pb^l$ und $f(y) = y + qb^l$. Dann gilt:

(a) $f(x + y) = (x + y + b^l) \bmod b^l = ((x + pb^l) + (y + qb^l)) \bmod b^l = (f(x) + f(y)) \bmod b^l$.

(b) $f(x \cdot y) = (x \cdot y + b^l) \bmod b^l = ((x + pb^l) \cdot (y + qb^l)) \bmod b^l = (f(x) \cdot f(y)) \bmod b^l$.

$\square$

Die 2-Komplementdarstellung wird zur Speicherung ganzer Zahlen im Computer benutzt. Bei dieser Darstellung ist das erste Bit genau dann 1, wenn die dargestellte Zahl negativ ist. Die Anzahl l der benutzten Bits ist nahezu immer eine Zweierpotenz und ein Vielfaches von 8. Für den Datentyp `int` ist beispielsweise meist $l = 32$ (s. u.), und es können damit die Zahlen in $\{-2^{31}, \dots, 2^{31} - 1\}$ dargestellt werden.

Partitionen und Äquivalenzrelationen

Sei S eine Menge. Eine **Partition** von S ist eine Menge von nichtleeren, paarweise disjunkten Teilmengen von S, deren Vereinigung S ist. Beispielsweise hat die Menge $\{1, 2, 3\}$ fünf verschiedene Partitionen.

Eine Relation $R \subseteq S \times S$ heißt **Äquivalenzrelation** (auf S), wenn für alle $a, b, c \in S$ gilt:

- $(a, a) \in R$ (Reflexivität);
- $(a, b) \in R \Rightarrow (b, a) \in R$ (Symmetrie);
- $((a, b) \in R \wedge (b, c) \in R) \Rightarrow (a, c) \in R$ (Transitivität).

Für jede Äquivalenzrelation R auf S ist $\{\{s \in S \mid (a, s) \in R\} \mid a \in S\}$ eine Partition von S; ihre Elemente sind die **Äquivalenzklassen** von R. Umgekehrt induziert jede Partition $\mathcal{P}$ von S vermöge $R := \{(a, b) \in S \times S \mid \exists P \in \mathcal{P} \text{ mit } a, b \in P\}$ eine Äquivalenzrelation auf S.

Beispielsweise ist $=$ eine Äquivalenzrelation auf $\mathbb{R}$; ihre Äquivalenzklassen sind alle einelementig. Auf $\mathbb{Z}$ kann man für jedes $k \in \mathbb{N}$ durch $R_k = \{(x, y) \in \mathbb{Z} \times \mathbb{Z} \mid k \text{ teilt } |x - y|\}$ eine andere Äquivalenzrelation definieren, die genau k (unendliche) Äquivalenzklassen hat. Die Menge dieser Äquivalenzklassen von R_k bezeichnet man oft mit $\mathbb{Z}/k\mathbb{Z}$ und nennt sie den Restklassenring (bzgl. k).

Wenn man Über- und Unterschreitungen des zulässigen Bereichs Z ignoriert (bzw. immer modulo b^l rechnet), kann man also mit der Komplementdarstellung genauso rechnen wie mit der b-adischen Darstellung. In beiden Fällen rechnet man de facto mit den Elementen des Restklassenrings $\mathbb{Z}/b^l\mathbb{Z}$; siehe die Box **Partitionen und Äquivalenzrelationen.** Lediglich die Repräsentanten der Äquivalenzklassen sind bei der b-adischen Darstellung und der Komplementdarstellung teilweise verschieden.

Die Subtraktion kann man auf die Addition zurückführen, Vergleiche durch vorherige Subtraktion auf Testen des ersten Bits.

Die Komplementdarstellung haben sich schon Konstrukteure von mechanischen Rechenmaschinen seit dem 17. Jahrhundert zunutze gemacht. Eine der weltweit größten Sammlungen mechanischer Rechenmaschinen kann im Bonner Arithmeum besichtigt werden.

Bereichsüberschreitungen werden normalerweise nicht automatisch abgefangen. Man muss also beim Programmieren selbst aufpassen und ggfs. vorher testen, ob ein (meist unerwünschter) Überlauf auftreten kann.

Die folgende Tabelle gibt die wichtigsten C++-Datentypen für ganze Zahlen wieder. Die Darstellung der Zahlen erfolgt in der 2-Komplementdarstellung, sodass sich die jeweils kleinste und größte darstellbare Zahl aus der Anzahl der Bits ergibt.

Datentyp	Anzahl Bits unter `gcc` 5.1.0 Windows 10	Anzahl Bits unter `gcc` 4.8.5 Linux 4.13.1
`short`	16	16
`int`	32	32
`long`	32	64
`long long`	64	64

Über `sizeof (Datentyp)` bzw. `sizeof Variable` kann man die Anzahl der Bytes ermitteln, die ein Datentyp oder eine Variable benötigt. Das Ergebnis ist vom Typ `size_t`, welcher nichtnegative ganze Zahlen hinreichender Größe speichern kann. Es gibt deshalb keinen Grund, sich blind darauf zu verlassen, dass zum Beispiel ein `int` wirklich 4 Bytes hat.

Wir haben gesehen, dass man mit den Standarddatentypen nur ganze Zahlen innerhalb eines bestimmten Intervalls speichern kann. Das ist oft problematisch; zum Beispiel können in einer Collatz-Folge auch größere Zahlen als 2^{64} auftreten, selbst wenn die Eingabe kleiner ist (vgl. Programm 1.25). Wenn man das nicht abfängt, wird meist einfach modulo 2^l gerechnet, wobei l die Anzahl der Bits des Datentyps ist.

2.4 Rationale Zahlen

Rationale Zahlen kann man natürlich speichern, indem Zähler und Nenner in getrennten Variablen gespeichert werden. Sinnvoll ist es, hierfür einen neuen Datentyp zu definieren; in C++ sagen wir auch: eine **Klasse.** Klassen bilden das wichtigste Konstrukt der Sprache C++, das wir deshalb hier etwas genauer erläutern.

Eine Klasse kann das Speichern von Daten in Variablen ermöglichen und Funktionen bereitstellen, die auf diesen Daten operieren. Ferner können noch Typen und Konstanten definiert werden. Entscheidend ist die klare Trennung von interner Datenverwaltung und dem Interface nach außen. Man betrachte Programm 2.10, das aus zwei Dateien besteht.

In der Datei `fraction.h` wird eine Klasse namens `Fraction` definiert, die sich zum Speichern rationaler Zahlen eignet. Das Programm `harmonic.cpp` zeigt ein Beispiel, wie diese Klasse verwendet werden kann: ganz ähnlich wie ein Standarddatentyp.

Die Mitglieder einer Klasse sind entweder `public` oder `private`. Der `public` Teil stellt das Interface nach außen dar. Der `private` Teil sollte die Daten enthalten (hier Zähler und Nenner); darüber hinaus kann er Funktionen enthalten, die nur als Subroutinen der `public` Funktionen benötigt werden, aber nicht selbst von außen sichtbar sein sollen. Auf alles, was `private` ist, hat man von außen keinen direkten Zugriff. Dies schützt vor Programmierfehlern.

Eine Klasse kann vier Arten von Funktionen enthalten:

- Konstruktoren, mit denen ein Objekt der Klasse erzeugt werden kann, ganz so, wie eine Variable eines Standarddatentyps deklariert (und evtl. auch initialisiert) wird. Ein Konstruktor heißt immer genauso wie die Klasse selbst. In `fraction.h` ist der (in diesem Fall einzige) Konstruktor in Zeile 9 bis 12 definiert. Falls man keinen Konstruktor definiert, wird vom Compiler ein Standardkonstruktor definiert, der die zu einer Klasse gehörenden Objekte initialisiert.
- einen Destruktor, der aufgerufen wird, wenn die Lebenszeit eines Objektes der Klasse endet, ebenso wie Variablen einer Funktion nach deren Beendigung wieder freigegeben werden. Da hier kein Destruktor explizit definiert ist (er müsste ~Fraction heißen), übernimmt diese Rolle ein vom Compiler generierter Standarddestruktor.
- weitere Funktionen, die immer auf einem bestehenden Objekt der Klasse operieren. Sie können auch nur in Zusammenhang mit einem Objekt aufgerufen werden. Sie können dieses Objekt verändern (wie etwa `reciprocal()`) oder auch nicht (wie etwa `numerator()`; im zweiten Fall sollte man `const` hinter die Deklaration schreiben. Ansonsten verhalten sie sich wie normale Funktionen.
- Operatoren, die für bestimmte Standarddatentypen vordefiniert sind, können auch für eine neue Klasse definiert werden (hier gezeigt für < und +). Operatoren verhalten sich ebenso wie Funktionen, außer dem speziellen Namen und des komfortableren Aufrufs (siehe etwa Zeile 16 von `harmonic.cpp`) gibt es keinen Unterschied.

Ebenso wie andere Funktionen können Operatoren neben dem Objekt der Klasse, mit dem sie assoziiert sind, ein weiteres Objekt derselben Klasse als Parameter bekommen und auch ein neues Objekt der Klasse als Ergebnis erzeugen. Auf deren Daten und Funktionen kann mittels „." auch zugegriffen werden. Ein Beispiel ist die hier gezeigte Addition.

Konstruktoren und Destruktoren können explizit oder implizit auf verschiedene Arten aufgerufen werden. Die Zeilen 14 und 16 von `harmonic.cpp` zeigen zwei explizite Aufrufe des Konstruktors, ein weiterer findet in den Zeilen 44–46 von `fraction.h` statt.

Programm 2.10 (Rationale Zahlen und harmonische Zahlen)

```cpp
1  // fraction.h (Class Fraction)
2
3  #include <stdexcept>
4
5  class Fraction {
6  public:
7      using inttype = long long;
8
9      Fraction(inttype n, inttype d): _numerator(n), _denominator(d)
10     {   // constructor
11         if (d < 1) error_zero();
12     }
13
14     inttype numerator() const                    // return numerator
15     {
16         return _numerator;
17     }
18
19     inttype denominator() const                  // return denominator
20     {
21         return _denominator;
22     }
23
24     void reciprocal()                            // replaces a/b by b/a
25     {
26         if (numerator() == 0) {
27             error_zero();
28         } else {
29             std::swap(_numerator, _denominator);
30             if (denominator() < 0) {
31                 _numerator   = -_numerator;
32                 _denominator = -_denominator;
33             }
34         }
35     }
36
37     bool operator<(const Fraction & x) const     // comparison
38     {
39         return numerator() * x.denominator() < x.numerator() * denominator();
40     }
41
42     Fraction operator+(const Fraction & x) const // addition
43     {
44         return Fraction(numerator() * x.denominator() +
45                         x.numerator() * denominator(),
46                         denominator() * x.denominator());
47     }
48
49     // further operations may be added here
50
51 private:
52     inttype _numerator;
53     inttype _denominator;
54
55     void error_zero()
56     {
57         throw std::runtime_error("Denominator < 1 not allowed in Fraction.");
58     }
59 };
```

```
1  // harmonic.cpp (Harmonic Numbers)
2
3  #include <iostream>
4  #include <stdexcept>
5  #include "fraction.h"
6
7  int main()
8  {
9  try {
10     std::cout << "This program computes H(n)=1/1+1/2+1/3+...+1/n.\n"
11               << "Enter an integer n: ";
12     Fraction::inttype n;
13     std::cin >> n;
14     Fraction sum(0,1);
15     for (Fraction::inttype i = 1; i <= n; ++i) {
16         sum = sum + Fraction(1, i);
17     }
18     std::cout << "H(" << n << ") = "
19               << sum.numerator() << "/" << sum.denominator() << " = "
20               << static_cast<double>(sum.numerator()) / sum.denominator() << "\n";
21  }
22  catch(std::runtime_error e) {
23     std::cout << "RUNTIME ERROR: " << e.what() << "\n";
24     return 1;
25  }
26  }
```

Auch der Outputoperator $<<$ lässt sich umdefinieren. Wir könnten damit die Ausgabe in Zeile 19 des Programms harmonic.cpp durch $<<$ sum ersetzen. Allerdings ist der erste Operand von $<<$ in diesem Fall ein ostream. Daher kann der neue Operator nicht innerhalb der Klasse Fraction definiert werden, sondern muss als eine normale Funktion außerhalb von Fraction definiert werden. Eine mögliche Realisierung kann wie folgt aussehen:

```
1  // output operator for class Fraction
2
3  std::ostream & operator<<(std::ostream & os, const Fraction & f)
4  {
5      os << f.numerator() << "/" << f.denominator();
6      return os;
7  }
```

Das Programm 2.10 zeigt auch erstmals ein Beispiel, wie man mit Fehlern umgeht, die während der Laufzeit eines Programms auftreten. Dazu dienen sogenannte exceptions, deren Benutzung in der Box **C++ im Detail (2.2)** genauer erklärt wird. In Zeile 29 von fraction.h benutzen wir die swap-Funktion, die den Inhalt der beiden übergebenen Variablen vertauscht.

C++ im Detail (2.2): Fehlerbehandlung mittels `try-catch`
Während der Laufzeit eines Programms können eine Vielzahl von Fehlern auftreten,
bei denen an der Programmstelle, an der dieser Fehler entdeckt wird, nicht unbedingt
klar ist, wie mit dem Fehler umgegangen werden soll. Typische Fehler, die zur Laufzeit auftreten, sind zum Beispiel die Division durch 0 oder der Bereichsüberlauf eines
`int`-Typs. Die Idee der Fehlerbehandlung von C++ ist, dass der Programmteil, der
einen Fehler bemerkt, diesen geeignet an die Stelle im Programm zurückmelden kann,
an der man weiß, wie mit dem Fehler umzugehen ist. Die Funktionalitäten zur Fehlerbehandlung sind in der Standardbibliothek in dem Header `stdexcept` definiert,
der daher zunächst mittels `#include <stdexcept>` eingebunden werden muss.
Wird ein Laufzeitfehler bemerkt, so kann dieser mittels

`throw std::runtime_error (Fehlermeldung);`

an den aufrufenden Programmteil gemeldet werden. *Fehlermeldung* ist dabei ein
`string`, der den aufgetretenen Fehler beschreibt. Ein Beispiel hierfür sehen wir in
Zeile 57 von `fraction.h`. Ein mittels `throw` gemeldeter Laufzeitfehler kann mit
einem `try-catch`-Konstrukt geeignet behandelt werden. Dieses hat die allgemeine
Form:

`try {Programmteil} catch (std::runtime_error e)`
`{Fehlerbehandlung}`

Die Zeilen 9–25 des Programms `harmonic.cpp` zeigen ein Beispiel. Falls in *Pro-*
grammteil ein Fehler auftritt, der mittels `throw` gemeldet wird, so wird *Programm-*
teil beendet und getestet, ob es eine zum Fehlertyp passende `catch`-Anweisung
gibt und der Teil *Fehlerbehandlung* ausgeführt. Neben `runtime_error` sind in
`stdexcept` eine Reihe weiterer Fehlertypen definiert. Allen ist gemein, dass man
mittels `.what()` den in der `throw`-Anweisung angegebenen Fehlermeldungstext
erhält.

Sobald eine `throw`-Anweisung durchlaufen wird, wird das Programm mit dem
Fehlerbehandlungsteil einer passenden `catch`-Anweisung fortgesetzt. Ist eine solche
`catch`-Anweisung nicht vorhanden, so wird rekursiv zu der aufrufenden Funktion
zurückgesprungen, bis eine solche `catch`-Anweisung angetroffen wird. Enthält keine
der aufrufenden Funktionen eine solche `catch`-Anweisung, so wird das Programm
beendet.

Schließlich sehen wir in Zeile 20 von `harmonic.cpp` eine Umwandlung einer ganzen Zahl
in den Datentyp `double`. Allgemein kann man mittels `static_cast<Datentyp>`
`(Ausdruck)` einen Ausdruck in einen anderen Datentyp umwandeln.

Die Klasse `Fraction` ist noch nicht gut implementiert. Immerhin wird abgefangen,
wenn ein Nenner null wird. Nichts unternommen wurde hingegen bisher gegen auftretende
Bereichsüberläufe von `inttype`. Genau solche passieren auch sehr schnell; beispielsweise
funktioniert das Programm `harmonic.cpp` nur für $n \leq 20$ korrekt.

Natürlich könnte und sollte man die auftretenden Brüche immer kürzen. Darauf gehen wir im nächsten Kapitel ein. Auch das verhindert Überläufe aber nicht immer. Man könnte diese mit `throw` abfangen, aber besser ist es natürlich, wenn Zähler und Nenner beliebig groß werden könnten.

2.5   Beliebig große ganze Zahlen

Wir wollen nun zeigen, wie eine Klasse aussehen kann, die beliebig große ganze Zahlen realisiert. Dazu müssten wir eigentlich alle Standardrechenoperationen sowie die Vergleichsoperatoren zur Verfügung stellen, die es auch für die Standarddatentypen wie `int` gibt. Der Einfachheit halber beschränken wir uns hier aber auf die Operatoren +, +=, < und eine Ausgabefunktion. Der += Operator erlaubt Ausdrücke der Form `a = a + b;` abkürzend als `a += b;` zu schreiben.

Das Programm 2.11 besteht der Übersichtlichkeit halber aus drei Dateien. Die Dateien `largeint.h` und `largeint.cpp` definieren einen neuen Typ (Klasse) namens `LargeInt`.

Die Datei `largeint.h` enthält die Deklaration der Klasse (bestehend aus den Teilen `public` und `private`). Die Datei `largeint.cpp` enthält die Implementierung aller zur Klasse gehörigen Funktionen. Diese Trennung in Headerdatei und Implementierungsdatei ist zumindest bei umfangreicheren Klassen üblich und praktisch.

Die Klasse `LargeInt` speichert eine beliebig große natürliche Zahl in einem `vector` namens `_v`, wobei jeder Eintrag des `vectors` eine Dezimalstelle der Zahl enthält. Zudem gibt es einen konstanten `string` mit Namen `digits`, der für die Umwandlung in die Zifferndarstellung benötigt wird. Es ist aber nicht nötig, dass jedes Objekt vom Typ `LargeInt` eine Kopie dieses `strings` enthält. Deshalb ist das Schlüsselwort `static` vorangestellt, das dazu führt, dass `digits` nur einmal für alle Objekte der Klasse angelegt wird. Die Initialisierung einer `static`-Variablen einer Klasse muss außerhalb der Klasse erfolgen. In unserem Fall geschieht dies in Zeile 5 von `largeint.cpp`. Der Benutzer der Klasse muss aber alle diese Details nicht kennen; denn diese sind im `private`-Teil. Von außen sind nur folgende Funktionen sichtbar:

- Mit dem Konstruktor kann man eine neue Variable vom Typ `LargeInt` anlegen. Diesem wird als Argument die zu speichernde Zahl übergeben. Ein Konstruktor ruft automatisch die Konstruktoren für die in der Klasse enthaltenen Variablen auf; hier den Konstruktor von `vector`.
- Die Funktion `decimal` liefert einen `string` mit der Dezimaldarstellung der Zahl zurück.
- Der Vergleichsoperator < wird implementiert. Hierbei wird getestet, ob der gespeicherte Wert kleiner ist als der im Argument.
- Der Operator += wird implementiert und auch bei der Realisierung des Operators + verwendet. Damit können wir Zahlen vom Typ `LargeInt` addieren.

Programm 2.11 (Beliebig große ganze Zahlen)

```
 1  // largeint.h (Declaration of Class LargeInt)
 2
 3  #include <vector>
 4  #include <string>
 5
 6
 7  class LargeInt {
 8  public:
 9      using inputtype = long long;
10
11      LargeInt(inputtype);                       // constructor
12      std::string decimal() const;               // decimal representation
13      bool operator<(const LargeInt &) const;    // comparison
14      LargeInt operator+(const LargeInt &) const;    // addition
15      const LargeInt & operator+=(const LargeInt &); // addition
16
17  private:
18      std::vector<short> _v;  // store single digits, last digit in _v[0]
19      static const std::string digits;
20  };
```

```
 1  // largeint.cpp (Implementation of Class LargeInt)
 2
 3  #include "largeint.h"
 4
 5  const std::string LargeInt::digits = "0123456789";
 6
 7  LargeInt::LargeInt(inputtype i)   // constructor, calls constructor of vector
 8  {
 9      do {
10          _v.push_back(i % 10);
11          i /= 10;
12      } while (i > 0);
13  }
14
15
16  std::string LargeInt::decimal() const   // returns decimal representation
17  {
18      std::string s("");
19      for (auto i : _v) {        // range for statement: i runs over all
20          s = digits[i] + s;     // elements of _v
21      }
22      return s;
23  }
24
25
26  bool LargeInt::operator<(const LargeInt & arg) const   // checks if < arg
27  {
28      if (_v.size() == arg._v.size()) {
29          auto it2 = arg._v.rbegin();
30          for (auto it1 = _v.rbegin(); it1 != _v.rend(); ++it1, ++it2) {
31              if (*it1 < *it2) return true;
32              if (*it1 > *it2) return false;
33          }
34          return false;
35      }
36      return _v.size() < arg._v.size();
37  }
38
39
40  LargeInt LargeInt::operator+(const LargeInt & arg) const   // addition
41  {
42      LargeInt result(*this);
43      result += arg;
44      return result;
```

```
45  }
46
47
48  const LargeInt & LargeInt::operator+=(const LargeInt & arg)    // addition
49  {
50      if (arg._v.size() > _v.size()) {
51          _v.resize(arg._v.size(), 0);
52      }
53      auto it1 = _v.begin();
54      for (auto it2 = arg._v.begin(); it2 != arg._v.end(); ++it2, ++it1) {
55          *it1 += *it2;
56      }
57      short carry = 0;
58      for (auto & i : _v) {
59          i += carry;
60          carry = i / 10;
61          i %= 10;
62      }
63      if (carry != 0) _v.push_back(carry);
64      return *this;
65  }
```

```
1   // factorial.cpp (Computing n! by Addition)
2
3   #include <iostream>
4   #include <limits>
5   #include "largeint.h"
6
7
8   LargeInt factorial(LargeInt::inputtype n)
9   // computes n! warning, slow: runtime O(n^3 log n)
10  {
11      LargeInt result(1);
12      for (LargeInt::inputtype i = 2; i <= n; ++i) {
13          LargeInt sum(0);
14          for (LargeInt::inputtype j = 1; j <= i; ++j) {
15              sum += result;
16          }
17          result = sum;
18      }
19      return result;
20  }
21
22
23  int main()
24  {
25      LargeInt::inputtype n;
26      std::cout << "This program computes n!, for a natural number n up to "
27                << std::numeric_limits<LargeInt::inputtype>::max() << "\n"
28                << "Enter a natural number n: ";
29      std::cin >> n;
30      std::cout << n << "! = " << factorial(n).decimal() << "\n";
31  }
```

Der Konstruktor für `LargeInt` fügt dem `vector` `_v` mittels `_v.push_back` jeweils ein Element an das Ende an. In den Zeilen 50 und 51 von `largeint.cpp` sehen wir zwei weitere neue `vector`-Funktionen. Die Anzahl der Elemente, die in einem `vector` enthalten sind, liefert die Funktion `size()` zurück. Mittels `resize` kann man die Größe eines `vector`s ändern. Das erste Argument dieser Funktion gibt die Anzahl Elemente, das optionale zweite Argument einen Initialwert für durch `resize` neu hinzugefügte Elemente an.

Sowohl die Addition als auch der Vergleich zweier `LargeInt`s erfordern, dass man über alle Elemente der entsprechenden `vector`en läuft. Dies könnte man mittels Indexzugriff auf die einzelnen `vector`-Elemente realisieren. Eine universellere Methode basiert aber auf der Verwendung sogenannter Iteratoren. Deren Benutzung wird in der Box **C++ im Detail (2.3)** erklärt.

C++ im Detail (2.3): Iteratoren und bereichsbasiertes `for`

Die Standardbibliothek stellt neben dem abstrakten Datentyp `vector` eine Reihe weiterer sogenannter Containertypen zur Verfügung. Auf die Elemente eines `vector`s kann man mittels Indexoperator `[]` zugreifen. Für andere Containertypen ist das aber nicht unbedingt der Fall. Um Code zu erstellen, der möglichst unabhängig von dem verwendeten Containertyp ist, kann man auf die Elemente eines Containers mithilfe von Iteratoren zugreifen. Die Funktion `begin()` liefert einen Iterator, der auf das erste Element des Containers verweist, die Funktion `end()` liefert einen Iterator, der auf die Stelle hinter dem letzten Element des Containers verweist. In Zeile 53 von `largeint.cpp` haben wir einen Iterator mit Namen `it1` definiert, dem der Wert `_v.begin()` zugewiesen wird. Als Typ haben wir dabei `auto` benutzt. Dieses Schlüsselwort veranlasst den Compiler, selbstständig den passenden Typ anhand des zugewiesenen Wertes zu ermitteln. Einen Iterator kann man mittels `++` und `--` inkrementieren und dekrementieren, damit verweist er dann auf das nächste oder das vorherige Element. Benutzt man statt `begin` und `end` die Funktionen `rbegin()` und `rend()`, so kann man die Elemente des Containers mit `++` in umgekehrter Reihenfolge durchlaufen. Dies nutzen wir z. B. in Zeile 30 von `largeint.cpp`. Mittels `*iter` erhält man das aktuelle Element, auf das der Iterator `iter` verweist.

Häufig kommt es vor, dass man über alle Elemente eines Containers laufen möchte. Zu diesem Zweck gibt es in C++ eine spezielle Version der `for`-Anweisung, die bereichsbasierte `for`-Anweisung genannt wird. Diese haben wir beispielsweise in den Zeilen 19–21 von `largeint.cpp` benutzt. Die dort definierte Variable `i` durchläuft alle Elemente des Vektors `_v`. Alternativ hätten wir die Schleife in den Zeilen 19–21 auch wie folgt schreiben können:

```
for (auto it = _v.begin(); it != _v.end(); ++it) {
    s = digits[*it] + s;
}
```

Zu beachten ist, dass in einer bereichsbasierten `for`-Schleife die Elemente des Containers durchlaufen werden, und daher nicht wie bei Iteratoren der Dereferenzierungsoperator `*` benutzt wird. Sollen die von der Variablen durchlaufenen Elemente auch verändert werden können, so muss die Variable mittels `&` als Referenz auf die Elemente definiert werden. Dies haben wir in der `for`-Schleife in den Zeilen 58–62 von `largeint.cpp` benutzt.

Der Additionsalgorithmus für zwei `LargeInt`-Zahlen wird durch den `+=`-Operator in den Zeilen 48–65 von `largeint.cpp` realisiert. Dieser Operator wird sodann in den Zeilen 40–45 benutzt, um den `+`-Operator zu realisieren. Dazu legen wir zunächst in Zeile 42 eine Kopie des links vom `+`-Operator stehenden Objekts an. Zu diesem Zweck müssen wir auf das Objekt verweisen, mit dem der `+`-Operator aufgerufen wurde. Dazu benutzen wir `this`, das jeweils die Adresse des Objektes enthält, über das die entsprechende Funktion aufgerufen wurde.

Gibt es verschiedene Variablen vom Typ `LargeInt`, wie etwa in der Funktion `main` in der Datei `factorial.cpp`, so belegen diese natürlich verschiedene Speicherbereiche. Bei jedem Durchlauf der `for`-Schleife wird in Zeile 12 von `factorial.cpp` eine neue `LargeInt`-Variable mit Namen `sum` angelegt. Am Ende der `for`-Schleife wird diese wieder gelöscht, indem der Destruktor von `LargeInt` aufgerufen wird.

In unserem Fall geschieht das alles automatisch: da wir keinen eigenen Destruktor definiert haben, wird (automatisch) der Standarddestruktor aufgerufen; dieser ruft jeweils einfach den Destruktor von `vector` auf. Da `vector` Daten auf dem Heap anlegt, hat diese Klasse einen komplizierteren Destruktor, der den benutzten Speicherplatz wieder freigibt.

Die Implementierung von `factorial.cpp` ist nicht sehr effizient und könnte natürlich mit Hilfe der Multiplikation vereinfacht und verbessert werden. Diese und andere Grundrechenarten können in der Klasse `LargeInt` ergänzt werden. Momentan ist die Laufzeit dominiert von $\Theta(n^2)$ Additionen, bei denen der größere Summand $\Theta(n \log n)$ Stellen hat, d.h. wir haben $\Theta(n^3 \log n)$ elementare Rechenoperationen. Implementiert man die Multiplikation, so kann man $n!$ mit $\Theta(n)$ Multiplikationen ausführen, bei denen jeweils ein Faktor höchstens $n \log n$ Stellen hat und der andere höchstens $\log n$; damit ergibt sich (bei Implementierung der Multiplikation nach Schulmethode) eine Laufzeit von $O(n^2 \log^2 n)$.

Eine solche neue Klasse ist sehr leicht einsetzbar. Um beispielsweise die Collatz-Folge (Programm 1.25) für beliebig große Zahlen zu implementieren, muss man in jenem Programm nur Zeile 5 durch `using myint = LargeInt;` ersetzen und natürlich `#include "largeint.h"` einfügen. Auch unsere Klasse `Fraction` kann durch Austausch einer einzigen Zeile (ersetze Zeile 7 in `fraction.h` durch `using inttype = LargeInt;`) mit beliebigen Brüchen arbeiten. Natürlich müssen zuvor die noch fehlenden Operationen, insbesondere die Multiplikation, implementiert werden.

2.6 Übungsaufgaben

1. Geben Sie die Darstellung der Zahl $(3324)_5$ bezüglich der Basis 7 an und wandeln Sie die Oktalzahl $(6272)_8$ in das Binärsystem um.
2. Bestimmen Sie für die Dezimalzahl -25 die 8-stellige und die 16-stellige 2-Komplementdarstellung.

3. Es sei z die 2-Komplementdarstellung einer negativen Zahl mit l Bits. Welche Zahl entsteht, wenn man in z jede 0 durch eine 1 und jede 1 durch eine 0 ersetzt?

4. Für welche negativen Zahlen x ist die 2-Komplementdarstellung mit l Bits bis auf die Vorzeichenstelle identisch mit der 2-Komplementdarstellung von $-x$?

5. Es sei z die 2-Komplementdarstellung einer negativen Zahl mit l Bits. Wie sieht die Darstellung derselben Zahl aus, wenn $2l$ Stellen für die Komplementdarstellung zur Verfügung stehen?

   Bemerkung: Eine solche Umwandlung kann zum Beispiel notwendig werden, wenn eine Variable vom Typ `short` in eine Variable vom Typ `int` umgewandelt wird.

6. Zeigen Sie, dass die Existenz der b-adischen Darstellung im Beweis von Satz 2.1 auch aus Lemma 1.19 gefolgert werden kann.

7. Es sei $(a_{l-1}a_{l-2}\dots a_0)_{-10} := \sum_{i=0}^{l-1} a_i(-10)^i$, wobei $a_i \in \{0, \dots, 9\}$ sei für $i \in \{0, \dots, l-1\}$. Man nennt $a_{l-1}\dots a_0$ Darstellung von $\sum_{i=0}^{l-1} a_i(-10)^i$ zur Basis -10, falls $a_{l-1} \neq 0$ gilt oder $l = 1$ und $a_0 = 0$ gelten.

   a) Schreiben Sie $(19375573910)_{-10}$ als Dezimalzahl.

   b) Geben Sie eine Darstellung von $(9230753)_{10}$ zur Basis -10 an.

   c) Zeigen Sie, dass es für jede ganze Zahl x eine Darstellung zur Basis -10 gibt.

   d) Ist die Darstellung aus Aufgabenteil (c) immer eindeutig?

8. Für eine natürliche Zahl n sei $q(n) := \sum_{i=0}^{l-1} z_i$, wobei $z_{l-1}\dots z_0$ die Dezimaldarstellung von n sei. Man nennt $q(n)$ die Quersumme von n. Für $t \in \mathbb{N}$ definieren wir $q_t(n)$ rekursiv durch $q_1(n) = q(n)$ und $q_{t+1}(n) = q(q_t(n))$. Es sei außerdem $q^*(n) = q_{t_0}(n)$, wobei t_0 die kleinste natürliche Zahl sei, für die $q_{t_0}(n) \leq 9$. Zeigen Sie, dass für natürliche Zahlen a und b gilt: $q^*(q^*(a) \cdot q^*(b)) = q^*(a \cdot b)$.

9. Die Addition und Multiplikation zweier rationaler Zahlen, bei denen Nenner und Zähler jeweils höchstens l Stellen haben, lässt sich in $O(l^2)$ durchführen.

10. Implementieren Sie Subtraktion, Multiplikation und Division in der Klasse `Fraction`.

11. Ergänzen Sie in der Klasse `Fraction` einen Test, der einen Überlauf verhindert und eine Fehlerbehandlung mittels `throw-catch` durchführt.

12. Es sei $x_0 := 1$ und $x_i := 1 + \frac{1}{x_{i-1}}$ für $i \in \mathbb{N}$. Berechnen Sie mit Hilfe der Klasse `Fraction` die ersten fünfzig Glieder der Folge $(x_i)_{i \in \mathbb{N}}$. Wogegen konvergiert die Folge? Welche Eigenschaften beobachten Sie bei Zähler und Nenner der Folgenglieder?

13. Erweitern Sie die Klasse `LargeInt` um die Multiplikation.

14. Erweitern Sie die Klasse `LargeInt` um einen Test, ob eine Zahl gerade ist, sowie um die ganzzahlige Division durch 2.

15. Ändern Sie Programm 1.25 so, dass die Collatz-Folge für alle im Datentyp `long long` darstellbaren natürlichen Zahlen korrekt berechnet wird. Benutzen Sie hierzu die Klasse `LargeInt` und Aufgabe 14.

Rechnen mit ganzen Zahlen

3

Wir haben in Kap. 1 die Grundrechenarten als elementare Rechenoperationen bezeichnet und angenommen, dass sie in konstanter Zeit durchgeführt werden können. Dies ist oft eine praktische Annahme, die allerdings für beliebig große Zahlen natürlich nicht der Realität entspricht. Wir wollen sehen, wie schnell man tatsächlich mit ganzen Zahlen rechnen kann. Elementare Rechenschritte (im engeren Sinne) sind dabei nur Rechenoperationen und Vergleiche auf ganzen Zahlen beschränkter Größe.

Moderne Computer können Rechenoperationen auf Zahlen mit bis zu 64 Bit in wenigen Taktzyklen durchführen. Für die asymptotische Laufzeit ist dies aber hier irrelevant, da man alles aus Rechenoperationen mit nur einem Bit zusammensetzen kann.

3.1 Addition und Subtraktion

In Kap. 2 haben wir bereits gesehen, wie man die Addition zweier positiver ganzer Zahlen durchführen kann. In Programm 2.11 wurde eine entsprechende Implementierung gezeigt. Der Algorithmus hat offenbar Laufzeit $O(l)$, wobei l die maximale Anzahl der Stellen der beteiligten Zahlen ist. Indem man entweder die Vorzeichendarstellung oder die Komplementdarstellung negativer Zahlen benutzt, kann man diesen Algorithmus leicht auf negative Zahlen bzw. die Subtraktion erweitern. Da man die Komplementdarstellung in $O(l)$ Zeit berechnen kann, bleibt die Laufzeit dieser Erweiterung weiterhin $O(l)$. Wir halten fest:

Proposition 3.1 *Für zwei ganze Zahlen x und y können die Summe $x + y$ und die Differenz $x - y$ in Laufzeit $O(l)$ berechnet werden, wobei $l = 1 + \lfloor \log_2(\max\{|x|, |y|, 1\}) \rfloor$ ist.* □

© Springer-Verlag GmbH Deutschland, ein Teil von Springer Nature 2018
S. Hougardy und J. Vygen, *Algorithmische Mathematik*,
https://doi.org/10.1007/978-3-662-57461-4_3

3.2　　Multiplikation

Für die Multiplikation und Division haben die nahe liegenden Algorithmen (Schulmethode) Laufzeit $O(l^2)$. Es geht aber besser.

Karatsuba [22] hat als Erster eine Möglichkeit gefunden, die Multiplikation asymptotisch schneller durchzuführen. Die Idee besteht darin, die l-stelligen zu multiplizierenden Zahlen x und y in zwei circa $\frac{l}{2}$-stellige Zahlen zu zerlegen, etwa durch $x = x' \cdot B + x''$ und $y = y' \cdot B + y''$, wobei B eine Potenz der Basis ist, bezüglich der die Zahlen dargestellt sind. Es reicht dann, die Produkte $p := x' \cdot y'$, $q := x'' \cdot y''$ und $r := (x' + x'') \cdot (y' + y'')$ auszurechnen (rekursiv mit demselben Algorithmus), um dann mittels folgender Gleichung das gesuchte Produkt $x \cdot y$ zu erhalten:

$$x \cdot y = (x' \cdot y')B^2 + (x' \cdot y'' + x'' \cdot y')B + x'' \cdot y'' = pB^2 + (r - p - q)B + q. \quad (3.1)$$

Wir gehen im Folgenden davon aus, dass die Basis 2 zur Zahlendarstellung benutzt wird und stellen Karatsubas Algorithmus in Pseudocode vor. Selbstverständlich können wir uns auf natürliche Zahlen beschränken.

Algorithmus 3.2　(Karatsubas Algorithmus)
Eingabe: $x, y \in \mathbb{N}$, in Binärdarstellung.
Ausgabe: $x \cdot y$, in Binärdarstellung.

> **if** $x < 8$ **and** $y < 8$ **then output** $x \cdot y$ (direkte Multiplikation)
> **else**
> $\quad l \leftarrow 1 + \lfloor \log_2(\max\{x, y\}) \rfloor, \ k \leftarrow \lfloor \frac{l}{2} \rfloor$
> $\quad B \leftarrow 2^k$
> $\quad x' \leftarrow \lfloor \frac{x}{B} \rfloor, x'' \leftarrow x \bmod B$
> $\quad y' \leftarrow \lfloor \frac{y}{B} \rfloor, y'' \leftarrow y \bmod B$
> $\quad p \leftarrow x' \cdot y'$　(rekursiv)
> $\quad q \leftarrow x'' \cdot y''$　(rekursiv)
> $\quad r \leftarrow (x' + x'') \cdot (y' + y'')$　(rekursiv)
> $\quad$ **output** $pB^2 + (r - p - q)B + q$

Satz 3.3 *Die Multiplikation zweier in Binärdarstellung gegebener natürlicher Zahlen x und y ist mit Algorithmus 3.2 in Laufzeit $O(l^{\log_2 3})$ möglich, wobei $l = 1 + \lfloor \log_2(\max\{x, y\}) \rfloor$ ist.*

Beweis Die Korrektheit des Algorithmus folgt direkt aus der Gl. (3.1).

Für die Laufzeit zeigen wir zunächst, dass es eine Konstante $c \in \mathbb{N}$ gibt, so dass die Zahl $T(l)$ der elementaren Rechenschritte (im engeren Sinne) von Algorithmus 3.2 in Abhängigkeit von l (der maximalen Zahl der Stellen von x und y) wie folgt abgeschätzt werden kann:

$$T(l) \leq c \qquad \text{für } l \leq 3$$
$$T(l) \leq c \cdot l + 3T(\lceil \tfrac{l}{2} \rceil + 1) \quad \text{für } l \geq 4. \tag{3.2}$$

Um die zweite Ungleichung nachzuweisen, muss man feststellen, dass die drei rekursiven Aufrufe des Algorithmus mit Zahlen erfolgen, die jeweils höchstens $\lceil \tfrac{l}{2} \rceil + 1$ Stellen haben. Dies ist für x'' und y'' offensichtlich; sie haben sogar höchstens $k = \lfloor \tfrac{l}{2} \rfloor$ Stellen. Ferner ist $1 + \lfloor \log_2 x' \rfloor \leq 1 + \lfloor \log_2 \tfrac{x}{B} \rfloor = 1 + \lfloor \log_2 x \rfloor - k \leq l - k = \lceil \tfrac{l}{2} \rceil$, also hat x' und analog y' höchstens $\lceil \tfrac{l}{2} \rceil$ Stellen. Somit haben auch $x' + x''$ und $y' + y''$ jeweils höchstens $\lceil \tfrac{l}{2} \rceil + 1$ Stellen. Dies ist weniger als l für alle $l \geq 4$, weshalb die Rekursion terminiert.

Alle anderen Operationen brauchen nur $O(l)$ Schritte; hier nutzt man aus, dass B eine Zweierpotenz ist und x und y (ebenso wie alle Zwischenergebnisse) in Binärdarstellung angegeben sind. Ferner benutzt man natürlich Proposition 3.1.

Die Rekursion (3.2) kann man wie folgt lösen. Wir behaupten zunächst, dass für alle $m \in \mathbb{N} \cup \{0\}$ gilt:

$$T(2^m + 2) \leq c \cdot (4 \cdot 3^m - 2 \cdot 2^m - 1) \tag{3.3}$$

Dies folgt einfach durch Induktion: Für $m = 0$ ist $T(3) \leq c$ nach (3.2). Für $m \in \mathbb{N}$ ist, ebenfalls nach (3.2), $T(2^m + 2) \leq c \cdot (2^m + 2) + 3T(2^{m-1} + 2)$, was nach Induktionsvoraussetzung abgeschätzt werden kann durch

$$T(2^m + 2) \leq c \cdot (2^m + 2 + 3 \cdot (4 \cdot 3^{m-1} - 2 \cdot 2^{m-1} - 1)) = c \cdot (4 \cdot 3^m - 2 \cdot 2^m - 1),$$

womit (3.3) bewiesen ist.

Für ein beliebiges $l \in \mathbb{N}$ mit $l > 2$ sei nun $m := \lceil \log_2(l - 2) \rceil < 1 + \log_2 l$. Dann gilt $T(l) \leq T(2^m + 2) < 4c \cdot 3^m < 12c \cdot 3^{\log_2 l} = 12c \cdot l^{\log_2 3}$. $\qquad \square$

Man beachte, dass $\log_2 3$ kleiner als $1{,}59$ ist und der Algorithmus somit (besonders bei zwei ungefähr gleich langen Zahlen) wesentlich schneller ist als die Schulmethode mit Laufzeit $O(l^2)$.

In der Praxis multipliziert man auch größere Zahlen direkt (mindestens bis zu 32 oder 64 Binärstellen: so große Zahlen werden von heutigen Prozessoren in wenigen Taktzyklen multipliziert) und wählt erst bei noch größeren Zahlen den rekursiven Ansatz von Karatsuba.

Noch schnellere Multiplikationsalgorithmen wurden von Schönhage und Strassen [31] sowie Fürer [18] gefunden. Die (ganzzahlige) Division lässt sich auf die Multiplikation zurückführen und ebenso schnell durchführen; wir gehen darauf in Abschn. 5.5 weiter ein.

3.3   Euklidischer Algorithmus

Der euklidische Algorithmus (den Euklid um 300 v.Chr. in Buch VII seiner *Elemente* beschrieb) erlaubt das effiziente Berechnen des größten gemeinsamen Teilers zweier Zahlen, und damit das Kürzen von Brüchen.

Definition 3.4 *Für $a, b \in \mathbb{N}$ ist $\mathrm{ggT}(a, b)$ der größte gemeinsame Teiler, d.h. die größte natürliche Zahl, die sowohl Teiler von a als auch Teiler von b ist. Gilt $\mathrm{ggT}(a, b) = 1$, so heißen a und b teilerfremd. Ferner setzen wir $\mathrm{ggT}(a, 0) := \mathrm{ggT}(0, a) := a$ für alle $a \in \mathbb{N}$ (jede natürliche Zahl ist Teiler von 0) und $\mathrm{ggT}(0,0) := 0$.*

Für $a, b \in \mathbb{N}$ ist $\mathrm{kgV}(a, b)$ das kleinste gemeinsame Vielfache, d.h. die kleinste natürliche Zahl, von der sowohl a als auch b Teiler sind.

Lemma 3.5 *Für alle $a, b \in \mathbb{N}$ gilt:*

(a) $a \cdot b = \mathrm{ggT}(a, b) \cdot \mathrm{kgV}(a, b)$;
(b) $\mathrm{ggT}(a, b) = \mathrm{ggT}(a \bmod b, b)$.

Beweis

(a) Für jeden gemeinsamen Teiler x von a und b (insbesondere also für $x = \mathrm{ggT}(a, b)$) ist $\frac{ab}{x}$ ein gemeinsames Vielfaches von a und b, woraus „$\geq$" folgt.
  Seien $p, q \in \mathbb{N}$ teilerfremd mit $\frac{p}{q} = \frac{\mathrm{kgV}(a,b)}{ab}$. Dann sind $\frac{pa}{q} \in \mathbb{Z}$ und $\frac{pb}{q} \in \mathbb{Z}$, d.h. q ist Teiler von a und b. Somit ist $\mathrm{ggT}(a, b) \geq q = \frac{pab}{\mathrm{kgV}(a,b)} \geq \frac{ab}{\mathrm{kgV}(a,b)}$.
(b) Ist x Teiler von a und b, so offenbar auch von $a - b\lfloor \frac{a}{b} \rfloor = a \bmod b$. Ist umgekehrt x Teiler von $a \bmod b$ und von b, so auch von $(a \bmod b) + b\lfloor \frac{a}{b} \rfloor = a$. $\qquad\square$

Lemma 3.5(b) ergibt direkt die Korrektheit des

Algorithmus 3.6 (Euklidischer Algorithmus)
Eingabe: $a, b \in \mathbb{N}$.
Ausgabe: $\mathrm{ggT}(a, b)$.

> **while** $a > 0$ **and** $b > 0$ **do**
>   **if** $a < b$ **then** $b \leftarrow b \bmod a$ **else** $a \leftarrow a \bmod b$
> **output** $\max\{a, b\}$

Beispiel 3.7 $\mathrm{ggT}(6314, 2800) = \mathrm{ggT}(2800, 714) = \mathrm{ggT}(714, 658) = \mathrm{ggT}(658, 56) = \mathrm{ggT}(56, 42) = \mathrm{ggT}(42, 14) = \mathrm{ggT}(14, 0) = 14$.

Der Euklidische Algorithmus ist in der Funktion `gcd` im Programm 3.8 rekursiv implementiert. Diese Funktion könnte man auch in unsere Klasse `LargeInt` integrieren (sofern der %-Operator für `LargeInt` implementiert ist). Die um eine solche ggT-Funktion erweiterte Klasse `LargeInt` kann man dann als Typ für Zähler und Nenner in `Fraction` benutzen und alle Brüche stets (am Ende jeder Rechenoperation) kürzen.

Programm 3.8 (Euklidischer Algorithmus)

```
 1  // euclid.cpp (Euclidean Algorithm)
 2
 3  #include <iostream>
 4
 5  using myint = long long;
 6
 7  myint gcd(myint a, myint b)            // compute greatest common divisor
 8  {                                      // using Euclidean algorithm
 9      if (b == 0) {
10          return a;
11      }
12      else {
13          return gcd(b, a % b);
14      }
15  }
16
17
18  int main()
19  {
20      myint a, b;
21      std::cout << "This program computes the greatest common divisor.\n"
22                << "Enter two natural numbers, separated by blank: ";
23      std::cin >> a >> b;
24      std::cout << "gcd(" << a << "," << b << ") = " << gcd(a,b) << "\n";
25  }
```

Die Anzahl der Iterationen (bzw. rekursiven Aufrufe) des Euklidischen Algorithmus kann leicht durch $2 + \lfloor \log_2 \max\{a, 1\} \rfloor + \lfloor \log_2 \max\{b, 1\} \rfloor$ beschränkt werden, da sich in jeder Iteration (bis auf evtl. die erste in `gcd`) mindestens eine der beiden Zahlen mindestens halbiert.

Für eine genauere Laufzeitanalyse des Euklidischen Algorithmus 3.6 benötigen wir zunächst die **Fibonacci-Zahlen** F_i für $i = 0, 1, 2, \ldots$, gegeben durch $F_0 := 0$, $F_1 := 1$ und

$$F_{n+1} := F_n + F_{n-1} \quad \text{für } n \in \mathbb{N}.$$

Die ersten Fibonacci-Zahlen sind also: $0, 1, 1, 2, 3, 5, 8, 13, 21, 34, 55$. Die Fibonacci-Zahlen waren übrigens schon mehr als 400 Jahre vor Fibonacci (ca. 1170–1240) in Indien bekannt.

Lemma 3.9 *Für alle* $n \in \mathbb{N} \cup \{0\}$ *ist*

$$F_n = \frac{1}{\sqrt{5}} \left(\left(\frac{1 + \sqrt{5}}{2} \right)^n - \left(\frac{1 - \sqrt{5}}{2} \right)^n \right).$$

Beweis Induktion über n. Die Aussage ist für $n = 0$ und $n = 1$ offensichtlich. Für $n \geq 2$ ist

$$F_n = F_{n-1} + F_{n-2}$$

$$= \frac{1}{\sqrt{5}} \left(\left(\frac{1+\sqrt{5}}{2} \right)^{n-1} + \left(\frac{1+\sqrt{5}}{2} \right)^{n-2} - \left(\frac{1-\sqrt{5}}{2} \right)^{n-1} - \left(\frac{1-\sqrt{5}}{2} \right)^{n-2} \right)$$

$$= \frac{1}{\sqrt{5}} \left(\left(\frac{1+\sqrt{5}}{2} \right)^{n-2} \cdot \left(\frac{1+\sqrt{5}}{2} + 1 \right) - \left(\frac{1-\sqrt{5}}{2} \right)^{n-2} \cdot \left(\frac{1-\sqrt{5}}{2} + 1 \right) \right)$$

$$= \frac{1}{\sqrt{5}} \left(\left(\frac{1+\sqrt{5}}{2} \right)^{n} - \left(\frac{1-\sqrt{5}}{2} \right)^{n} \right),$$

da $\frac{1+\sqrt{5}}{2} + 1 = \frac{3+\sqrt{5}}{2} = \left(\frac{1+\sqrt{5}}{2} \right)^2$ und $\frac{1-\sqrt{5}}{2} + 1 = \frac{3-\sqrt{5}}{2} = \left(\frac{1-\sqrt{5}}{2} \right)^2$. □

Lemma 3.10 *Falls $a > b > 0$ und Algorithmus 3.6 $k \geq 1$ Iterationen der while-Schleife durchläuft, so gilt $a \geq F_{k+2}$ und $b \geq F_{k+1}$.*

Beweis Induktion über k. Für $k = 1$ gilt die Aussage wegen $b \geq 1 = F_2$ und $a > b \Rightarrow a \geq 2 = F_3$.

Für den Induktionsschritt sei nun $k \geq 2$. Wegen $a > b \geq 1$ und $k \geq 2$ wird die nächste Iteration mit den Zahlen b und $a \bmod b$ arbeiten. Auf diese können wir die Induktionsvoraussetzung anwenden, da $k-1$ Iterationen verbleiben und $b > a \bmod b > 0$ (wegen $k-1 > 0$). Wir erhalten $b \geq F_{k+1}$ und $a \bmod b \geq F_k$. Es gilt somit $a = \lfloor a/b \rfloor \cdot b + (a \bmod b) \geq b + (a \bmod b) \geq F_{k+1} + F_k = F_{k+2}$.

Satz 3.11 (Satz von Lamé) *Falls $a \geq b$ und $b < F_{k+1}$ für ein $k \in \mathbb{N}$, so durchläuft Algorithmus 3.6 weniger als k Iterationen der while-Schleife.*

Beweis Falls $b = 0$, so durchläuft der Algorithmus gar keine Iteration, falls $a = b > 0$ nur eine. Die restlichen Fälle folgen direkt aus Lemma 3.10. □

Bemerkung 3.12 Falls $\text{ggT}(F_{k+2}, F_{k+1})$ für $k \in \mathbb{N}$ berechnet wird, so sind genau k Iterationen notwendig, denn $\text{ggT}(F_3, F_2) = \text{ggT}(2, 1)$ braucht eine Iteration und $\text{ggT}(F_{k+2}, F_{k+1})$ für $k \geq 2$ wird auf $\text{ggT}(F_{k+1}, F_{k+2} - F_{k+1}) = \text{ggT}(F_{k+1}, F_k)$ zurückgeführt. Satz 3.11 ist also bestmöglich.

Korollar 3.13 *Falls $a \geq b > 1$, so durchläuft Algorithmus 3.6 höchstens $\lceil \log_\phi b \rceil$ Iterationen, wobei $\phi = \frac{1+\sqrt{5}}{2}$. Die Gesamtlaufzeit von Algorithmus 3.6 zur Berechnung von $\text{ggT}(a, b)$ ist $O((\log a)^3)$.*

Beweis Wir zeigen zunächst durch Induktion über n, dass $F_n > \phi^{n-2}$ für alle $n \geq 3$ gilt. Für $n = 3$ haben wir $F_3 = 2 > \phi$. Wegen $1 + \phi = \phi^2$ erhalten wir unter Ausnutzung der Induktionsvoraussetzung für $n \geq 3$:

$$F_{n+1} = F_n + F_{n-1} > \phi^{n-2} + \phi^{n-3} = \phi^{n-3}(\phi + 1) = \phi^{n-1}.$$

Für die erste Aussage des Korollars sei $k := 1 + \lceil \log_\phi b \rceil \geq 2$. Wir haben $b \leq \phi^{k-1} < F_{k+1}$ und die Aussage folgt mit Satz 3.11. In jeder Iteration muss $x \bmod y$ für zwei Zahlen x und y mit $a \geq x \geq y$ berechnet werden. Dies geht mit der Schulmethode in $O((\log a)^2)$ womit sich eine Gesamtlaufzeit von $O((\log a)^3)$ ergibt. $\qquad\square$

Bemerkung 3.14 Die Konstante $\phi = \frac{1+\sqrt{5}}{2} \approx 1{,}618\ldots$ wird der goldene Schnitt genannt. Es gilt $\frac{1-\sqrt{5}}{2} \approx -0{,}618\ldots$. Deshalb ist nach Lemma 3.9 $F_n \approx \frac{1}{\sqrt{5}} \cdot \phi^n$.

3.4 Übungsaufgaben

1. Implementieren Sie Karatsubas Algorithmus für die Klasse `LargeInt`.
2. Zeigen Sie, dass man mit Hilfe von Karatsubas Algorithmus zwei natürliche Zahlen mit k- bzw. l-stelliger Binärdarstellung (mit $k \leq l$) in $O(k^{\log_2(3)-1}l)$ Zeit multiplizieren kann.
3. Es seien $a, b, c, d \in \mathbb{R}$ Konstanten mit $c, d \geq 0$ und $2 \leq b < a$. Außerdem sei $T : \mathbb{N} \to \mathbb{R}_{\geq 0}$ eine monoton steigende Funktion, welche die folgenden Bedingungen erfüllt:
   - $T(n) \leq d$ für $n \leq b$ und
   - $T(n) \leq c \cdot n + a \cdot T\left(\lceil \frac{n}{b} \rceil\right)$ für $n > b$.
   Zeigen Sie, dass dann $T(n) = O(n^{\log_b(a)})$ gilt.
4. Zeigen Sie, dass es für alle natürlichen Zahlen m und n ganze Zahlen s und t gibt, für die $\text{ggT}(n, m) = s \cdot m + t \cdot n$ gilt.
5. Es seien p eine Primzahl und $a, b \in \mathbb{N}$. Zeigen Sie: Falls p Teiler von ab ist, so ist p Teiler von a oder p ist Teiler von b.
   Hinweis: Benutzen Sie Aufgabe 4.
6. Zeigen Sie, dass jede natürliche Zahl $n \geq 2$ auf eindeutige Weise als $n = p_1 \cdot \ldots \cdot p_k$ geschrieben werden kann, wobei $k \in \mathbb{N}$ und $p_1, \ldots, p_k$ Primzahlen sind mit $p_1 \leq \cdots \leq p_k$.
   Hinweis: Benutzen Sie Aufgabe 5.
7. Integrieren Sie den Euklidischen Algorithmus in die Klassen `Fraction` und `LargeInt`.

8. Zeigen Sie, dass man die Laufzeit von Algorithmus 3.6 auch durch $O((\log a)(\log b) + (\log b)^3)$ beschränken kann.

9. Beweisen Sie die Korrektheit der folgenden Funktion zur Berechnung des größten gemeinsamen Teilers zweier natürlicher Zahlen. Diese Funktion benutzt nur die Division durch 2 (die in Binärdarstellung natürlich sehr einfach und schnell realisierbar ist). Welche Laufzeit hat diese Funktion?

```
myint gcd2(myint a, myint b)          // compute greatest common divisor
{                                     // ("binary Euclidean algorithm")
    if (b == 0) return a;
    else if (a % 2 == 0) {
        if (b % 2 == 0) return 2 * gcd2( b / 2, a / 2);
        else return gcd2(b, a / 2);
    }
    else {
        if (b % 2 == 0) return gcd2(a, b / 2);
        else if (a < b) return gcd2(a, (b - a) / 2);
            else return gcd2(b, (a - b) / 2);
    }
}
```

10. Bestimmen Sie die kleinste Zahl $c \in \mathbb{R}$, für die $F_n \le c^n$ für alle Fibonacci-Zahlen F_n mit $n \in \mathbb{N}$ gilt.

11. Schreiben Sie ein Programm, das zu einer Eingabe $k \in \mathbb{N}$ die Fibonacci-Zahl F_k berechnet, und das auch für große k (mindestens bis 100) korrekt funktioniert.

12. Zeigen Sie, dass sich jede natürliche Zahl n als Summe von paarweise verschiedenen Fibonacci-Zahlen schreiben lässt. Zeigen Sie, dass $O(\log n)$ Summanden für eine solche Darstellung ausreichen.

13. Beweisen Sie die folgenden Aussagen über die Fibonacci-Zahlen:

    (a) $F_{n+1} \cdot F_{n-1} - F_n^2 = (-1)^n$ für $n \ge 1$.

    (b) $F_{n+k} = F_k \cdot F_{n+1} + F_{k-1} \cdot F_n$ für $k \ge 1, n \ge 0$.

    (c) $F_{k \cdot n}$ ist ein Vielfaches von F_n für $k \ge 1$.

    (d) $\text{ggT}(F_m, F_n) = F_{\text{ggT}(m,n)}$ für $m, n \ge 1$.

    Hinweis: Beweisen Sie zunächst unter Benutzung von (b) und (c), dass $\text{ggT}(F_m, F_n) = \text{ggT}(F_n, F_r)$, falls m mit Rest r durch n teilbar ist.

Approximative Darstellungen reeller Zahlen

4

Durch die Kombination der Klassen `LargeInt` (Programm 2.11) und `Fraction` (Programm 2.10) – erweitert um die noch fehlenden Operationen – kann man mit rationalen Zahlen rechnen, ohne Rundungsfehler zu machen. Allerdings sind die einzelnen Rechenoperationen vergleichsweise langsam, weil Zähler und Nenner – auch wenn man immer mit dem Euklidischen Algorithmus kürzt – groß werden können.

Wesentlich schneller ist das Rechnen mit Standarddatentypen wie `double`; allerdings muss man hier Rundungsfehler in Kauf nehmen und kontrollieren.

Komplexe Zahlen lassen sich natürlich (näherungsweise) speichern, indem man (Näherungen von) Real- und Imaginärteil speichert, ähnlich wie man rationale Zahlen als Paare ganzer Zahlen (Zähler und Nenner) darstellen kann. Analog zur Klasse `Fraction` kann man auch hierfür eine Klasse definieren. Die C++-Standardbibliothek enthält sogar schon einen Typ `complex<double>`, den man für komplexe Zahlen benutzen kann. Wir beschränken uns im Folgenden der Einfachheit halber auf reelle Zahlen; alles überträgt sich aber natürlich direkt auf komplexe Zahlen.

4.1 *b*-adische Darstellung reeller Zahlen

Die b-adische Darstellung natürlicher Zahlen lässt sich wie folgt auf reelle Zahlen erweitern:

Satz 4.1 (*b*-adische Darstellung reeller Zahlen) *Sei $b \in \mathbb{N}$ mit $b \geq 2$. Sei $x \in \mathbb{R} \setminus \{0\}$. Dann existieren eindeutig bestimmte Zahlen $E \in \mathbb{Z}$, $\sigma \in \{-1, 1\}$ und $z_i \in \{0, 1, \ldots, b-1\}$ für $i \in \mathbb{N} \cup \{0\}$ mit $\{i \in \mathbb{N} \mid z_i \neq b-1\}$ unendlich, $z_0 \neq 0$ und*

© Springer-Verlag GmbH Deutschland, ein Teil von Springer Nature 2018
S. Hougardy und J. Vygen, *Algorithmische Mathematik*,
https://doi.org/10.1007/978-3-662-57461-4_4

$$x = \sigma \cdot b^E \cdot \left(\sum_{i=0}^{\infty} z_i \cdot b^{-i} \right). \qquad (4.1)$$

(4.1) *heißt die (normalisierte)* **b-adische Darstellung** *von x.*

Wir benutzen hier die übliche Notation für Reihen (unendliche Summen) $\sum_{i=0}^{\infty} a_i :=$ $\lim_{n \to \infty} \sum_{i=0}^{n} a_i$. Man beachte, dass der Grenzwert existiert, weil die Folge monoton wachsend und durch b von oben beschränkt ist.

Beweis Sei $x \in \mathbb{R} \setminus \{0\}$. Offenbar muss $\sigma = -1$ gelten falls $x < 0$ und $\sigma = 1$ falls $x > 0$.

Für $z_i \in \{0, 1, \ldots, b-1\}$ $(i \in \mathbb{N} \cup \{0\})$ mit $\{i \in \mathbb{N} \mid z_i \neq b-1\} \neq \emptyset$ und $z_0 \neq 0$ gilt

$$1 \leq \sum_{i=0}^{\infty} z_i \cdot b^{-i} < \sum_{i=0}^{\infty} (b-1) \cdot b^{-i} = b.$$

Somit muss $E := \lfloor \log_b |x| \rfloor$ gewählt werden.

Setze $a_0 := b^{-E} |x|$ und definiere rekursiv für $i \in \mathbb{N} \cup \{0\}$:

$$z_i := \lfloor a_i \rfloor \quad \text{und} \quad a_{i+1} := b(a_i - z_i).$$

Man beachte $1 \leq a_0 < b$ und $0 \leq a_i < b$ für $i \in \mathbb{N}$, also $z_i \in \{0, \ldots, b-1\}$ für alle i und $z_0 \neq 0$.

Behauptung Es gilt $a_0 = \sum_{i=0}^{n} z_i \cdot b^{-i} + a_{n+1} b^{-n-1}$ für alle $n \in \mathbb{N} \cup \{0\}$.

Wir zeigen diese Behauptung per Induktion über n. Als Induktionsanfang prüfen wir die Gleichung für $n = 0$: hier ist in der Tat $a_0 = z_0 b^{-0} + a_1 b^{-1}$.

Für den Induktionsschritt sei $n \in \mathbb{N}$. Die Induktionsannahme (für $n-1$) besagt $a_0 = \sum_{i=0}^{n-1} z_i \cdot b^{-i} + a_n b^{-n}$. Mittels $a_{n+1} = b(a_n - z_n)$ erhalten wir $a_0 = \sum_{i=0}^{n-1} z_i \cdot b^{-i} + z_n b^{-n} + a_{n+1} b^{-n-1}$, also ist die Behauptung bewiesen.

Damit haben wir

$$x = \sigma \cdot b^E \cdot a_0 = \sigma \cdot b^E \cdot \lim_{n \to \infty} \left(\sum_{i=0}^{n} z_i \cdot b^{-i} \right),$$

also (4.1).

Angenommen, $\{i \in \mathbb{N} \mid z_i \neq b-1\}$ wäre endlich, d. h. es gäbe ein $n_0 \in \mathbb{N}$ mit $z_i = b-1$ für alle $i > n_0$. Dann wäre

$$a_0 = \sum_{i=0}^{n_0} z_i \cdot b^{-i} + \sum_{i=n_0+1}^{\infty} (b-1) \cdot b^{-i} = \sum_{i=0}^{n_0} z_i \cdot b^{-i} + b^{-n_0}.$$

Wegen der Behauptung folgt $a_{n_0+1} = b$, ein Widerspruch. Damit ist die Existenz bewiesen.

Es bleibt, die Eindeutigkeit zu zeigen. Die Eindeutigkeit von σ und E wurde bereits gezeigt. Angenommen, wir haben zwei Darstellungen

$$x = \sigma \cdot b^E \cdot \sum_{i=0}^{\infty} y_i \cdot b^{-i} = \sigma \cdot b^E \cdot \sum_{i=0}^{\infty} z_i \cdot b^{-i}$$

mit den genannten Eigenschaften. Sei n der kleinste Index mit $y_n \neq z_n$. Ohne Beschränkung der Allgemeinheit sei $y_n + 1 \leq z_n$. Dann erhalten wir

$$\frac{x}{\sigma b^E} = \sum_{i=0}^{\infty} y_i \cdot b^{-i}$$

$$\leq \sum_{i=0}^{n-1} y_i \cdot b^{-i} + (z_n - 1)b^{-n} + \sum_{i=n+1}^{\infty} y_i b^{-i}$$

$$< \sum_{i=0}^{n-1} y_i \cdot b^{-i} + (z_n - 1)b^{-n} + \sum_{i=n+1}^{\infty} (b - 1)b^{-i}$$

$$= \sum_{i=0}^{n-1} z_i \cdot b^{-i} + z_n b^{-n}$$

$$\leq \sum_{i=0}^{\infty} z_i \cdot b^{-i}$$

$$= \frac{x}{\sigma b^E},$$

einen Widerspruch. $\qquad\qquad\qquad\qquad\qquad\qquad\qquad\qquad\qquad\qquad\qquad\qquad\quad$ $\square$

Beispiel 4.2 Für $b = 2$ ist die b-adische Darstellung von

$$\tfrac{1}{3} = 2^{-2} \cdot (2^0 + 2^{-2} + 2^{-4} + 2^{-6} + \cdots) = (0,\overline{01})_2$$
$$8{,}1 = 2^3 \cdot (2^0 + 2^{-7} + 2^{-8} + 2^{-11} + 2^{-12} + 2^{-15} + 2^{-16} \cdots) = (1000{,}0\overline{0011})_2.$$

4.2 Maschinenzahlen

Da in einem Rechner nur endlich viele Stellen einer reellen Zahl dargestellt werden können, nutzt man in Anlehnung an Satz 4.1 die folgende Darstellung:

Definition 4.3 *Seien* $b, m \in \mathbb{N}$, $b \geq 2$. *Eine* b-*adische* m-*stellige* **normalisierte Gleitkommazahl** *hat die Form*

$$x = \sigma \cdot b^E \cdot \left(\sum_{i=0}^{m-1} z_i \cdot b^{-i} \right)$$

mit dem Vorzeichen $\sigma \in \{-1, 1\}$, *der Mantisse* $\sum_{i=0}^{m-1} z_i \cdot b^{-i}$ *mit* $z_0 \neq 0$ *und* $z_i \in \{0, \ldots, b-1\}$ *für alle* $i \in \mathbb{N} \cup \{0\}$, *sowie dem Exponenten* $E \in \mathbb{Z}$.

Beispiel 4.4 Für $b = 10$ hat die Zahl $136{,}5$ die normalisierte 5-stellige Darstellung $136{,}5 = 1{,}3650 \cdot 10^2$. In C++-Notation schreibt sich das als `1.365e+2`.

Die Zahl $\frac{1}{3}$ besitzt für $b = 10$ und $m \in \mathbb{N}$ keine Darstellung als m-stellige normalisierte Gleitkommazahl. Die Zahl 0 besitzt überhaupt keine Darstellung als normalisierte Gleitkommazahl.

Für die Darstellung im Rechner sind geeignete Werte für b, m und den zulässigen Bereich $\{E_{min}, \ldots, E_{max}\}$ für E zu wählen. Dies bestimmt den **Maschinenzahlbereich**

$$F(b, m, E_{min}, E_{max})$$

als die Menge der b-adischen m-stelligen normalisierten Gleitkommazahlen mit Exponent $E \in \{E_{min}, \ldots, E_{max}\}$, zuzüglich der Zahl 0. Die Elemente eines (festen) Maschinenzahlbereichs heißen **Maschinenzahlen**.

Im 1985 verabschiedeten IEEE-Standard 754 [20] (IEEE steht für *The Institute of Electrical and Electronics Engineers*) wird beispielsweise ein Datentyp `double` mit $b = 2$, $m = 53$ und $E \in \{-1022, \ldots, 1023\}$ definiert. Wir schreiben $F_{\text{double}} := F(2, 53, -1022, 1023)$. Zur Darstellung dieser Zahlen reichen 64 Bits aus: ein Bit für das Vorzeichen, 52 Bits $z_1 \cdots z_{52}$ für die Mantisse sowie 11 Bits für den Exponenten E. Da wegen der Normalisierung das nullte Bit z_0 immer den Wert 1 hat, kann dieses weggelassen werden (es wird daher „hidden bit" genannt).

Für den Exponenten wird die sogenannte Bias-Darstellung benutzt: Eine Konstante (Bias) wird hinzuaddiert, um alle Exponenten positiv zu machen. Im konkreten Fall `double` wird 1023 hinzuaddiert. Für den C++-Datentyp `double` schreibt der C++-Standard nicht vor, wie er zu realisieren ist. Üblicherweise wird er aber gemäß dem IEEE-Datentyp `double` implementiert. Davon gehen wir im Folgenden aus.

Die Abspeicherung in Bits für die normalisierte Gleitkommadarstellung sieht wie folgt aus:

1 Bit	11 Bits	52 Bits
$\frac{1+\sigma}{2}$	$E + 1023$	$z_1 \, z_2 \, \cdots \, z_{52}$

Die „freien" Exponenten -1023 und 1024 ($\widehat{=} 0$ und 2047 in Bias-Darstellung) werden benutzt, um ± 0 und $\pm\infty$ (Exponent größer als 1023) zu kodieren sowie für subnormale Zahlen (Exponent kleiner als -1022) und NaN (**N**ot **a** **N**umber), das als Ergebnis von unzulässigen Rechenoperationen wie z. B. $\log(-1)$ dient.

Die größte so darstellbare Zahl ist

$$\max F_{\text{double}} = \texttt{std::numeric\_limits<double>::max()}$$
$$= 1,\underbrace{1\ldots1}_{52}\cdot2^{1023} = (2 - 2^{-52})\cdot2^{1023} = 2^{1024} - 2^{971} \approx 1{,}797693\cdot10^{308}.$$

Die kleinste positive Maschinenzahl in F_{double} ist

$$\min\{f \in F_{\text{double}}, f > 0\} = \texttt{std::numeric\_limits<double>::min()}$$
$$= 1{,}0\cdot2^{-1022} \approx 2{,}225074\cdot10^{-308}.$$

Wir bezeichnen mit $\text{range}(F) := [\min\{f \in F, f > 0\}, \max F]$ das kleinste Intervall, in dem alle darstellbaren positiven Zahlen liegen.

Der C++Datentyp $\texttt{float}$ (für englisch *floating point*) benutzt hingegen meistens nur 32 Bits und damit einen wesentlich geringeren Darstellungsbereich und eine viel geringere Genauigkeit. Er ist deshalb nur selten zu empfehlen. Umgekehrt hat der Datentyp $\texttt{long double}$ meistens eine höhere Genauigkeit als $\texttt{double}$. Häufig werden 80 Bits für die Darstellung von $\texttt{long double}$ benutzt (64 Bits für die Mantisse und 16 Bits für den Exponenten), da die FPUs (*Floating Point Units*) in heutigen Prozessoren vielfach eine solche Darstellung von Gleitkommazahlen verwenden. Auf solchen Gleitkommazahlen kann eine FPU die elementaren Rechenoperationen in wenigen Taktzyklen durchführen.

Der Datentyp $\texttt{double}$ ist der Standarddatentyp in C++ für die approximative Darstellung reeller Zahlen.

4.3 Rundung

Da es nur endlich viele Maschinenzahlen gibt, muss man sich mit gerundeten Darstellungen von reellen Zahlen zufrieden geben:

Definition 4.5 *Sei $F = F(b, m, E_{\min}, E_{\max})$ ein Maschinenzahlbereich. Eine Abbildung* $\text{rd}\colon \mathbb{R} \to F$ *heißt* **Rundung** *(zu F), wenn für alle $x \in \mathbb{R}$ gilt:*

$$|x - \text{rd}(x)| = \min_{a \in F}|x - a|.$$

Man beachte, dass es mehrere Rundungen gibt. Zum Beispiel kann in $F(10, 2, 0, 2)$ die Zahl 12,5 auf 12 oder 13 gerundet werden. Bei kaufmännischer Rundung wird x im Zweifel zur betragsmäßig größeren Zahl gerundet. IEEE 754 fordert aber: x wird so gerundet, dass die letzte Stelle gerade wird, also zum Beispiel $\text{rd}(12{,}5) = 12$ und $\text{rd}(13{,}5) = 14$. Ein Grund dafür ist, dass bei Rechnungen wie $(\cdots(((12+0,5)-0,5)+0,5)-\ldots$ abwechselnd auf- und abgerundet wird (bei kaufmännischer Rundung divergierte diese Reihe).

Definition 4.6 *Es seien* $x, \tilde{x} \in \mathbb{R}$, *wobei* $\tilde{x}$ *eine Näherung von* x *sei. Dann heißt* $|x - \tilde{x}|$ *der* **absolute Fehler.** *Falls* $x \neq 0$ *heißt* $\left|\frac{x-\tilde{x}}{x}\right|$ *der* **relative Fehler.**

Die Maschinengenauigkeit ist der maximale relative Fehler, der bei einer Rundung von Zahlen im darstellbaren Bereich auftreten kann:

Definition 4.7 *Sei* F *ein Maschinenzahlbereich. Die* **Maschinengenauigkeit** *von* F *wird mit* **eps(F)** *bezeichnet und ist definiert durch*

$$\mathrm{eps}(F) := \sup\left\{\left|\frac{x-\mathrm{rd}(x)}{x}\right| \mid x \in \mathbb{R}, \; |x| \in \mathrm{range}(F), \; \mathrm{rd} \; Rundung \; zu \; F\right\}.$$

Satz 4.8 *Für jeden Maschinenzahlbereich* $F = F(b, m, E_{\min}, E_{\max})$ *mit* $E_{\min} < E_{\max}$ *gilt*

$$\mathrm{eps}(F) = \frac{1}{1 + 2b^{m-1}}.$$

Beweis Für $x = b^{E_{\min}} \cdot \left(1 + \frac{1}{2}b^{-m+1}\right)$ ist $x \in \mathrm{range}(F)$ und für jede Rundung rd zu F gilt:

$$\left|\frac{x-\mathrm{rd}(x)}{x}\right| = \frac{|x-\mathrm{rd}(x)|}{x} = \frac{b^{E_{\min}} \cdot \frac{1}{2}b^{-m+1}}{b^{E_{\min}} \cdot \left(1 + \frac{1}{2}b^{-m+1}\right)} = \frac{1}{1 + 2b^{m-1}},$$

woraus $\mathrm{eps}(F) \geq \frac{1}{1+2b^{m-1}}$ folgt.

Für die andere Richtung genügt es, positive Zahlen x zu betrachten. Sei also $x \in \mathrm{range}(F)$ und $x \notin F$ (sonst gibt es keinen Rundungsfehler), und sei $x = b^E \cdot \sum_{i=0}^{\infty} z_i \cdot b^{-i}$ die normalisierte b-adische Darstellung von x. Dann sind

$$x' = b^E \cdot \sum_{i=0}^{m-1} z_i \cdot b^{-i} \quad \text{und} \quad x'' = b^E \cdot \left(\sum_{i=0}^{m-1} z_i \cdot b^{-i} + b^{-m+1}\right)$$

in F und es gilt $x' < x < x''$.

Für jede Rundung rd zu F gilt $|x - \mathrm{rd}(x)| \leq \frac{1}{2}(x'' - x') = \frac{1}{2} \cdot b^E \cdot b^{-m+1}$. Wegen $z_0 > 0$ gilt $x = b^E + |x - b^E| \geq b^E + |x - \mathrm{rd}(x)|$, und somit wie gefordert

$$\left|\frac{x-\mathrm{rd}(x)}{x}\right| \leq \frac{|x-\mathrm{rd}(x)|}{b^E + |x-\mathrm{rd}(x)|} = \frac{1}{1 + \frac{b^E}{|x-\mathrm{rd}(x)|}} \leq \frac{1}{1 + \frac{b^E}{\frac{1}{2}\cdot b^E \cdot b^{-m+1}}} = \frac{1}{1 + 2b^{m-1}}.$$

$\square$

Beispiel 4.9 Für den durch IEEE 754 definierten Typ `double` gilt:

$$\mathrm{eps}(F_{\mathrm{double}}) = \frac{1}{1 + 2^{53}} \approx 1{,}11 \cdot 10^{-16}.$$

Man beachte, dass `std::numeric_limits<double>::epsilon()` die kleinste Zahl x liefert mit $x > 0$ und $1 + x \in F_{\mathrm{double}}$. Es gilt daher $x = 2^{-52} \approx 2 \cdot \mathrm{eps}(F_{\mathrm{double}})$.

Definition 4.10 *Sei F ein Maschinenzahlbereich und $s \in \mathbb{N}$. Eine Maschinenzahl $f \in F$ hat (mindestens) s **signifikante Stellen** in der b-adischen Gleitkommadarstellung, falls $f \neq 0$ und für jede Rundung rd und jede Zahl $x \in \mathbb{R}$ mit $\mathrm{rd}(x) = f$ gilt:*

$$|x - f| \leq \tfrac{1}{2} \cdot b^{\lfloor \log_b |f| \rfloor + 1 - s}.$$

Beispiel 4.11 Jede Maschinenzahl $f \in F_{\mathrm{double}} \setminus \{-\max F_{\mathrm{double}}, 0, \max F_{\mathrm{double}}\}$ hat mindestens $\lfloor 52 \log_{10} 2 \rfloor = 15$ signifikante Stellen in der Dezimaldarstellung, denn für $x \in \mathbb{R}$ mit normalisierter Gleitkommadarstellung $x = \sigma \cdot 2^E \cdot \sum_{i=0}^{\infty} z_i \cdot 2^{-i}$ und $\mathrm{rd}(x) = f$ ist wegen $2^E \leq |f|$

$$|x - f| \leq \frac{1}{2} \cdot 2^E \cdot 2^{-52} \leq 2^{-53}|f| < \frac{1}{2} \cdot 10^{\lfloor \log_{10} |f| \rfloor + 1 - 52 \log_{10} 2}.$$

Nach `#include <iomanip>` kann man mit `std::cout << std::setprecision(15);` festlegen, dass bei nachfolgenden Ausgaben vom Typ `double` diese Stellen auch ausgegeben werden.

4.4 Maschinenzahlenarithmetik

Sei $\circ$ eine der vier Operationen $\{+, -, \cdot, /\}$. Wie Beispiel 4.13 verdeutlicht, gilt für $x, y \in F$ nicht notwendigerweise $x \circ y \in F$. Stattdessen wird auf dem Rechner eine Ersatzoperation $\circledcirc$ ausgeführt, sodass $x \circledcirc y \in F$ gilt. Wir nehmen im Folgenden an, dass:

Annahme 4.12 $x \circledcirc y = \mathrm{rd}(x \circ y)$ für eine Rundung rd zu F und alle $x, y \in F$.

Dies wird zum Beispiel vom IEEE-Standard 754 gefordert. Zudem wird dies dort auch für die Wurzelfunktion, nicht aber für zum Beispiel $\sin(x)$, $\exp(x)$ etc. vorausgesetzt. Annahme 4.12 garantiert, dass man als Ergebnis einer Rechenoperation das auf die nächste Maschinenzahl gerundete exakte Ergebnis von $x \circ y$ erhält. Man beachte aber, dass zur Berechnung von $x \circledcirc y$ nicht zuerst $x \circ y$ exakt berechnet werden muss. Vielmehr kann man die Rechnung abbrechen, sobald hinreichend viele Stellen berechnet sind.

Beispiel 4.13 Sei $F = F(10, 2, -5, 5)$.
Wähle $x = 4,5 \cdot 10^1 = 45$ und $y = 1,1 \cdot 10^0 = 1,1$. Dann sind

$$x \oplus y = \text{rd}(x + y) = \text{rd}(46,1) = \text{rd}(4,61 \cdot 10^1) = 4,6 \cdot 10^1$$
$$x \ominus y = \text{rd}(x - y) = \text{rd}(43,9) = \text{rd}(4,39 \cdot 10^1) = 4,4 \cdot 10^1$$
$$x \odot y = \text{rd}(x \cdot y) = \text{rd}(49,5) = \text{rd}(4,95 \cdot 10^1) \in \{4,9 \cdot 10^1, 5,0 \cdot 10^1\}$$
$$x \oslash y = \text{rd}(x/y) = \text{rd}(40,\overline{90}) = \text{rd}(4,\overline{09} \cdot 10^1) = 4,1 \cdot 10^1.$$

Gemäß Annahme 4.12 gilt für den relativen Fehler

$$\left| \frac{x \circ y - x \circledcirc y}{x \circ y} \right| = \left| \frac{x \circ y - \text{rd}(x \circ y)}{x \circ y} \right| \leq \text{eps}(F),$$

falls $|x \circ y| \in \text{range}(F)$.

Das Kommutativgesetz für Addition und Multiplikation gilt auch in der Maschinenzahlenarithmetik. Assoziativ- und Distributivgesetz gelten jedoch im Allgemeinen nicht:

Beispiel 4.14 Im Maschinenzahlbereich $F = F(10, 2, -5, 5)$ seien $x = 4,1 \cdot 10^0$ und $y = 8,2 \cdot 10^{-1}$ und $z = 1,4 \cdot 10^{-1}$. Dann sind

$$(x \oplus y) \oplus z = 4,9 \oplus 0,14 = 5,0$$
$$x \oplus (y \oplus z) = 4,1 \oplus 0,96 = 5,1$$
$$x \odot (y \oplus z) = 4,1 \odot 0,96 = 3,9$$
$$(x \odot y) \oplus (x \odot z) = 3,4 \oplus 0,57 = 4,0$$

Folglich können mathematisch äquivalente Ausdrücke bei Ausführung in Maschinenzahlenarithmetik zu wesentlich unterschiedlichen Ergebnissen führen, auch wenn der Input als Maschinenzahlen darstellbar ist. Dies kann dramatische Folgen haben.

4.5 Übungsaufgaben

1. Schreiben Sie die Zahlen $125,125$ und $99,9$ und $\frac{1}{7}$ jeweils in normalisierter 2-adischer Darstellung.

2. Wir betrachten einen Ein-Byte-Rechner mit Gleitkomma-Arithmetik. Bei der Zahlendarstellung werden ein Bit für das Vorzeichen, vier Bits für die Mantisse und drei Bits für den Exponenten (mit denen die Exponenten $(-2, -1, 0, 1, 2)$ und 3 kodiert werden können) verwendet. Die führende Eins in der Mantisse wird nicht abgespeichert.

   a) Welche Darstellung haben die Zahlen $6,5$ und $-0,375$?

   b) Wie viele Zahlen können in diesem Gleitkomma-Format dargestellt werden?

c) Geben Sie die minimale und maximale darstellbare Zahl z_{min} und z_{max} sowie die betragsmäßig kleinste darstellbare Zahl ungleich Null an.

d) Skizzieren Sie alle darstellbaren Zahlen auf einer Zahlengeraden.

e) Nicht darstellbare Zahlen werden auf die nächstgelegene darstellbare Zahl gerundet. Bestimmen Sie den maximalen absoluten und relativen Rundungsfehler für reelle Zahlen im Bereich $[z_{min}, z_{max}]$.

3. Was ist die kleinste natürliche Zahl, die nicht in F_{double} ist?

4. Geben Sie zwei positive Zahlen $x, y \in F_{double}$ an mit $x - y \notin F_{double}$.

5. Es sei rd : $\mathbb{R} \to F_{double}$ eine Rundungsfunktion.

a) Welchen Wert hat $rd(\frac{1}{3})$? Geben Sie einen möglichst einfachen Ausdruck hierfür an.

b) Wie groß ist der relative Fehler, der bei dieser Rundung auftritt?

6. Es sei $F = F(b, m, E_{min}, E_{max})$ ein Maschinenzahlbereich mit $m > 1$. Zeigen Sie:

a) $eps(F) \notin F$.

b) Sei rd eine Rundung zu F und $x \in range(F)$. Zeigen Sie, dass dann ein $\varepsilon \in \mathbb{R}$ existiert mit $|\varepsilon| \leq eps(F)$ und $rd(x) = x \cdot (1 + \varepsilon)$.

7. Wenn eps die Maschinengenauigkeit eines Maschinenzahlbereichs ist, wie viele signifikante Dezimalstellen hat eine von 0 verschiedene Zahl in diesem Maschinenzahlbereich dann mindestens?

8. Was ist die größte natürliche Zahl n, für die folgendes gilt: Für alle $x, y \in F_{double}$ mit $0 \leq x \leq y \leq 2^n x$ ist $rd(x + y) \neq y$?

9. Kompilieren Sie das folgende Programm. Wie erklären Sie sich die Ergebnisse, die es berechnet?

```cpp
#include <iostream>
#include <iomanip>

int main()
{
    float w = 0;
    double x = 0, y = 0, z = 0;

    for (long i=1; i<=100000000; ++i) w+=1;
    for (long i=1; i<=100000000; ++i) x+=1;
    for (long i=1; i<=10000000; ++i) y+=.1;
    for (long i=1; i<=1000000; ++i) z+=.1;

    std::cout << std::setprecision(15)
              << "w=" << w << "\n"
              << "x=" << x << "\n"
              << "y=" << y << "\n"
              << "z=" << z << "\n";
}
```

10. Zeigen Sie, wie man für zwei 2-adische m-stellige normalisierte Gleitkommazahlen x und y, deren Exponenten in Binärdarstellung höchstens m Bits haben, eine entsprechende Darstellung von $x \oplus y$ in der Laufzeit $O(m)$ berechnen kann.

11. Gibt es in Beispiel 4.14 andere Zahlen $x, y, z \in F$, für die der Unterschied im Hinblick auf Assoziativgesetz bzw. Distributivgesetz größer als $0,1$ ist? Gibt es solche, bei denen alle Zwischenergebnisse in range(F) liegen?

12. Es sei $F = F(b, m, E_{\min}, E_{\max})$ ein Maschinenzahlbereich. Was ist $\max\{|x \oplus (y \oplus z) - (x \oplus y) \oplus z| \mid x, y, z \in F$ mit $x + y, y + z, x + y + z \in$ range(F)$\}$?

13. Zeigen Sie analog zu Beispiel 4.14, dass auch für die Multiplikation das Assoziativgesetz in der Maschinenzahlenarithmetik nicht gilt.

Rechnen mit Fehlern

5

Bei numerischen Berechnungsproblemen muss man immer mit Fehlern rechnen. Wegen der nur endlich vielen Maschinenzahlen entstehen Fehler nicht nur bei der Eingabe von Daten (zum Beispiel ist die Zahl $0,1$ nicht exakt mit endlich vielen Stellen binär darstellbar; vgl. Beispiel 4.2), sondern auch bei den elementaren Rechenoperationen $+, -, \cdot, /$. Auch die gewünschte Ausgabe kann eine nicht darstellbare Zahl sein. Man unterscheidet drei Arten von Fehlern:

Datenfehler Um ein Rechenverfahren zu starten, benötigt man zunächst Eingabedaten. Bei numerischen Berechnungsproblemen sind diese im Allgemeinen ungenau (z. B. Messdaten) oder lassen sich nicht genau im Rechner darstellen. Anstelle von einem Eingabewert x hat man also einen gestörten Eingabewert $\tilde{x}$. Selbst bei exakter Rechnung kann man damit kein exaktes Ergebnis erwarten. Zudem pflanzen sich Fehler durch Rechenoperationen fort und können sich selbst dann extrem verstärken, wenn exakt gerechnet wird; siehe Abschn. 5.2.

Rundungsfehler Wegen des begrenzten Maschinenzahlbereichs müssen alle Zwischenergebnisse gerundet werden (siehe Abschn. 4.4). Dies kann ebenfalls zu extremen Verfälschungen des Endergebnisses führen, weil auch solche Fehler sich fortpflanzen.

Verfahrensfehler Viele Algorithmen liefern selbst bei exakter Rechnung nach endlich vielen Schritten keine exakten Lösungen, sondern nähern sich einer solchen nur beliebig genau an, d. h. sie berechnen eine (theoretisch unendliche) Folge, die gegen den gewünschten Wert konvergiert. Das ist sogar unvermeidbar, wenn das Ergebnis irrational ist. Der beim Abbruch eines Näherungsverfahrens verbleibende Fehler wird Verfahrensfehler genannt. Wir sehen ein Beispiel in Abschn. 5.1.

© Springer-Verlag GmbH Deutschland, ein Teil von Springer Nature 2018
S. Hougardy und J. Vygen, *Algorithmische Mathematik*,
https://doi.org/10.1007/978-3-662-57461-4_5

In der Praxis kommen weitere Fehlerquellen hinzu. Zu nennen sind insbesondere Modell-
fehler, wenn nämlich das mathematische Modell das tatsächlich zu lösende Problem nicht
genau beschreibt, sowie natürlich durch Implementierungsmängel verursachte Fehler (beispielsweise nicht abgefangene Bereichsüberschreitungen).

5.1   Binäre Suche

Hat man eine streng monoton wachsende Funktion $f \colon \mathbb{R} \to \mathbb{R}$, und möchte man $f^{-1}(x)$
für ein $x \in \mathbb{R}$ berechnen, so bietet sich binäre Suche an, sofern man Schranken L und U hat
mit $f(L) \leq x \leq f(U)$. Hierzu muss man die Funktion f nicht explizit kennen, sondern
es reicht, dass man sie auswerten kann. Man setzt also nur eine Subroutine voraus, die bei
Eingabe x den Wert $f(x)$ berechnet, über die man aber sonst nichts weiß. Man sagt auch:
f ist durch ein **Orakel** gegeben.

Die Grundidee der binären Suche ist, ein zu durchsuchendes Intervall in zwei Hälften zu
teilen, und festzustellen, in welcher Hälfte weitergesucht werden muss.

Beispiel 5.1 Wir können beispielsweise Quadratwurzeln mit binärer Suche berechnen, nur
unter Verwendung der Multiplikation (in der Auswertung der Funktion $f(x) = x^2$). Wollen
wir zum Beispiel $\sqrt{3}$ berechnen, so sehen wir mit den Anfangsschranken $L = 1$ und $U = 2$:

$$\sqrt{3} \in [1, 2]$$

$$
\begin{aligned}
1{,}5^2 &= 2{,}25 & \Rightarrow \sqrt{3} &\in [1{,}5, 2] \\
1{,}75^2 &= 3{,}0625 & \Rightarrow \sqrt{3} &\in [1{,}5, 1{,}75] \\
1{,}625^2 &= 2{,}640625 & \Rightarrow \sqrt{3} &\in [1{,}625, 1{,}75] \\
1{,}6875^2 &= 2{,}84765625 & \Rightarrow \sqrt{3} &\in [1{,}6875, 1{,}75] \\
1{,}71875^2 &= 2{,}9541015625 & \Rightarrow \sqrt{3} &\in [1{,}71875, 1{,}75] \\
1{,}734375^2 &= 3{,}008056640625 & \Rightarrow \sqrt{3} &\in [1{,}71875, 1{,}734375]
\end{aligned}
$$

Die Folge der Intervallmittelpunkte konvergiert offenbar gegen die korrekte Lösung (wenn
auch recht langsam – nach sechs Iterationen kennen wir erst eine Nachkommastelle – dazu
später mehr). Natürlich können wir aber nie exakt irrationale Zahlen wie $\sqrt{3}$ berechnen.

Bezeichnet $[l_i, u_i]$ das Intervall und $m_i = \frac{l_i + u_i}{2}$ dessen Mittelpunkt in der i-ten Iteration
(also $m_1 = 1{,}5$; $m_2 = 1{,}75$ usw.), so wissen wir *a priori*, dass $|m_i - \sqrt{3}| \leq \frac{1}{2}|u_i - l_i| =
2^{-i}|u_1 - l_1| = 2^{-i}|U - L|$ ist, also beispielsweise $|m_6 - \sqrt{3}| \leq 2^{-6} = \frac{1}{64} = 0{,}015625$.
Dies bezeichnet man als **a-priori-Schranke.**

Im Nachhinein kann man oft eine bessere Schranke angeben, **a-posteriori-Schranke**
genannt. Hier ist zum Beispiel $|m_i - \sqrt{3}| = \frac{|m_i^2 - 3|}{m_i + \sqrt{3}} \leq \frac{|m_i^2 - 3|}{m_i + l_i}$. Für $i = 6$ ergibt sich
$|m_6 - \sqrt{3}| \leq \frac{0{,}008056640625}{3{,}453125} \approx 0{,}002333$.

Die diskrete Variante der binären Suche ist mindestens ebenso nützlich:

Algorithmus 5.2 (Binäre Suche (diskret))

Eingabe: Ein Orakel zur Berechnung einer monoton wachsenden Funktion $f \colon \mathbb{Z} \to \mathbb{R}$.
           Zahlen $L, U \in \mathbb{Z}$ mit $L \leq U$, sowie $y \in \mathbb{R}$ mit $y \geq f(L)$.
Ausgabe: das maximale $n \in \{L, \ldots, U\}$ mit $f(n) \leq y$.

$$l \leftarrow L$$
$$u \leftarrow U + 1$$
$$\textbf{while } u > l + 1 \textbf{ do}$$
$$\qquad m \leftarrow \lfloor \tfrac{l+u}{2} \rfloor$$
$$\qquad \textbf{if } f(m) > y \textbf{ then } u \leftarrow m \textbf{ else } l \leftarrow m$$
$$\textbf{output } l$$

Satz 5.3 *Algorithmus 5.2 arbeitet korrekt und terminiert nach $O(\log(U - L + 2))$ Iterationen.*

Beweis Die Korrektheit folgt aus der Tatsache, dass jederzeit $L \leq l \leq u - 1 \leq U$ sowie $f(l) \leq y$ sowie ($u > U$ oder $f(u) > y$) gilt, d.h. die korrekte Antwort liegt stets in $\{l, \ldots, u - 1\}$.

Die Laufzeit folgt unmittelbar aus der Beobachtung, dass sich $u - l - 1$ in jeder Iteration auf höchstens

$$\max \left\{ \left\lfloor \frac{l+u}{2} \right\rfloor - l - 1, u - \left\lfloor \frac{l+u}{2} \right\rfloor - 1 \right\} \leq \max \left\{ \frac{l+u}{2} - l - 1, u - \frac{l+u-1}{2} - 1 \right\}$$
$$\leq \frac{u-l-1}{2}$$

verringert, d.h. mindestens halbiert. $\qquad\square$

Die binäre Suche ist insbesondere nützlich zum Auffinden von Daten in sortierten Beständen. Die Standardbibliothek stellt nach Einbinden von `#include <algorithm>` Funktionen zur binären Suche zur Verfügung. Unter anderem gibt es die Funktion `binary_search`, mit der man zum Beispiel in einem sortierten `vector` schnell testen kann, ob ein bestimmtes Element vorkommt.

5.2   Fehlerfortpflanzung

Sind die gespeicherten Zahlen zu einem bestimmten Zeitpunkt fehlerbehaftet (aufgrund von Datenfehlern oder Rundungsfehlern, s. o.), so pflanzen sich die Fehler durch Rechenoperationen auf den Zahlen weiter fort. Man spricht von Fehlerfortpflanzung. Das folgende Lemma gibt Auskunft dar über, wie sich Fehler bei *exakter* Ausführung der Grundrechenarten fortpflanzen.

Lemma 5.4 *Seien* $x, y \in \mathbb{R} \setminus \{0\}$ *und* $\tilde{x}, \tilde{y} \in \mathbb{R}$ *Näherungen mit* $\varepsilon_x := \frac{x - \tilde{x}}{x}$ *und* $\varepsilon_y := \frac{y - \tilde{y}}{y}$ *(d. h.* $|\varepsilon_x|$ *bzw.* $|\varepsilon_y|$ *sind die relativen Fehler). Dann gilt für* $\varepsilon_\circ := \frac{x \circ y - (\tilde{x} \circ \tilde{y})}{x \circ y}$ *mit* $\circ \in \{+, -, \cdot, /\}$:

$$\varepsilon_+ = \varepsilon_x \cdot \frac{x}{x + y} + \varepsilon_y \cdot \frac{y}{x + y},$$

$$\varepsilon_- = \varepsilon_x \cdot \frac{x}{x - y} - \varepsilon_y \cdot \frac{y}{x - y},$$

$$\varepsilon_\cdot = \varepsilon_x + \varepsilon_y - \varepsilon_x \cdot \varepsilon_y,$$

$$\varepsilon_/ = \frac{\varepsilon_x - \varepsilon_y}{1 - \varepsilon_y}.$$

Beweis Es gilt: $\tilde{x} = x \cdot (1 - \varepsilon_x)$ und $\tilde{y} = y \cdot (1 - \varepsilon_y)$. Wir berechnen:

$$\varepsilon_+ = \frac{x + y - (\tilde{x} + \tilde{y})}{x + y} = \frac{x + y - (1 - \varepsilon_x) \cdot x - (1 - \varepsilon_y) \cdot y}{x + y} = \frac{\varepsilon_x \cdot x}{x + y} + \frac{\varepsilon_y \cdot y}{x + y},$$

ε_- analog,

$$\varepsilon_\cdot = \frac{x \cdot y - \tilde{x} \cdot \tilde{y}}{x \cdot y} = \frac{x \cdot y - (1 - \varepsilon_x) \cdot x \cdot (1 - \varepsilon_y) \cdot y}{x \cdot y}$$
$$= 1 - (1 - \varepsilon_x) \cdot (1 - \varepsilon_y) = \varepsilon_x + \varepsilon_y - \varepsilon_x \cdot \varepsilon_y,$$

$$\varepsilon_/ = \frac{x/y - \tilde{x}/\tilde{y}}{x/y} = \frac{x/y - ((1 - \varepsilon_x) \cdot x)/((1 - \varepsilon_y) \cdot y)}{x/y}$$
$$= 1 - \frac{1 - \varepsilon_x}{1 - \varepsilon_y} = \frac{1 - \varepsilon_y - 1 + \varepsilon_x}{1 - \varepsilon_y} = \frac{\varepsilon_x - \varepsilon_y}{1 - \varepsilon_y}. \qquad \square$$

Bei $\cdot$ und/addieren oder subtrahieren sich die relativen Fehler im Wesentlichen (sofern sie klein sind). Bei $+$ und $-$ kann der relative Fehler jedoch sehr verstärkt werden, falls $|x \pm y|$ sehr klein in Relation zu $|x|$ und $|y|$ ist. Dieser Effekt heißt Auslöschung, und es gilt, ihn so weit wie möglich zu vermeiden.

Die *absoluten* Fehler addieren (oder subtrahieren) sich bei Addition und Subtraktion, können sich aber bei Multiplikation und Division sehr verstärken. Die Kombination aus Punkt- und Strichrechnung ist daher besonders gefährlich.

Beispiel 5.5 Betrachte folgendes lineare Gleichungssystem:

$$10^{-20}x + \phantom{10^{-20}} 2y = 1$$
$$10^{-20}x + 10^{-20}y = 10^{-20}$$

Subtrahiert man die zweite von der ersten Gleichung, erhält man

$$(2 - 10^{-20})y = 1 - 10^{-20}.$$

Rundung auf die nächsten darstellbaren Zahlen (in $F_{\texttt{double}}$) ergibt $2y = 1$, also $y = 0{,}5$. Dies ist noch annähernd korrekt. Einsetzen in die erste Gleichung liefert aber $x = 0$, was völlig falsch ist (besser wäre es hier, in die zweite Gleichung einzusetzen). Die korrekte Lösung ist $x = \frac{1}{2-10^{-10}} = 0{,}5000\ldots$ und $y = \frac{1-10^{-20}}{2-10^{-20}} = 0{,}4999\ldots$

Wir werden uns in Kap. 11 noch genauer mit der Lösung linearer Gleichungssysteme befassen.

5.3 Kondition

Wir haben gesehen, dass bei bestimmten Rechenoperationen kleine (relative) Fehler in der Eingabe zu großen (relativen) Fehlern im Ergebnis führen. Dies wird durch folgende Definition erfasst:

Definition 5.6 *Sei $P \subseteq D \times E$ ein numerisches Berechnungsproblem mit $D, E \subseteq \mathbb{R}$. Sei $d \in D$ eine Instanz von P mit $d \neq 0$. Dann ist die (**relative**) Kondition von d, oft genannt $\kappa(d)$, definiert als*

$$\lim_{\varepsilon \to 0} \sup \left\{ \inf \left\{ \frac{\left|\frac{e-e'}{e}\right|}{\left|\frac{d-d'}{d}\right|} \,\middle|\, e \in E,\, (d, e) \in P \right\} \,\middle|\, d' \in D,\, e' \in E,\, (d', e') \in P,\, 0 < |d-d'| < \varepsilon \right\}$$

(wobei hier $\frac{0}{0} := 0$ sei).

Bezeichnen wir mit $\kappa(d)$ die Kondition einer Instanz $d \in D$, so hat das Problem P selbst die (**relative**) **Kondition**

$$\sup \{\kappa(d) \mid d \in D,\, d \neq 0\}.$$

Die Kondition beschreibt den unvermeidbaren Fehler in der Ausgabe, der durch einen Fehler in der Eingabe induziert wird; genauer das maximale Verhältnis dieser Fehler unter der Annahme, dass der Eingabefehler klein ist.

Die Definition lässt sich auf mehrere Arten auf mehrdimensionale Probleme erweitern; hierauf gehen wir in Abschn. 11.6 noch ein.

Obige Definition der relativen Kondition bezieht sich auf das Verhältnis der *relativen* Fehler. Analog kann man die absolute Kondition mittels des Verhältnisses der absoluten Fehler definieren. Diese wird aber eher selten betrachtet.

Proposition 5.7 *Sei* $f : D \to E$ *ein eindeutiges numerisches Berechnungsproblem mit* $D, E \subseteq \mathbb{R}$, *und sei* $d \in D$ *eine Instanz mit* $d \neq 0$ *und* $f(d) \neq 0$. *Dann ist ihre Kondition gleich*

$$\frac{|d|}{|f(d)|} \cdot \lim_{\varepsilon \to 0} \sup \left\{ \frac{|f(d') - f(d)|}{|d' - d|} \,\middle|\, d' \in D, \, 0 < |d - d'| < \varepsilon \right\}.$$

Korollar 5.8 *Sei* $f : D \to E$ *ein eindeutiges numerisches Berechnungsproblem, wobei* $D, E \subseteq \mathbb{R}$ *und* f *differenzierbar sei. Dann ist die Kondition einer Instanz* $d \in D$ *mit* $d \neq 0$ *und* $f(d) \neq 0$ *gleich*

$$\kappa(d) = \frac{|f'(d)| \cdot |d|}{|f(d)|}.$$

Diese elegante Form lässt sich auch auf mehrdimensionale differenzierbare Funktionen verallgemeinern, worauf wir hier aber nicht eingehen können.

Je kleiner die Kondition, desto besser. Insbesondere ist eine Kondition von höchstens 1 gut, weil sich kleine Fehler bei der Lösung des Problems nicht verstärken müssen. Man spricht von gut konditionierten Problemen.

Beispiel 5.9

- Sei $f(x) = \sqrt{x}$. Dann ist die Kondition gemäß Korollar 5.8 gleich $\frac{\frac{1}{2\sqrt{x}} \cdot x}{\sqrt{x}} = \frac{1}{2}$. Somit ist die Wurzelfunktion gut konditioniert.
- Sei $f(x) = x + a$ (wir betrachten also nur die Fortpflanzung eines Fehlers im ersten Summanden x). Dann ist die Kondition $|\frac{x}{x+a}|$. Die Addition ist also schlecht konditioniert, falls $|x + a|$ klein im Verhältnis zu $|x|$ ist (Auslöschung).
- Sei $f(x) = a \cdot x$. Dann ist die Kondition $\frac{|a| \cdot |x|}{|a \cdot x|} = 1$. Die Multiplikation ist also immer gut konditioniert.

5.4 Fehleranalyse

Ein Algorithmus heißt numerisch stabil (für eine bestimmte Instanz oder generell), wenn jeder seiner Rechenschritte gut konditioniert ist. Es kann nur dann ein numerisch stabiler Algorithmus existieren, wenn das Problem gut konditioniert ist. Ebenso wenig wie *gut konditioniert* ist *numerisch stabil* exakt definiert.

Bei der Fehleranalyse unterscheidet man:

- Bei der **Vorwärtsanalyse** untersucht man, wie sich der relative Fehler im Laufe einer Rechnung akkumuliert.
- Bei der **Rückwärtsanalyse** wird jedes Zwischenergebnis als exaktes Ergebnis für gestörte Daten interpretiert, und es wird abgeschätzt, wie groß die Eingangsdatenstörung sein müsste, damit das berechnete Ergebnis korrekt wäre.

Beispiel 5.10 Betrachte die Addition zweier Zahlen im Maschinenzahlbereich F:

- Vorwärtsanalyse: $x \oplus y = \mathrm{rd}(x + y) = (x + y) \cdot (1 + \varepsilon)$ mit $|\varepsilon| \leq \mathrm{eps}(F)$.
- Rückwärtsanalyse: $x \oplus y = x \cdot (1 + \varepsilon) + y \cdot (1 + \varepsilon) = \tilde{x} + \tilde{y}$ mit $|\varepsilon| \leq \mathrm{eps}(F)$ und $\tilde{x} = x \cdot (1 + \varepsilon)$ und $\tilde{y} = y \cdot (1 + \varepsilon)$.

Aus der Kombination von Rückwärtsanalyse und Kondition kann man manchmal auch eine Abschätzung für den Fehler im Ergebnis erhalten. Zum Beispiel ist im Beispiel 5.1 1,734375 die korrekte Lösung für die Eingabe $1{,}734375^2 = 3{,}008056640625 = 3(1 + \varepsilon)$ mit $\varepsilon \leq 0{,}00269$. Wegen der Kondition $\frac{1}{2}$ folgt, dass der relative Fehler $\left| \frac{\sqrt{3} - 1{,}734375}{\sqrt{3}} \right|$ ungefähr durch $\frac{1}{2} \cdot 0{,}00269$ beschränkt werden kann. Dies stimmt jedoch nicht immer genau, da die Kondition nur den Grenzwert für Fehler nahe null widerspiegelt.

Eine andere Möglichkeit der Fehleranalyse bietet die Intervallarithmetik. Hier rechnet man statt mit Zahlen x, die man nicht genau kennt, immer mit Intervallen $[a, b]$, in denen x liegt. Schon bei den Eingabedaten kann man x durch das Intervall $\{y \in \mathbb{R} \mid \mathrm{rd}(y) = \mathrm{rd}(x)\}$ ersetzen. Bei der Addition zweier Intervalle ergibt sich dann $[a_1, b_1] \oplus [a_2, b_2] = [\mathrm{rd}^-(a_1 + a_2), \mathrm{rd}^+(b_1 + b_2)]$, wobei rd^- und rd^+ Ab- bzw. Aufrundung zur nächsten Maschinenzahl bezeichnen. So hat man zu jedem Zeitpunkt Fehlerschranken; allerdings ist das natürlich mit höherem Rechenaufwand verbunden.

Für Intervallarithmetik in C++ sollte man eine Klasse definieren, mit der solche Intervalle gespeichert werden können und die die benötigten Rechenoperationen zur Verfügung stellt. Statt rd^- und rd^+ kann man schnellere, eventuell stärker ab- oder aufrundende Funktionen verwenden (wodurch die Fehlerschranken natürlich ungenauer werden), etwa Division durch bzw. Multiplikation mit $1 + b^{-m}$ in $F(b, m, E_{\min}, E_{\max})$.

5.5   Newton-Verfahren

Wir geben ein weiteres allgemeines Näherungsverfahren an, das der binären Suche oft überlegen ist. Allerdings ist dieses Verfahren nur für differenzierbare Funktionen durchführbar, deren Ableitung in einer Umgebung des gesuchten Wertes berechenbar und ungleich null ist, und es konvergiert auch nur unter bestimmten Voraussetzungen.

Gesucht sei eine Nullstelle einer differenzierbaren Funktion $f : \mathbb{R} \to \mathbb{R}$. Beginnend mit einem „geratenen" Startwert x_0 setzen wir

$$x_{n+1} \leftarrow x_n - \frac{f(x_n)}{f'(x_n)} \qquad \text{für } n = 0, 1, \ldots$$

Natürlich muss man hier $f'(x_n) \neq 0$ voraussetzen. Dieses Verfahren geht auf Isaac Newton zurück und heißt deshalb Newton-Verfahren. Unter bestimmten Voraussetzungen konvergiert es sehr schnell.

Wir geben ein Beispiel: Um die (positive) Quadratwurzel aus einer Zahl $a \geq 1$ zu berechnen, können wir die positive Nullstelle der Funktion $f : \mathbb{R} \to \mathbb{R}$ mit $f(x) = x^2 - a$ berechnen. Das Newton-Verfahren für diesen Spezialfall ist dann durch

$$x_{n+1} \leftarrow x_n - \frac{x_n^2 - a}{2x_n} = \frac{1}{2}\left(x_n + \frac{a}{x_n}\right) \qquad \text{für } n = 0, 1, \ldots$$

gegeben, wobei man zum Beispiel mit $x_0 = 1$ starten kann. Dieses Verfahren zum Wurzelziehen wurde von Heron von Alexandria vor fast 2000 Jahren beschrieben, war aber schon weitere rund 2000 Jahre früher in Mesopotamien bekannt und heißt deshalb auch babylonisches Wurzelziehen.

Beispiel 5.11 Für $a = 3$ mit dem Startwert $x_0 = 1$ erhalten wir:

$$
\begin{aligned}
x_1 &= 2 & &= 2 \\
x_2 &= \tfrac{7}{4} & &= 1{,}75 \\
x_3 &= \tfrac{97}{56} & &= 1{,}732142857\ldots \\
x_4 &= \tfrac{18817}{10864} & &= 1{,}732050810\ldots
\end{aligned}
$$

Die Folge scheint viel schneller gegen $\sqrt{3} = 1{,}732050807568877\ldots$ zu konvergieren als bei der binären Suche (Beispiel 5.1), und das ist tatsächlich auch der Fall. Dies wollen wir nun präzisieren.

Definition 5.12 *Sei $(x_n)_{n \in \mathbb{N}}$ eine konvergente Folge reeller Zahlen und $x^* := \lim\limits_{n \to \infty} x_n$. Existiert eine Konstante $c < 1$ und ein $n_0 \in \mathbb{N}$, so dass*

$$|x_{n+1} - x^*| \leq c \cdot |x_n - x^*|$$

für alle $n \geq n_0$ *gilt, so hat die Folge (mindestens)* **Konvergenzordnung** 1.

Sei $p > 1$. *Existiert eine Konstante* $c \in \mathbb{R}$, *so dass*

$$|x_{n+1} - x^*| \leq c \cdot |x_n - x^*|^p$$

für alle $n \in \mathbb{N}$ *gilt, so hat die Folge (mindestens)* **Konvergenzordnung** p.

Wir sagen, eine Folge (und ein Algorithmus, der eine solche Folge berechnet) konvergiert linear bzw. quadratisch, wenn die Konvergenzordnung 1 bzw. 2 ist.

Beispiel 5.13 Die Folge der Intervalllängen bei der binären Suche (siehe Beispiel 5.1) konvergiert linear (hier kann $c = \frac{1}{2}$ gewählt werden).

Wir zeigen nun, dass das babylonische Wurzelziehen quadratisch konvergiert: der Fehler quadriert sich in jedem Schritt.

Satz 5.14 *Es sei* $a \geq 1$ *und* $x_0 \geq 1$. *Für die durch* $x_{n+1} = \frac{1}{2}\left(x_n + \frac{a}{x_n}\right)$ *für* $n = 0, 1, \ldots$ *definierte Folge* $(x_n)_{n \in \mathbb{N}}$ *gilt:*

(a) $x_1 \geq x_2 \geq \ldots \geq \sqrt{a}$

(b) *Die Folge konvergiert quadratisch gegen* $\lim_{n \to \infty} x_n = \sqrt{a}$; *genauer gilt für alle* $n \geq 0$:

$$x_{n+1} - \sqrt{a} \leq \frac{1}{2}(x_n - \sqrt{a})^2 \tag{5.1}$$

(c) *Für alle* $n \geq 1$ *gilt:*

$$x_n - \sqrt{a} \leq x_n - \frac{a}{x_n} \leq 2(x_n - \sqrt{a}).$$

Beweis

(a) Mit dem Satz vom arithmetischen und geometrischen Mittel ($\sqrt{xy} \leq \frac{x+y}{2}$ folgt direkt aus $x + y - 2\sqrt{xy} = (\sqrt{x} - \sqrt{y})^2 \geq 0$ für alle $x, y \geq 0$) erhalten wir für alle $n \geq 0$:

$$\sqrt{a} = \sqrt{x_n \cdot \frac{a}{x_n}} \leq \frac{1}{2}\left(x_n + \frac{a}{x_n}\right) = x_{n+1}. \tag{5.2}$$

Außerdem ist für $n \geq 1$:

$$x_{n+1} - x_n = \frac{1}{2} \cdot \left(x_n + \frac{a}{x_n}\right) - x_n = \frac{1}{2x_n}\left(a - x_n^2\right) \overset{(5.2)}{\leq} 0.$$

(b) Für alle $n \geq 0$ ist:

$$x_{n+1} - \sqrt{a} = \frac{1}{2}\left(x_n + \frac{a}{x_n}\right) - \sqrt{a} = \frac{1}{2x_n}\left(x_n^2 + a - 2\sqrt{a}x_n\right) = \frac{1}{2x_n}\left(x_n - \sqrt{a}\right)^2.$$

Wegen $\frac{1}{x_n}\left(x_n - \sqrt{a}\right) \le 1$ folgt $x_{n+1} - \sqrt{a} \le \frac{1}{2}\left(x_n - \sqrt{a}\right)$ für $n \ge 1$, was $\lim\limits_{n\to\infty} x_n = \sqrt{a}$ beweist. Aus $x_n \ge 1$ folgt (5.1).

(c) Es gilt für $n \in \mathbb{N}$:

$$x_n - \sqrt{a} \overset{(a)}{\le} x_n - \frac{a}{x_n} = 2x_n - 2x_{n+1} \overset{(a)}{\le} 2(x_n - \sqrt{a}). \qquad \Box$$

Satz 5.14(c) legt ein Abbruchkriterium nahe: für eine gewünschte absolute Fehlerschranke $\varepsilon > 0$ bricht man ab, wenn $x_n - \frac{a}{x_n} \le \varepsilon$. Dies impliziert $x_n - \sqrt{a} \le \varepsilon$. Solange die Abbruchbedingung nicht gilt, ist $x_n - \sqrt{a} > \frac{\varepsilon}{2}$, d.h. das Abbruchkriterium ist schlimmstenfalls um einen Faktor 2 zu stark.

Man beachte, dass gemäß (5.1) die Konvergenz besonders schnell ist, sobald $|x_n - \sqrt{a}| \le 1$ ist. Dies kann man leicht direkt erreichen, indem man $b := a \cdot 2^{-2\lfloor\log_4 a\rfloor}$ setzt, mit dem Verfahren $\sqrt{b}$ berechnet, und $\sqrt{a} = \sqrt{b} \cdot 2^{\lfloor\log_4 a\rfloor}$ sowie $\sqrt{b} \in [1,2)$ ausnutzt.

Das Newton-Verfahren eignet sich übrigens auch für die schnelle Division großer ganzer Zahlen. Um $\frac{a}{b}$ zu berechnen, kann man die Nullstelle von $f: x \mapsto \frac{1}{x} - b$ mit dem Newton-Verfahren hinreichend genau berechnen und das Ergebnis dann mit a multiplizieren. Eine Iteration ist durch

$$x_{n+1} \leftarrow x_n - \frac{\frac{1}{x_n} - b}{-\frac{1}{x_n^2}} = x_n + x_n(1 - bx_n)$$

gegeben; man beachte, dass man hier keine Division braucht. Da das Newton-Verfahren auch hier quadratisch konvergiert, genügen $O(\log\log n)$ Iterationen zur Berechnung von n signifikanten Stellen. Für die Multiplikationen benutzt man ein schnelles Multiplikationsverfahren; siehe Abschn. 3.2.

5.6   Übungsaufgaben

1. Betrachten Sie folgendes Problem: Es sei eine Funktion $f : [0, 1] \to \mathbb{R}$ gegeben, so dass für alle $x, y, \alpha \in [0, 1]$ gilt: $f(\alpha x + (1 - \alpha)y) \le \alpha f(x) + (1 - \alpha)f(y)$. Die Funktion sei über ein Orakel gegeben, das zu einem beliebigen Wert $x \in [0, 1]$ den Wert $f(x)$ ausgibt. Außerdem sei ein $\epsilon > 0$ gegeben. Gesucht ist ein $x^* \in [0, 1]$, für das es ein $\tilde{x}$ mit $|x^* - \tilde{x}| < \epsilon$ gibt, so dass für alle $x \in [0, 1]$ gilt: $f(\tilde{x}) \le f(x)$. Zeigen Sie, dass $O(\lceil\log\left(\frac{1}{\epsilon} + 1\right)\rceil)$ Abfragen von Funktionswerten reichen, um ein solches x^* zu berechnen.

   Hinweis: Modifizieren Sie die binäre Suche geeignet.

2. Eine Lösung der quadratischen Gleichung $ax^2 + bx + c = 0$ mit $a, b, c \in \mathbb{R}$ und $a \neq 0$ ist

$$x_1 = \frac{-b + \sqrt{b^2 - 4ac}}{2a}.$$

Ist $b > 0$ und b^2 deutlich größer als $4ac$, so kommt es zur Auslöschung bei der Berechnung von x_1. Geben Sie eine numerisch stabilere Formel zur Berechnung von x_1 an.

3. Schreiben Sie die folgenden Ausdrücke so um, dass für die angegebenen Argumente Auslöschung vermieden wird:

   (a) $\frac{1}{x} - \frac{1}{x+1}$ für $x \gg 1$ (d. h. x ist wesentlich größer als 1).

   (b) $\sqrt[3]{1+x} - 1$ für $x \approx 0$.

   (c) $\frac{1-\cos x}{\sin x}$ für $x \approx 0$.

   (d) $\frac{1}{x - \sqrt{x^2-1}}$ für $x \gg 1$.

4. Berechnen Sie die Kondition der folgenden Funktionen und geben Sie an, für welche $x \neq 0$ die Funktionsauswertung qualitativ gut bzw. schlecht konditioniert ist.

   (a) $f(x) = \arcsin(x), \quad x \in [-1, 1]$

   (b) $f(x) = \sqrt[3]{x}, \quad x \geq 0$

   (c) $f(x) = y^x = e^{x \ln y}$ für ein festes $y > 0$

   (d) $f(x) = \frac{1}{x}$

   (e) $f(x) = \ln(1 + |x - 1|)$

5. Für einen Vektor $x \in \mathbb{R}^n$ von Stichproben bezeichne

$$\bar{x} = \frac{1}{n} \sum_{i=1}^{n} x_i$$

den Mittelwert der Stichprobe. Zur Berechnung der Varianz der Stichprobe stehen die Formeln

$$s_1^2 = \frac{1}{n-1} \sum_{i=1}^{n} (x_i - \bar{x})^2, \quad s_2^2 = \frac{1}{n-1} \left(\sum_{i=1}^{n} x_i^2 - n\bar{x}^2 \right) \text{ und } s_3^2 = \frac{1}{n-1} \sum_{i=1}^{n} (x_i^2 - \bar{x}^2)$$

zur Verfügung.

   (a) Zeigen Sie, dass $s_1^2 = s_2^2 = s_3^2$ gilt.

   (b) Welche der drei Formeln ist im Hinblick auf die numerische Stabilität die günstigste?

6. Zeigen Sie, dass das babylonische Wurzelziehen mit jedem Startwert $x_0 \in \mathbb{R} \setminus \{0\}$ konvergiert. Was ist der Grenzwert?

7. Man kann die Quadratwurzel einer Zahl $a \geq 0$ auch mit dem Newtonverfahren angewandt auf $f(x) = 1 - \frac{a}{x^2}$ berechnen. Dabei können wir uns auf Eingaben a und
Startwerte x_0 mit $1 \leq a < 4$ und $1 \leq x_0 \leq 2$ beschränken.

(a) Wie sieht eine Iteration dieses Verfahrens aus? Berechnen Sie x_1, x_2, x_3 für $a = 3$
und $x_0 = 1$.

(b) Beweisen Sie, dass auch diese Variante quadratisch konvergiert.

(c) Ist das Verfahren besser als das babylonische Wurzelziehen?

8. Beweisen Sie die Ungleichung vom arithmetischen und geometrischen Mittel:
$\frac{1}{n} \sum_{i=1}^{n} x_i \geq (\prod_{i=1}^{n} x_i)^{\frac{1}{n}}$ für alle $n \in \mathbb{N}$ und $x_1, \ldots, x_n \geq 0$.
Hinweis: Beweisen Sie die Ungleichung zunächst für Zweierpotenzen n. Führen Sie
dann eine umgekehrte Induktion von n auf $n - 1$, um sie für die restlichen Zahlen zu
beweisen.

9. Zeigen Sie: Falls eine Folge Konvergenzordnung $p \geq 2$ hat, so hat sie auch Konvergenzordnung $p - 1$.

10. Die Folge $(x_i)_{i \in \mathbb{N}}$ rationaler Zahlen, die durch $x_1 := 1$ und $x_{i+1} := 1 + \frac{1}{x_i}$ $(i \in \mathbb{N})$
gegeben ist, konvergiert (vgl. Aufgabe 2.12) und es gilt $x_1 < x_3 < \ldots < \frac{1+\sqrt{5}}{2} <$
$\ldots < x_4 < x_2$ (dies dürfen Sie ohne Beweis verwenden). Welche Zahlen treten als
Nenner der Folgenglieder x_i auf? Schließen Sie daraus, dass die Folge nicht quadratisch
konvergiert.

11. Für welche Startwerte x_0 konvergiert das in Abschn. 5.5 beschriebene Newton-Verfahren
für die Division?

Graphen 6

Sehr viele diskrete Strukturen können durch Graphen beschrieben werden. Auch in unzähligen Anwendungen tauchen Graphen auf natürliche Weise auf. Daher bilden Graphen die wohl wichtigste Struktur der Diskreten Mathematik.

6.1 Grundlegende Definitionen

Definition 6.1 *Ein* **ungerichteter Graph** *ist ein Tripel* (V, E, ψ), *wobei V und E endliche Mengen sind,* $V \neq \emptyset$, *und* $\psi \colon E \to \{X \subseteq V \mid |X| = 2\}$. *Ein* **gerichteter Graph** *(oder auch* **Digraph***) ist ein Tripel* (V, E, ψ), *wobei V und E endliche Mengen sind,* $V \neq \emptyset$, *und* $\psi \colon E \to \{(v, w) \in V \times V \mid v \neq w\}$. *Ein* **Graph** *ist ein gerichteter oder ungerichteter Graph. Die Elemente aus V heißen* **Knoten,** *die Elemente aus E* **Kanten.**

Beispiel 6.2 Durch $(\{1, 2, 3, 4, 5\}, \{a, b, c, d, e\}, \{a \mapsto (2,5), b \mapsto (4,5), c \mapsto (1,2), d \mapsto (2,1), e \mapsto (1,3)\})$ ist ein gerichteter Graph mit fünf Knoten und fünf Kanten gegeben. Er wird in Abb. 6.1a durch eine Zeichnung im $\mathbb{R}^2$ veranschaulicht. Knoten entsprechen Punkten, Kanten entsprechen Strecken (oder Kurven) zwischen Knoten. Im gerichteten Fall gibt ein Pfeil auf einer Kante die Richtung vom ersten zum zweiten Knoten an. Abb. 6.1b zeigt einen ungerichteten Graphen mit sieben Knoten und sechs Kanten.

Zwei Kanten $e \neq e'$ mit $\psi(e) = \psi(e')$ heißen **parallel.** Ein Graph ohne parallele Kanten wird **einfacher Graph** genannt. Für einfache Graphen identifiziert man e mit $\psi(e)$, das heißt, man schreibt $G = (V(G), E(G))$ mit $E(G) \subseteq \{\{v, w\} \mid v, w \in V(G), v \neq w\}$ beziehungsweise $E(G) \subseteq \{(v, w) \mid v, w \in V(G), v \neq w\}$. Man benutzt diese vereinfachte Notation vielfach auch für nicht einfache Graphen; $E(G)$ ist dann eine Multimenge.

© Springer-Verlag GmbH Deutschland, ein Teil von Springer Nature 2018
S. Hougardy und J. Vygen, *Algorithmische Mathematik*,
https://doi.org/10.1007/978-3-662-57461-4_6

Abb. 6.1 Ein gerichteter und ein ungerichteter Graph

Beispielsweise ist der Ausdruck „$e = (x, y) \in E(G)$" eine Abkürzung für „$e \in E(G)$
mit $\psi(e) = (x, y)$". Abb. 6.1 zeigt einen einfachen Digraphen und einen nicht einfachen
ungerichteten Graphen.

Für eine Kante $e = \{x, y\}$ beziehungsweise $e = (x, y)$ sagt man, dass e die beiden
Knoten x und y **verbindet**. Die Knoten x und y heißen in diesem Fall **benachbart** (oder
adjazent). Die Knoten x und y werden die **Endknoten** von e genannt; x ist **Nachbar** von y,
und y ist Nachbar von x. Die Knoten x und y sind mit der Kante e **inzident**. Falls $e = (x, y)$,
so sagen wir: e **beginnt in** x und **endet in** y, oder: e **geht von** x **nach** y.

Folgende Notation ist sehr praktisch:

Definition 6.3 *Sei G ein ungerichteter Graph und $X \subseteq V(G)$. Dann definiere*

$$\delta(X) := \{\{x, y\} \in E(G) \mid x \in X, y \in V(G) \setminus X\}.$$

Die **Nachbarschaft** *von X ist die Menge $N(X) := \{v \in V(G) \setminus X \mid \delta(X) \cap \delta(\{v\}) \neq \emptyset\}$.
Sei G ein Digraph und $X \subseteq V(G)$. Dann definiere*

$$\delta^+(X) := \{(x, y) \in E(G) \mid x \in X, y \in V(G) \setminus X\},$$

$\delta^-(X) := \delta^+(V(G) \setminus X)$ *und* $\delta(X) := \delta^+(X) \cup \delta^-(X)$.

*Für einen Graphen G und $x \in V(G)$ setze $\delta(x) := \delta(\{x\})$, $N(x) := N(\{x\})$, $\delta^+(x) :=
\delta^+(\{x\})$ und $\delta^-(x) := \delta^-(\{x\})$. Der* **Grad** *eines Knotens x ist $|\delta(x)|$, das heißt: die Anzahl
der mit x inzidenten Kanten. Im gerichteten Fall bezeichnen $|\delta^-(x)|$ beziehungsweise $|\delta^+(x)|$
den* **Eingangs-** *beziehungsweise* **Ausgangsgrad** *von x und es gilt $|\delta(x)| = |\delta^+(x)| + |\delta^-(x)|$.*

Falls mehrere Graphen auf der gleichen Knotenmenge betrachtet werden, ist es häufig erforderlich anzugeben, auf welchen Graphen man sich bezieht; dies macht man dann durch
ein Subskript; zum Beispiel $\delta_G(x)$.

Satz 6.4 *Für jeden Graphen G gilt:* $\sum_{x \in V(G)} |\delta(x)| = 2|E(G)|$.

Beweis Jede Kante ist mit genau zwei Knoten inzident. Auf der linken Seite der Gleichung zählt man daher jede Kante genau zweimal. □

Satz 6.5 *Für jeden Digraphen G gilt:* $\sum_{x \in V(G)} |\delta^+(x)| = \sum_{x \in V(G)} |\delta^-(x)|$.

Beweis Auf beiden Seiten wird jede Kante genau einmal gezählt. □

Aus Satz 6.4 folgt sofort:

Korollar 6.6 *In jedem Graphen ist die Anzahl der Knoten mit ungeradem Grad gerade.* □

Definition 6.7 *Ein Graph H ist* **Teilgraph** *(oder* **Subgraph** *oder* **Untergraph***) des Graphen G, falls* $V(H) \subseteq V(G)$ *und* $E(H) \subseteq E(G)$. *(Damit ist natürlich gemeint, dass auch* $\psi(e)$ *in G und H identisch ist für alle* $e \in E(H)$*). Man sagt auch, dass G den Graphen H* **enthält***. Falls* $V(G) = V(H)$, *so heißt H ein* **aufspannender Teilgraph.**

H heißt **induzierter Teilgraph***, falls* $E(H) = \{\{x, y\} \in E(G) \mid x, y \in V(H)\}$ *beziehungsweise* $E(H) = \{(x, y) \in E(G) \mid x, y \in V(H)\}$. *Ein induzierter Teilgraph H von G ist bereits vollständig durch seine Knotenmenge* $V(H)$ *spezifiziert. Man sagt daher auch, dass H der* **von V(H) induzierte Teilgraph** *von G ist und notiert diesen als* $G[V(H)]$.

Zwei Arten, Subgraphen zu bilden, kommen oft vor: sei G ein Graph. Für $v \in V(G)$ definieren wir $G - v := G[V(G) \setminus \{v\}]$. Für $e \in E(G)$ definieren wir $G - e := (V(G), E(G) \setminus \{e\})$.

6.2 Wege und Kreise

Definition 6.8 *Ein* **Kantenzug** *(von* x_1 *nach* x_{k+1}*) in einem Graphen G ist eine Folge* $x_1, e_1, x_2, e_2, \ldots, x_k, e_k, x_{k+1}$ *mit* $k \in \mathbb{N} \cup \{0\}$ *und* $e_i = (x_i, x_{i+1}) \in E(G)$ *beziehungsweise* $e_i = \{x_i, x_{i+1}\} \in E(G)$ *für* $i = 1, \ldots, k$. *Falls* $x_1 = x_{k+1}$, *so handelt es sich um einen* **geschlossenen Kantenzug.**

Ein **Weg** *ist ein Graph* $P = (\{x_1, \ldots, x_{k+1}\}, \{e_1, \ldots, e_k\})$ *mit* $k \geq 0$ *und der Eigenschaft, dass* $x_1, e_1, x_2, e_2, \ldots, x_k, e_k, x_{k+1}$ *ein Kantenzug ist (mit* $k+1$ *verschiedenen Knoten). Man sagt auch, dass P ein* x_1-x_{k+1}-*Weg ist, oder dass P* x_1 *und* x_{k+1} **verbindet***. Die Knoten* x_1 *und* x_{k+1} *werden die* **Endknoten** *des Weges P genannt; die Knoten in* $V(P) \setminus \{x_1, x_{k+1}\}$ *sind die* **inneren Knoten** *von P.*

Ein **Kreis** *ist ein Graph* $C = (\{x_1, \ldots, x_k\}, \{e_1, \ldots, e_k\})$ *mit* $k \geq 2$, *so dass die Folge* $x_1, e_1, x_2, e_2, \ldots, x_k, e_k, x_1$ *ein geschlossener Kantenzug ist (mit* k *verschiedenen Knoten).*

Die **Länge** *eines Weges oder Kreises ist die Anzahl seiner Kanten. Ist ein Weg oder Kreis ein Teilgraph von G, so spricht man von einem Weg oder Kreis* **in** *G.*

In einem Graphen G heißt ein Knoten y von einem Knoten x aus **erreichbar,** wenn es einen x-y-Weg in G gibt. In ungerichteten Graphen definiert dies eine Äquivalenzrelation, denn die Transitivität folgt aus:

Lemma 6.9 *Sei G ein Graph und* $x, y \in V(G)$. *Es gibt genau dann einen* x-y-*Weg in G, wenn es einen Kantenzug von* x *nach* y *in G gibt.*

Beweis „$\Rightarrow$": Nach Definition entspricht ein x-y-Weg einem Kantenzug von x nach y.

„$\Leftarrow$": Angenommen, in einem Kantenzug von x nach y kommt ein Knoten v mehrfach vor. Dann eliminiere alle Knoten und Kanten nach dem ersten bis einschließlich zum letzten Auftreten von v. Iteriert man dies, bleibt ein x-y-Weg übrig. $\square$

Zwei Graphen heißen **kanten-** bzw. **knotendisjunkt,** wenn sie keine Kante bzw. keinen Knoten gemeinsam haben.

Lemma 6.10 *Sei G ein ungerichteter Graph mit* $|\delta(v)|$ *gerade für alle* $v \in V(G)$ *oder ein gerichteter Graph mit* $|\delta^-(v)| = |\delta^+(v)|$ *für alle* $v \in V(G)$. *Dann existiert ein* $k \geq 0$ *und paarweise kantendisjunkte Kreise* $C_1, \dots, C_k$ *so dass* $E(G) = E(C_1) \cup \dots \cup E(C_k)$.

Beweis Wir führen eine Induktion über $|E(G)|$. Die Aussage ist trivial, wenn $E(G) = \emptyset$. Sonst genügt es, einen Kreis zu finden, denn nach Löschen von dessen Kanten bleibt ein Graph, der die Voraussetzungen des Lemmas erfüllt. Sei also $e = \{x, y\}$ bzw. $e = (x, y)$ eine Kante. Wegen der Voraussetzung muss es eine andere Kante e' geben, die mit y inzident ist bzw. y verlässt. Wir machen dann mit dem anderen Endpunkt von e' weiter. So können wir einen Kantenzug konstruieren, in dem alle Kanten verschieden sind und werden nach spätestens $|V(G)|$ Schritten einen Knoten treffen, den wir bereits besucht hatten. Dies ergibt dann einen Kreis. $\square$

Für zwei Mengen A und B ist deren **symmetrische Differenz** definiert als $A \triangle B := (A \setminus B) \cup (B \setminus A)$. Mit $A \,\dot\cup\, B$ bezeichnen wir die **disjunkte Vereinigung,** in der Elemente aus $A \triangle B$ einfach und Elemente aus $A \cap B$ doppelt vorkommen.

Lemma 6.11 *Sei G ein Graph, und seien P ein s-t-Weg in G und Q ein t-s-Weg in G, und* $P \neq Q$. *Dann enthält* $(V(P) \cup V(Q), E(P) \cup E(Q))$ *einen Kreis.*

Beweis Betrachte $C := E(P) \triangle E(Q)$ im ungerichteten Fall und $C := E(P) \,\dot\cup\, E(Q)$ im gerichteten Fall, und sei $H := (V(G), C)$. Im ungerichteten Fall hat jeder Knoten in H

geraden Grad. Im gerichteten Fall gilt für jeden Knoten $v \in V(G)$, dass $|\delta_H^-(v)| = |\delta_H^+(v)|$. Nach Lemma 6.10 ist $E(H) = C$ somit in beiden Fällen die disjunkte Vereinigung von Kantenmengen von Kreisen. In keinem Kreis kann eine Kante von G doppelt vorkommen. Wegen $P \neq Q$ gilt $\emptyset \neq C \subseteq E(P) \,\dot\cup\, E(Q)$ und es folgt die Behauptung. $\qquad\square$

6.3 Zusammenhang und Bäume

Wir betrachten nun zusammenhängende Graphen und insbesondere minimal zusammenhängende Teilgraphen.

Sei $\mathcal{F}$ eine Familie von Mengen bzw. Graphen. Dann ist $F \in \mathcal{F}$ inklusionsminimal bzw. minimal, falls keine echte Teilmenge beziehungsweise kein echter Teilgraph von F in $\mathcal{F}$ ist. Entsprechend ist $F \in \mathcal{F}$ inklusionsmaximal bzw. maximal, falls F keine echte Teilmenge beziehungsweise kein echter Teilgraph eines Elements in $\mathcal{F}$ ist. Man beachte, dass inklusionsminimale bzw. -maximale Mengen in $\mathcal{F}$ nicht notwendigerweise kardinalitätsminimal beziehungsweise -maximal sind.

Definition 6.12 *Sei G ein ungerichteter Graph. G heißt* **zusammenhängend,** *falls es für je zwei Knoten $x, y \in V(G)$ einen x-y-Weg in G gibt. Ansonsten heißt G* **unzusammenhängend.** *Die maximalen zusammenhängenden Teilgraphen von G sind die* **Zusammenhangskomponenten** *von G. Ein Knoten v heißt Artikulationsknoten, falls v nicht der einzige Knoten ist und $G - v$ mehr Zusammenhangskomponenten hat als G. Eine Kante e heißt* **Brücke,** *falls $G - e$ mehr Zusammenhangskomponenten hat als G.*

Beispielsweise hat der ungerichtete Graph in Abb. 6.1b drei Zusammenhangskomponenten, zwei Brücken (e und f) und einen Artikulationsknoten (5). Die Zusammenhangskomponenten sind die von den Äquivalenzklassen der Erreichbarkeitsrelation induzierten Teilgraphen.

Satz 6.13 *Ein ungerichteter Graph G ist genau dann zusammenhängend, falls $\delta(X) \neq \emptyset$ für alle $\emptyset \subset X \subset V(G)$.*

Beweis „$\Rightarrow$": Sei $\emptyset \subset X \subset V(G)$ und $x \in X$, $y \in V(G) \setminus X$. Da G zusammenhängend ist, gibt es einen x-y-Weg in G. Da $x \in X$ aber $y \notin X$, muss der Weg eine Kante $\{a, b\}$ enthalten mit $a \in X$ und $b \notin X$. Dann ist also $\delta(X) \neq \emptyset$.

„$\Leftarrow$": Angenommen G ist unzusammenhängend. Seien a und b Knoten in $V(G)$, die nicht durch einen a-b-Weg verbunden sind. Sei X die Menge der von a aus erreichbaren Knoten. Wegen $a \in X$ und $b \notin X$ gilt $\emptyset \subset X \subset V(G)$. Nach Definition von X gilt zudem $\delta(X) = \emptyset$. Dies ist ein Widerspruch. $\qquad\square$

Bemerkung 6.14 Nach Satz 6.13 kann man prüfen, ob ein gegebener Graph G zusammenhängend ist, indem man für jede Menge X mit $\emptyset \subset X \subset V(G)$ testet, ob $\delta(X) \neq \emptyset$ ist. Da es $2^{|V(G)|} - 2$ solcher Mengen X gibt, erfordert dieser Ansatz aber exponentiellen Rechenaufwand. Wir werden bald einen viel besseren Algorithmus kennen lernen.

Definition 6.15 *Ein ungerichteter Graph heißt* **Wald,** *falls er keinen Kreis enthält. Ein* **Baum** *ist ein zusammenhängender Wald. Ein Knoten vom Grad 1 in einem Baum heißt* **Blatt.**

Die Zusammenhangskomponenten eines Waldes sind also Bäume.

Satz 6.16 *Jeder Baum mit mindestens zwei Knoten enthält mindestens zwei Blätter.*

Beweis Betrachte einen maximalen Weg im Baum. Dieser hat eine Länge ≥ 1 und seine Endknoten müssen wegen der Kreisfreiheit Blätter sein. $\qquad \Box$

Lemma 6.17 *Sei G ein Wald mit n Knoten, m Kanten, und p Zusammenhangskomponenten. Dann ist $n = m + p$.*

Beweis Induktion über m. Trivial für $m = 0$. Ist $m \geq 1$, so existiert eine Zusammenhangskomponente von G, die mindestens zwei Knoten enthält und somit nach Satz 6.16 auch ein Blatt v. Das Entfernen der mit v inzidenten Kante erhöht die Zahl der Zusammenhangskomponenten um eins. Nach Induktionsannahme gilt daher $n = (m-1) + (p+1) = m + p$. $\quad \Box$

Satz 6.18 *Sei G ein ungerichteter Graph auf n Knoten. Dann sind folgende Aussagen äquivalent:*

(a) *G ist ein Baum.*
(b) *G hat $n - 1$ Kanten und enthält keinen Kreis.*
(c) *G hat $n - 1$ Kanten und ist zusammenhängend.*
(d) *G ist ein minimaler zusammenhängender Graph mit Knotenmenge $V(G)$ (das heißt: G ist zusammenhängend und jede Kante von G ist eine Brücke).*
(e) *G ist minimaler Graph mit Knotenmenge $V(G)$ und $\delta(X) \neq \emptyset$ für alle $\emptyset \subset X \subset V(G)$.*
(f) *G ist maximaler Wald mit Knotenmenge $V(G)$ (das heißt: das Hinzufügen einer beliebigen Kante erzeugt einen Kreis).*
(g) *Je zwei Knoten in G sind durch genau einen Weg in G verbunden.*

Beweis

(a)⇒(g) In einem Wald sind je zwei Knoten wegen Lemma 6.11 durch höchstens einen Weg verbunden, und in einem zusammenhängenden Graphen durch mindestens einen.

(g)⇒(d) Nach Definition ist G zusammenhängend. Angenommen, es gäbe eine Kante e, so dass $G - e$ zusammenhängend ist. Dann wären die Endknoten von e in G durch zwei verschiedene Wege verbunden, im Widerspruch zu (g).

(e)⇔(d) folgt unmittelbar aus Satz 6.13.

(d)⇒(f) Wenn jede Kante eine Brücke ist, enthält G keine Kreise. Wenn G zusammenhängend ist, erzeugt das Hinzufügen einer beliebigen Kante immer einen Kreis.

(f)⇒(b) Die Maximalität impliziert den Zusammenhang und somit gemäß Lemma 6.17 $|E(G)| = |V(G)| - 1$.

(b)⇒(c) folgt direkt aus Lemma 6.17.

(c)⇒(a) Enthält ein zusammenhängender Graph einen Kreis, so können wir eine Kante entfernen, ohne den Zusammenhang zu zerstören. So entfernen wir k Kanten und erhalten schließlich einen zusammenhängenden Wald mit $n - 1 - k$ Kanten. Wegen Lemma 6.17 muss dann aber $k = 0$ sein.

□

Korollar 6.19 *Ein ungerichteter Graph ist genau dann zusammenhängend, wenn er einen aufspannenden Baum enthält.*

Beweis Dies gilt wegen (d)⇔(a) aus Satz 6.18. □

6.4   Starker Zusammenhang und Arboreszenzen

Definition 6.20 *Für einen Digraphen G betrachten wir gelegentlich den* **zugrundeliegenden ungerichteten Graphen,** *d. h. einen ungerichteten Graphen G' mit $V(G) = V(G')$ so dass es eine Bijektion $\phi\colon E(G) \to E(G')$ gibt mit $\phi((v, w)) = \{v, w\}$ für alle $(v, w) \in E(G)$. Man nennt G auch eine* **Orientierung** *von G'.*

Ein Digraph G heißt **(schwach) zusammenhängend,** *falls der zugrundeliegende ungerichtete Graph zusammenhängend ist. G heißt* **stark zusammenhängend,** *falls es für alle $s, t \in V(G)$ einen Weg von s nach t und einen Weg von t nach s gibt. Die* **starken Zusammenhangskomponenten** *eines Digraphen sind die maximalen stark zusammenhängenden Teilgraphen.*

Der Digraph in Abb. 6.1a ist (schwach) zusammenhängend und hat vier starke Zusammenhangskomponenten.

Wir wollen zunächst einen Knoten r festhalten und prüfen, ob alle Knoten von r aus erreichbar sind.

Satz 6.21 *Sei G ein Digraph und $r \in V(G)$. Genau dann gibt es für jedes $v \in V(G)$ einen r-v-Weg, wenn $\delta^+(X) \neq \emptyset$ für alle $X \subset V(G)$ mit $r \in X$.*

Beweis Analog zum Beweis von Satz 6.13.   □

Definition 6.22 *Ein Digraph ist ein **Branching**, falls der zugrundeliegende ungerichtete Graph ein Wald ist und jeder Knoten höchstens eine eingehende Kante hat. Ein zusammenhängendes Branching heißt **Arboreszenz**. Eine Arboreszenz mit n Knoten hat nach Satz 6.18 $n-1$ Kanten, somit hat sie genau einen Knoten r mit $\delta^-(r) = \emptyset$. Dieser Knoten heißt die **Wurzel** der Arboreszenz. Für eine Kante (v, w) eines Branchings heißt w ein **Kind** von v, und v der **Vorgänger** von w. Knoten ohne Kinder heißen **Blätter**.*

Satz 6.23 *Sei G ein Digraph mit n Knoten und $r \in V(G)$. Dann sind folgende Aussagen äquivalent:*

(a) *G ist eine Arboreszenz mit Wurzel r (d. h. ein zusammenhängendes Branching mit $\delta^-(r) = \emptyset$).*

(b) *G ist ein Branching mit $n-1$ Kanten, und $\delta^-(r) = \emptyset$.*

(c) *G hat $n-1$ Kanten, und jeder Knoten ist von r aus erreichbar.*

(d) *Jeder Knoten ist von r aus erreichbar, aber das Entfernen einer beliebigen Kante zerstört diese Eigenschaft.*

(e) *G erfüllt $\delta^+(X) \neq \emptyset$ für alle $X \subset V(G)$ mit $r \in X$, das Entfernen einer beliebigen Kante von G zerstört jedoch diese Eigenschaft.*

(f) *$\delta^-(r) = \emptyset$ und für jedes $v \in V(G)$ gibt es einen eindeutig bestimmten Kantenzug von r nach v.*

(g) *$\delta^-(r) = \emptyset$ und $|\delta^-(v)| = 1$ für alle $v \in V(G) \setminus \{r\}$, und G enthält keinen Kreis.*

Beweis

(a)$\Leftrightarrow$(b) und (c) $\Rightarrow$(d) Diese Implikationen folgen mit Satz 6.18, wenn man den G zugrundeliegenden ungerichteten Graphen betrachtet.

(b)$\Rightarrow$(c) Wir haben $|\delta^-(v)| = 1$ für alle $v \in V(G) \setminus \{r\}$. Also haben wir für jedes v einen r-v-Weg (beginne in v und folge immer der eingehenden Kante bis zu r).

(d)$\Leftrightarrow$(e) Dies folgt mit Satz 6.21.

(d)$\Rightarrow$(f) Aus der Minimalität in (d) folgt $\delta^-(r) = \emptyset$. Angenommen, es gäbe für irgendein v zwei verschiedene Kantenzüge P und Q von r nach v. Dann muss $v \neq r$ sein. Wir wählen v, P und Q so, dass die Summe der Längen der beiden Kantenzüge minimal ist. Dann müssen sich P und Q schon in der letzten (in v endenden) Kante unterscheiden. Das aber bedeutet, dass wir eine dieser beiden Kanten entfernen können, ohne die Erreichbarkeit aller Knoten von r aus zu zerstören.

(f)$\Rightarrow$(g) Wenn jeder Knoten von r aus erreichbar ist und $|\delta^-(v)| > 1$ für ein $v \in V(G) \setminus \{r\}$, dann gibt es zwei Kantenzüge von r nach v. Wenn G einen Kreis C enthält, dann sei $v \in V(C)$, und betrachte den r-v-Weg P. Dann ergibt P gefolgt von C einen zweiten Kantenzug von r nach v.

(g)$\Rightarrow$(b) Wenn $|\delta^-(v)| \leq 1$ für alle $v \in V(G)$ gilt, dann ist jeder Teilgraph, dessen zugrundeliegender ungerichteter Graph ein Kreis ist, sogar selbst ein (gerichteter) Kreis. Somit folgt mit (g), dass G Branching ist.

$\square$

Korollar 6.24 *Ein Digraph G ist genau dann stark zusammenhängend, wenn er für jedes $r \in V(G)$ eine aufspannende Arboreszenz mit Wurzel r enthält.*

Beweis Dies folgt direkt aus Satz 6.23 (d)$\Leftrightarrow$(a). $\square$

6.5   Exkurs: Elementare Datenstrukturen

Eine Datenstruktur ist ein Objekt (in C++: eine Klasse), in dem eine Menge von anderen Objekten („Elementen") des jeweils gleichen Typs gespeichert werden kann, und die bestimmte Operationen zur Verfügung stellt. Typische Operationen sind zum Beispiel:

- Einrichten einer leeren Datenstruktur (Konstruktor)
- Einfügen eines Elementes
- Auffinden eines Elementes
- Entfernen eines Elementes
- Durchlaufen aller Elemente
- Löschen einer Datenstruktur (Destruktor)

Die vielleicht einfachste Datenstruktur ist ein **Array** (Feld), das eine feste Anzahl von aufeinanderfolgenden gleichartigen Speicherplätzen bereitstellt. Jeder dieser Plätze hat einen Index, mit dem auf die Plätze lesend und schreibend zugegriffen werden kann (das nennt man random access). Arrays können auch mehrdimensional sein, z. B. um Matrizen zu speichern. In C++ kann ein solches Array nach Einbinden von `#include <array>` durch `std::array<Typ, Anzahl>;` definiert werden. Dabei gibt *Typ* den Typ der Elemente an, die in dem Array gespeichert werden sollen und *Anzahl* deren Anzahl.

Hinter `vector` in C++ verbirgt sich auch ein solches Array. Allerdings ist die Länge eines mit `vector` implementierten Arrays variabel, weshalb eine Operation wie `push_back` zur Verfügung gestellt werden kann. Falls nötig, wird dabei intern das Array in ein größeres Array umkopiert.

In einem Array (und auch in `vector`) ist zum Auffinden eines Objektes (und damit auch zum Löschen) normalerweise das Durchlaufen aller Einträge erforderlich; es sei denn, der Index der Speicherstelle ist bekannt. Unterliegen die gespeicherten Elemente einer bestimmten Ordnung, und sind die Einträge des Arrays dementsprechend sortiert, so kann man ein Objekt mit binärer Suche (Algorithmus 5.2) viel schneller, nämlich in $O(\log n)$ Zeit auffinden, wobei n die Länge des Arrays ist. Allerdings ist dann das Einfügen aufwändig, wenn die Reihenfolge erhalten werden soll: hierbei muss man mit $O(n)$ Zeitaufwand rechnen. Auch beim Löschen eines Elementes (selbst wenn dessen Index bekannt ist) muss man mit $O(n)$ Zeitaufwand rechnen, sofern man keine Lücken im Array dulden möchte und die Reihenfolge der übrigen Elemente erhalten möchte.

Letzteres kann man sehr effizient mit **Listen** bewerkstelligen. Auch die Elemente einer Liste sind immer in einer bestimmten Reihenfolge gegeben. Bei einer Liste können die einzelnen Elemente aber an beliebigen voneinander unabhängigen Stellen im Speicher stehen. Zu jedem Element merkt man sich einen Pointer auf die Speicherstelle des nächsten Elementes (des Nachfolgers). Beim letzten Element einer Liste ist dies der Null-Pointer (in C++ heißt er `nullptr`), der das Ende einer Liste markiert. Zusätzlich braucht man noch einen Pointer auf das erste Element einer Liste, damit man die Liste auch durchlaufen kann.

Listen können einfach verkettet oder doppelt verkettet sein. Bei doppelt verketteten Listen (vgl. Abb. 6.2) merkt man sich noch zusätzlich zu jedem Element einen Pointer auf den Vorgänger. Dies erlaubt das schnelle Löschen eines Elementes, dessen Speicherplatz man

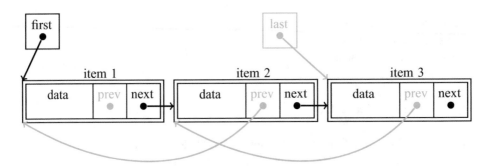

Abb. 6.2 Eine doppelt verkettete Liste mit drei Elementen. Jedes Element besteht aus einem Dateneintrag, einem Pointer auf das vorangehende Element und einem Pointer auf das nachfolgende Element. Punkte, von denen kein Pfeil ausgeht, symbolisieren den `nullptr`. Die Elemente werden im Heap gespeichert. Die Variablen first und last sind Pointer, die im Stack liegen. Lässt man alles, was grün ist, weg, so erhält man eine einfach verkettete Liste

kennt: die Anzahl der Rechenschritte ist durch eine Konstante beschränkt, die unabhängig von der Größe der Liste ist. Man sagt auch: die Laufzeit ist $O(1)$.

Listen haben den Nachteil, dass man auf ihnen keine binäre Suche durchführen kann. Ferner ist das Durchlaufen einer Liste (wenn auch nur um einen konstanten Faktor) langsamer als bei einem Array, weil der Zugriff auf aufeinanderfolgende Speicherbereiche bei heutigen Computern wesentlich schneller geht als bei weit auseinander liegenden.

Eine weitere elementare Datenstruktur wird **Stack** (Stapelspeicher) genannt. Darin werden Elemente immer „obenauf" eingefügt, und es kann auch nur immer das jeweils „oberste" (also zuletzt eingefügte) Element entfernt werden. Man spricht auch von einem LIFO-Speicher (last in, first out). Dies leisten z. B. die Operationen push_back und pop_back von vector. Ein Teil des Hauptspeichers ist als Stack organisiert; siehe Abschn. 2.2.

Umgekehrt zu einem Stack verhält sich eine **Queue** (Warteschlange). Hier wird auch immer an einem Ende eingefügt, die Elemente werden aber vom anderen Ende entfernt, d. h. es handelt sich um einen FIFO-Speicher (first in, first out).

Eine Queue kann sehr gut als (einfach verkettete) Liste implementiert werden, wie Programm 6.25 zeigt. Da der Typ der Objekte, die wir in der Queue speichern wollen, von der Anwendung abhängt, legen wir ihn nicht fest, sondern nutzen das template-Konstrukt. Dieses wird in der Box **C++ im Detail (6.1)** genauer erklärt. Die Befehle new und delete fordern Speicher der passenden Größe (auf dem Heap; vgl. Abschn. 2.2) an bzw. geben ihn wieder frei. Die Klasse Queue enthält eine Unterklasse Item, wobei sich ein Item aus einem Element vom Typ T (dem Template-Parameter) und einem Pointer auf das folgende Item zusammensetzt.

Programm 6.25 (Queue)

```
1  // queue.h (Queue)
2
3  template <typename T> class Queue {   // T is a type to be specified by user
4  public:
5      ~Queue()                          // destructor
6      {
7          clear();
8      }
9
10     bool is_empty() const
11     {
12         return _front == nullptr;
13     }
14
15     void clear()
16     {
17         while (not is_empty()) {
18             pop_front();
19         }
20     }
21
22     void push_back(const T & object)   // insert object at end of queue
23     {
```

```
24          Item * cur = new Item(object); // get new memory for Item at address cur,
25                                          // initialize with object and nullptr
26          if (is_empty()) {
27              _front = cur;
28          }
29          else {
30              _back->_next = cur;        // p->n is abbreviation for (*p).n
31          }
32          _back = cur;
33      }
34
35      T pop_front()                      // delete and return first object of queue
36      {                                  // ATTENTION: queue must not be empty!
37          Item * cur = _front;
38          if (_back == _front) {
39              _front = nullptr;
40              _back  = nullptr;
41          }
42          else {
43              _front = _front->_next;
44          }
45          T object = cur->_object;
46          delete cur;                    // free memory for 1 Item at address cur
47          return object;
48      }
49
50  private:
51      struct Item {                                  // struct is a class where by
52          Item(const T & object) : _object(object) {} // default everything is public
53
54          T _object;
55          Item * _next = nullptr;      // pointer to the next Item (or nullptr)
56      };
57
58      Item * _front = nullptr;         // _front and _back are pointers to
59      Item * _back = nullptr;          // variables of type Item, or the
60  };                                   // nullptr if queue is empty
```

Die in Programm 6.25 gezeigte Implementierung einer Queue dient lediglich als einfaches Beispiel dafür, wie man einen abstrakten Datentyp realisieren kann. Unsere Implementierung ist allerdings nicht sehr effizient, da bei jedem Hinzufügen und Entfernen eines Elementes neuer Speicher auf dem Heap angefordert bzw. wieder freigegeben wird. Eine wesentlich effizientere Implementierung einer Queue ist in der Standardbibliothek enthalten. Nach Einbinden von #include <queue> kann man eine Queue mittels std::queue<Datentyp> definieren. Eine solche unterstützt noch weit mehr Operationen als die von uns in Programm 6.25 implementierten. Im nächsten Kapitel sehen wir eine Anwendung des abstrakten Datentyps Queue.

C++ im Detail (6.1): Klassen-Templates

Mit Hilfe sogenannter **Template-Parameter** kann man die Verwendbarkeit einer Klasse deutlich steigern und dadurch mehrfach vorkommenden, sehr ähnlichen Code vermeiden. Die Benutzung von Template-Parametern haben wir schon bei dem abstrakten Datentyp `vector` gesehen: durch `vector<`*Typname*`>` kann man einen `vector` definieren, dessen Elemente vom Typ *Typname* sind. Um eine Klasse mit einem Template-Parameter zu versehen, muss man wie in Zeile 3 von Programm 6.25 lediglich `template<typename T>` vor das Schlüsselwort `class` schreiben. Dabei darf anstelle von `T` ein beliebiger Bezeichner stehen. Innerhalb der Klassendefinition von `Queue` können nun Objekte vom Typ `T` definiert und benutzt werden. Durch `Queue<`*Typname*`> q;` wird eine Queue definiert, deren Elemente den angegebenen Typ haben. Dabei darf *Typname* nicht nur ein Standarddatentyp von C++ sein, sondern ein beliebiger Typ bzw. Klasse. Man kann auch mehr als einen Template-Parameter bei einer Klassendefinition angeben. Diese müssen dann durch Komma voneinander getrennt werden.

6.6 Darstellungen von Graphen

Man kann Graphen einfach speichern, indem man die Anzahl n der Knoten und die Anzahl m der Kanten sowie für jedes $i \in \{1, \ldots, m\}$ die Nummern der Endknoten der i-ten Kante speichert (in Bezug auf eine feste Nummerierung der Knoten und Kanten). Dies ist jedoch nicht sehr komfortabel. Mit anderen Datenstrukturen kann man schneller entscheiden, welche Kanten mit einem bestimmten Knoten inzident sind; dies wird in fast allen Algorithmen auf Graphen benötigt.

Definition 6.26 *Sei $G = (V, E, \psi)$ ein Graph mit n Knoten und m Kanten. Die Matrix $A = (a_{x,y})_{x,y \in V} \in \mathbb{Z}^{n \times n}$ heißt* **Adjazenzmatrix** *von G, wobei*

$$a_{x,y} = |\{e \in E \mid \psi(e) = \{x, y\} \text{ bzw. } \psi(e) = (x, y)\}|.$$

Die Matrix $A = (a_{x,e})_{x \in V, e \in E} \in \mathbb{Z}^{n \times m}$ heißt **Inzidenzmatrix** *von G, wobei*

$$a_{x,e} = \begin{cases} 1, & \text{falls } x \text{ ein Endknoten von } e \text{ ist} \\ 0, & \text{sonst,} \end{cases}$$

falls G ungerichtet, und

$$a_{x,e} = \begin{cases} -1, & \text{falls } e \text{ in } x \text{ beginnt} \\ 1, & \text{falls } e \text{ in } x \text{ endet} \\ 0, & \text{sonst,} \end{cases}$$

falls G gerichtet

Beispiel 6.27

Adjazenzmatrix

	1	2	3	4
1	0	0	1	0
2	1	0	0	0
3	0	2	0	1
4	0	0	0	0

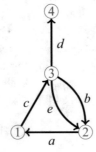

Inzidenzmatrix

	a	b	c	d	e
1	1	0	-1	0	0
2	-1	1	0	0	1
3	0	-1	1	-1	-1
4	0	0	0	1	0

Ein wesentlicher Nachteil dieser Matrizen ist deren hoher Speicherbedarf. Um dies zu präzisieren, erweitern wir die Landau-Symbole (Definition 1.13) auf Graphen.

Sei $\mathcal{G}$ die Menge aller Graphen, $f: \mathcal{G} \to \mathbb{R}_{\geq 0}$ und $g: \mathcal{G} \to \mathbb{R}_{\geq 0}$. Wir sagen, $f = O(g)$, wenn $\alpha > 0$ und $n_0 \in \mathbb{N}$ existieren, so dass für alle $G \in \mathcal{G}$ mit $|V(G)| + |E(G)| \geq n_0$ gilt, dass $f(G) \leq \alpha \cdot g(G)$. Mit anderen Worten: f ist höchstens um einen konstanten Faktor größer als g, eventuell bis auf endlich viele Ausnahmen (statt $\mathcal{G}$ kann man dann diese Notation auch für beliebige abzählbare Mengen benutzen). Analog erweitert man die Ω- und Θ-Notation. Die Funktion f wird meist die Laufzeit eines Algorithmus oder einen Speicherbedarf beschreiben; g wird oft nur von der Anzahl der Knoten und Kanten abhängen.

Damit kann man sagen: Der Speicherbedarf von Adjazenzmatrix bzw. Inzidenzmatrix beträgt $\Omega(n^2)$ bzw. $\Theta(nm)$, wobei $n = |V(G)|$ und $m = |E(G)|$ ist. Dies ist z. B. für Graphen mit $\Theta(n)$ Kanten (wie sie oft auftreten) viel mehr als nötig.

Bei der Darstellung mit **Adjazenzlisten** ist der Speicherbedarf oft geringer. Hier merkt man sich für jeden Knoten eine Liste aller mit ihm inzidenten Kanten (oder in einfachen Graphen manchmal auch nur eine Liste der adjazenten Knoten). Bei gerichteten Graphen hat man natürlich zwei Listen, getrennt nach eingehenden und ausgehenden Kanten.

Beispiel 6.28 Eine Adjazenzlistendarstellung des Digraphen aus Beispiel 6.27 hat die folgende Form. Das Symbol ■ markiert jeweils das Ende einer Liste.

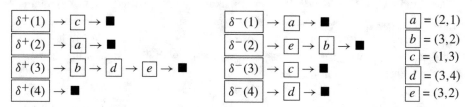

Die Adjazenzlisten können je nach Bedarf einfach verkettete oder doppelt verkettete Listen oder auch Arrays sein. Im Allgemeinen muss man davon ausgehen, dass die Kanten in den Adjazenzlisten in beliebiger Reihenfolge stehen.

Für die meisten Zwecke ist eine Adjazenzliste die geeignete Datenstruktur, vor allem da sie das Durchlaufen von $\delta(v)$ bzw. $\delta^+(v)$ und $\delta^-(v)$ für jeden Knoten v in linearer Zeit ermöglicht, und weil der Speicheraufwand proportional zur Anzahl der Knoten und Kanten ist (wenn man wie üblich annimmt, dass ein Pointer bzw. Knoten- oder Kantenindex nur konstant viel Speicherplatz benötigt). Daher werden wir diese Form bei allen folgenden Algorithmen benutzen. Der Zugriff auf die nächste Kante in einer Kantenliste oder einen Endpunkt einer Kante gelten daher als elementare Rechenoperationen.

Wir zeigen nun eine Implementierung in C++. Die Klasse `Graph` erlaubt das Speichern von gerichteten und ungerichteten Graphen. In der Variablen `dirtype` wird festgehalten, um welche Art von Graph es sich handelt. Es gibt zwei verschiedene Konstruktoren für die Graphenklasse. Der eine Konstruktor hat als ersten Parameter die Anzahl der Knoten, der andere Konstruktor hat einen Dateinamen als ersten Parameter. Beide Konstruktoren haben einen zweiten Parameter, der angibt, ob der zu erzeugende Graph gerichtet oder ungerichtet ist.

Die Klasse `Graph` enthält Unterklassen `Node` für Knoten und `Neighbor` für die Nachbarn eines Knoten. Dabei speichern wir im Falle von Digraphen lediglich die über ausgehende Kanten erreichbaren Knoten als Nachbarn. Dies erlaubt es, manche Graphenalgorithmen so zu implementieren, dass sie sowohl auf Digraphen als auch auf ungerichteten Graphen funktionieren, ohne dass diese beiden Fälle separat behandelt werden müssen.

C++ im Detail (6.2): Kommandozeilenparameter

Die Funktion main kann zwei Parameter haben, die dann wie in dem Programm testgraph.cpp aussehen sollten. Wird das Programm mit „programmname par1...par$n$" aufgerufen, so ist argc $= n+1$, argv[i] $=$ par$i$ für $i = 1, \ldots, n$, und argv[0] $=$ programmname. Der Typ char* wird für C-style strings benutzt (die man eigentlich nur noch als Argument für die main-Funktion braucht): ein Zeiger auf ein Zeichen, dem andere Zeichen folgen können; diese Zeichen gehören so lange zum String, bis das Null-Zeichen (ASCII-Code 0) kommt (dieses gehört natürlich nicht mehr zum String).

Ist T ein Typ und p ein Pointer vom Typ T*, so bezeichnet p[i] eine Variable vom Typ T, die an der Speicheradresse $p + i \cdot$ sizeof(T) steht.

Das Programm testgraph.cpp liest einen Graphen aus einer Datei aus. Der Name der Datei wird dabei als Kommandozeilenparameter dem Programm übergeben, siehe hierzu die Box **C++ im Detail (6.2).** Bei der angegebenen Datei gehen wir davon aus, dass in der ersten Zeile die Anzahl der Knoten des Graphen steht. Dabei wird angenommen, dass die Knoten des Graphen konsekutiv mit 0 beginnend durchnummeriert sind. Für jede Kante des Graphen enthält die Datei eine eigene Zeile, die die Nummern der beiden Endknoten und optional als dritten Wert das Gewicht der Kante enthält.

Programm 6.29 (Graphen)

```cpp
1  // graph.h (Declaration of Class Graph)
2  #ifndef GRAPH_H
3  #define GRAPH_H
4
5  #include <iostream>
6  #include <vector>
7
8  class Graph {
9  public:
10   using NodeId = int;   // vertices are numbered 0,...,num_nodes()-1
11
12   class Neighbor {
13   public:
14       Neighbor(Graph::NodeId n, double w);
15       double edge_weight() const;
16       Graph::NodeId id() const;
17   private:
18       Graph::NodeId _id;
19       double _edge_weight;
20   };
21
22   class Node {
23   public:
24       void add_neighbor(Graph::NodeId nodeid, double weight);
25       const std::vector<Neighbor> & adjacent_nodes() const;
26   private:
27       std::vector<Neighbor> _neighbors;
28   };
29
30   enum DirType {directed, undirected};   // enum defines a type with possible values
31   Graph(NodeId num_nodes, DirType dirtype);
```

```
32    Graph(char const* filename, DirType dirtype);
33
34    void add_nodes(NodeId num_new_nodes);
35    void add_edge(NodeId tail, NodeId head, double weight = 1.0);
36
37    NodeId num_nodes() const;
38    const Node & get_node(NodeId) const;
39    void print() const;
40
41    const DirType dirtype;
42    static const NodeId invalid_node;
43    static const double infinite_weight;
44
45 private:
46    std::vector<Node> _nodes;
47 };
48
49 #endif // GRAPH_H

 1 // graph.cpp (Implementation of Class Graph)
 2
 3 #include <fstream>
 4 #include <sstream>
 5 #include <stdexcept>
 6 #include <limits>
 7 #include "graph.h"
 8
 9 const Graph::NodeId Graph::invalid_node = -1;
10 const double Graph::infinite_weight = std::numeric_limits<double>::max();
11
12
13 void Graph::add_nodes(NodeId num_new_nodes)
14 {
15    _nodes.resize(num_nodes() + num_new_nodes);
16 }
17
18 Graph::Neighbor::Neighbor(Graph::NodeId n, double w): _id(n), _edge_weight(w) {}
19
20 Graph::Graph(NodeId num, DirType dtype): dirtype(dtype), _nodes(num) {}
21
22 void Graph::add_edge(NodeId tail, NodeId head, double weight)
23 {
24    if (tail >= num_nodes() or tail < 0 or head >= num_nodes() or head < 0) {
25        throw std::runtime_error("Edge cannot be added due to undefined endpoint.");
26    }
27    _nodes[tail].add_neighbor(head, weight);
28    if (dirtype == Graph::undirected) {
29        _nodes[head].add_neighbor(tail, weight);
30    }
31 }
32
33 void Graph::Node::add_neighbor(Graph::NodeId nodeid, double weight)
34 {
35    _neighbors.push_back(Graph::Neighbor(nodeid, weight));
36 }
37
38 const std::vector<Graph::Neighbor> & Graph::Node::adjacent_nodes() const
39 {
40    return _neighbors;
41 }
42
43 Graph::NodeId Graph::num_nodes() const
44 {
45    return _nodes.size();
46 }
47
48 const Graph::Node & Graph::get_node(NodeId node) const
```

```
49   {
50       if (node < 0 or node >= static_cast<int>(_nodes.size())) {
51           throw std::runtime_error("Invalid nodeid in Graph::get_node.");
52       }
53       return _nodes[node];
54   }
55
56   Graph::NodeId Graph::Neighbor::id() const
57   {
58       return _id;
59   }
60
61   double Graph::Neighbor::edge_weight() const
62   {
63       return _edge_weight;
64   }
65
66   void Graph::print() const
67   {
68       if (dirtype == Graph::directed) {
69           std::cout << "Digraph ";
70       } else {
71           std::cout << "Undirected graph ";
72       }
73       std::cout << "with " << num_nodes() << " vertices, numbered 0,...,"
74                   << num_nodes() - 1 << ".\n";
75
76       for (auto nodeid = 0; nodeid < num_nodes(); ++nodeid) {
77           std::cout << "The following edges are ";
78           if (dirtype == Graph::directed) {
79               std::cout << "leaving";
80           } else {
81               std::cout << "incident to";
82           }
83           std::cout << " vertex " << nodeid << ":\n";
84           for (auto neighbor: _nodes[nodeid].adjacent_nodes()) {
85               std::cout << nodeid << " - " << neighbor.id()
86                           << " weight = " << neighbor.edge_weight() << "\n";
87           }
88       }
89   }
90
91   Graph::Graph(char const * filename, DirType dtype): dirtype(dtype)
92   {
93       std::ifstream file(filename);                            // open file
94       if (not file) {
95           throw std::runtime_error("Cannot open file.");
96       }
97
98       Graph::NodeId num = 0;
99       std::string line;
100      std::getline(file, line);                   // get first line of file
101      std::stringstream ss(line);                 // convert line to a stringstream
102      ss >> num;                                   // for which we can use >>
103      if (not ss) {
104          throw std::runtime_error("Invalid file format.");
105      }
106      add_nodes(num);
107
108      while (std::getline(file, line)) {
109          std::stringstream ss(line);
110          Graph::NodeId head, tail;
111          ss >> tail >> head;
112          if (not ss) {
113              throw std::runtime_error("Invalid file format.");
114          }
115          double weight = 1.0;
```

```
116        ss >> weight;
117        if (tail != head) {
118            add_edge(tail, head, weight);
119        }
120        else {
121            throw std::runtime_error("Invalid file format: loops not allowed.");
122        }
123    }
124 }
```

```
1 // testgraph.cpp (Read Digraph from File and Print)
2
3 #include "graph.h"
4
5 int main(int argc, char* argv[])
6 {
7     if (argc > 1) {
8         Graph g(argv[1], Graph::directed);
9         g.print();
10    }
11 }
```

6.7 Übungsaufgaben

1. Wie viele Kanten kann ein einfacher unzusammenhängender ungerichteter Graph mit n Knoten höchstens haben?

2. Es sei G ein Graph und $X \subseteq V(G)$. Zeigen Sie: X enthält genau dann eine ungerade Anzahl von Knoten mit ungeradem Grad in G, wenn $|\delta(X)|$ ungerade ist.

3. Es sei G ein ungerichteter Graph, in dem es genau zwei Knoten mit ungeradem Grad gibt. Zeigen Sie, dass es dann einen Weg zwischen diesen beiden Knoten gibt.

4. Es sei G ein zusammenhängender einfacher ungerichteter Graph mit mehr als einem Knoten. Zeigen Sie, dass G einen Knoten v enthält mit

$$\frac{1}{|\delta(v)|} \sum_{w \in N(v)} |\delta(w)| \geq \frac{2|E(G)|}{|V(G)|}.$$

5. Es sei S eine Menge mit n Elementen und $\mathcal{A} = \{A_1, \ldots, A_n\}$ eine Menge von paarweise verschiedenen Teilmengen von S. Zeigen Sie, dass es dann ein $s \in S$ geben muss, für das auch die Mengen $A_i \cup \{s\}$ $(i = 1, \ldots, n)$ paarweise verschieden sind. *Hinweis:* Falls nicht, betrachten Sie einen ungerichteten Graphen G mit Knotenmenge $\mathcal{A}$, in dem es für jedes $s \in S$ genau eine Kante $\{A_i, A_j\}$ gibt mit $A_i \triangle A_j = \{s\}$.

6. Zeigen Sie, dass es in jedem ungerichteten Graphen G eine Menge $X \subseteq V(G)$ gibt mit $|\delta(X)| \geq \frac{1}{2}|E(G)|$. Zeigen Sie, dass es in jedem gerichteten Graphen G eine Menge $X \subseteq V(G)$ gibt mit $|\delta^+(X)| \geq \frac{1}{4}|E(G)|$. Zeigen Sie, dass beide Schranken asymptotisch scharf sind.

7. Es sei G ein einfacher ungerichteter Graph. Zeigen Sie, dass es

a) zwei disjunkte Mengen A und B gibt, mit $A \cup B = V(G)$ so dass in $G[A]$ und in $G[B]$ alle Knoten geraden Grad haben.

b) zwei disjunkte Mengen C und D gibt, mit $C \cup D = V(G)$ so dass in $G[C]$ alle Knoten geraden Grad und in $G[D]$ alle Knoten ungeraden Grad haben.

8. Zeigen Sie, dass jeder ungerichtete Graph mit n Knoten und mehr als $\frac{1}{2}n^{\frac{3}{2}}$ Kanten einen Kreis der Länge höchstens 4 besitzt.
   Hinweis: Betrachten Sie die Kardinalität der Menge $\{v\} \cup N(v) \cup N(N(v))$ für einen Knoten v.

9. Es sei G ein einfacher ungerichteter Graph, in dem je zwei Kreise kantendisjunkt sind. Zeigen Sie, dass G einen Knoten besitzt, der Grad höchstens zwei hat.

10. Es seien (V, F_1) und (V, F_2) zwei Wälder mit $|F_1| < |F_2|$. Zeigen Sie, dass es eine Kante $e \in F_2 \setminus F_1$ gibt, so dass $(V, F_1 \cup \{e\})$ ein Wald ist.

11. Zeigen Sie, dass ein Baum G mit mehr als einem Knoten genau $2 + \sum_{v \in V(G)} \max\{0, |\delta(v)| - 2\}$ Blätter hat.

12. Es sei G ein stark zusammenhängender gerichteter Graph dessen zugrundeliegender ungerichteter Graph mindestens einen Kreis ungerader Länge enthält. Zeigen Sie, dass dann G einen gerichteten Kreis ungerader Länge enthält.

13. Angenommen, ein gerichteter Graph hat k starke Zusammenhangskomponenten. Wie viele Kanten muss man dann mindestens und wie viele höchstens hinzufügen, um den Graphen stark zusammenhängend zu machen?

14. Beweisen Sie:

   a) Seien (V, F_1) und (V, F_2) zwei Branchings mit $2|F_1| < |F_2|$. Dann gibt es eine Kante $e \in F_2 \setminus F_1$, so dass $(V, F_1 \cup \{e\})$ ein Branching ist.

   b) Die Aussage aus (a) wird falsch, wenn man die Bedingung „$2|F_1| < |F_2|$" durch „$2|F_1| \le |F_2|$" ersetzt.

15. Implementieren Sie analog zu der Klasse `Queue` eine Klasse `Stack`, die einen Stack realisiert. Die Klasse `vector` soll hierbei nicht verwendet werden.

16. Bei `vector` kann man mit `push_back` bzw. `pop_back` ein Element am Ende hinzufügen bzw. das letzte Element entfernen. Wenn der für den `vector` reservierte Speicherplatz für eine `push_back`-Operation nicht mehr ausreicht, wird (woanders im freien Speicher) Speicherplatz für doppelt so viele Elemente reserviert, und die vorhandenen Daten werden hierhin umkopiert, bevor dann `push_back` ausgeführt wird. Die Funktion `pop_back` ändert nichts am reservierten Speicherplatz.
   Zeigen Sie, dass eine Folge von n `push_back`- und `pop_back`-Operationen (in beliebiger Reihenfolge) auf einem anfänglich t Elemente enthaltenden `vector` insgesamt in $O(t + n)$ Zeit ausgeführt werden kann.

17. Zeigen Sie, dass für jeden gerichteten Graphen G die Anzahl der Zusammenhangskomponenten des zugrundeliegenden ungerichteten Graphen plus der Rang der Inzidenzmatrix von G gleich $|V(G)|$ ist.

18. Implementieren Sie eine Funktion in der Klasse `Graph`, die – falls der Graph gerichtet ist – den zugrundeliegenden ungerichteten Graphen berechnet. Implementieren Sie eine weitere Funktion, die den maximalen einfachen Teilgraphen berechnet.

Einfache Graphenalgorithmen

7

Wir werden nun erste Graphenalgorithmen kennen lernen. Dabei wird es darum gehen, einen Graphen zu „erkunden" und zum Beispiel festzustellen, welche Knoten von einem bestimmten Ausgangsknoten aus erreichbar sind. Die vorgestellten Algorithmen liefern aber noch weitere Informationen und haben zahlreiche Anwendungen.

7.1 Graphendurchmusterung

Wir stellen zunächst den allgemeinen Algorithmus zur Graphendurchmusterung in Pseudocode vor.

Algorithmus 7.1 (Graphendurchmusterung)
Eingabe: ein Graph G, ein Knoten $r \in V(G)$.
Ausgabe: die Menge $R \subseteq V(G)$ der von r aus erreichbaren Knoten und eine Menge $F \subseteq E(G)$, sodass (R, F) eine Arboreszenz mit Wurzel r beziehungsweise ein Baum ist.

$R \leftarrow \{r\}, Q \leftarrow \{r\}, F \leftarrow \emptyset$
while $Q \neq \emptyset$ **do**
    Wähle ein $v \in Q$
    if $\exists e = (v, w) \in \delta_G^+(v)$ bzw. $e = \{v, w\} \in \delta_G(v)$ mit $w \in V(G) \setminus R$
        then $R \leftarrow R \cup \{w\}, Q \leftarrow Q \cup \{w\}, F \leftarrow F \cup \{e\}$
        else $Q \leftarrow Q \setminus \{v\}$
output(R, F)

Satz 7.2 *Algorithmus* 7.1 arbeitet korrekt und kann mit Laufzeit $O(n + m)$ implementiert werden, wobei $n = |V(G)|$ und $m = |E(G[R])| \leq |E(G)|$.

Beweis Wir behaupten zunächst, dass zu jedem Zeitpunkt (R, F) ein Baum beziehungsweise eine Arboreszenz mit Wurzel r in G ist. Dies gilt sicherlich zu Beginn des Algorithmus. Die einzige Veränderung erfährt (R, F), wenn ein Knoten w und eine Kante e von v nach w hinzugefügt wird, wobei v bereits in R war, w hingegen nicht. Somit bleibt (R, F) ein Baum beziehungsweise eine Arboreszenz mit Wurzel r.

Angenommen, am Ende des Algorithmus gäbe es einen von r aus erreichbaren Knoten w, der nicht in R ist. Sei P ein r-w-Weg und sei $\{x, y\}$ beziehungsweise (x, y) eine Kante in P mit $x \in R$ und $y \notin R$. Da $x \in R$, muss x auch zu einem bestimmten Zeitpunkt in Q gelegen haben. Der Algorithmus endet nicht, solange x nicht aus Q entfernt wurde. Dies geschieht aber nur, falls es keine Kante (x, y) beziehungsweise $\{x, y\}$ gibt mit $y \notin R$. Widerspruch.

Wir analysieren nun noch die Laufzeit. Kanten und Knoten außerhalb von $G[R]$ werden niemals betrachtet, außer dass alle Knoten anfangs als „nicht zu R gehörig" initialisiert werden. Für jeden besuchten Knoten x merken wir uns innerhalb seiner Liste $\delta(x)$ beziehungsweise $\delta^+(x)$ stets die aktuelle Position, bis zu der die Kanten bereits betrachtet wurden. Zu Beginn (beim Einfügen in Q) ist dies die Anfangsposition der Liste. Damit wird jede Kante von $G[R]$ maximal zweimal betrachtet (im gerichteten Fall sogar nur einmal).

Jeder von r aus erreichbare Knoten wird genau einmal in Q eingefügt und aus Q entfernt. Wir benötigen für Q also eine Datenstruktur, in der Einfügen, Entfernen, und Auswahl eines Elementes jeweils in konstanter Zeit möglich sind. Beispielsweise haben Stacks und Queues diese Eigenschaft. Die Gesamtlaufzeit für alle Operationen mit Q ist somit $O(m)$, denn $|R| \leq |E(G[R])| + 1$, da $G[R]$ zusammenhängend ist.   □

Wir erhalten auch:

Korollar 7.3 *Die Zusammenhangskomponenten eines ungerichteten Graphen G können in $O(n + m)$ Zeit bestimmt werden, wobei $n = |V(G)|$ und $m = |E(G)|$.*

Beweis Man starte den Algorithmus zur Graphendurchmusterung in einem beliebigen Knoten. Falls $R = V(G)$, so ist der Graph zusammenhängend. Andernfalls ist $G[R]$ eine Zusammenhangskomponente von G, und man iteriere mit $G[V(G) \setminus R]$. Die Initialisierung aller Knoten muss nur einmal am Anfang erfolgen.   □

Hat ein Graphenalgorithmus Laufzeit $O(n + m)$ mit $n = |V(G)|$ und $m = |E(G)|$, so sagen wir auch, dass der Algorithmus lineare Laufzeit hat.

Algorithmus 7.1 kann unterschiedlich implementiert werden. Insbesondere für die Wahl von $v \in Q$ gibt es mehrere Möglichkeiten. Wählt man jeweils den Knoten $v \in Q$, der als letzter zu Q hinzugefügt wurde (LIFO; also ist Q ein Stack), so wird der Algorithmus **Tiefensuche** oder DFS (für depth first search) genannt. Falls man jeweils den Knoten aus

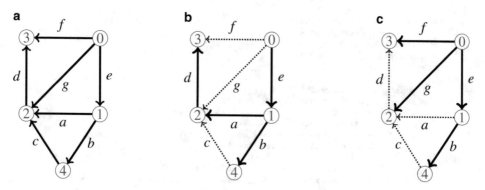

Abb. 7.1 **a** ein Digraph; **b** mögliches Ergebnis von DFS; **c** Ergebnis von BFS; beide gestartet im Knoten 0, Kanten aus F sind fett

Q wählt, der als erstes zu Q hinzugefügt wurde (FIFO; also ist Q eine Queue), so handelt es sich um **Breitensuche,** auch BFS (für breadth first search) genannt. Ein Baum oder eine Arboreszenz (R, F), die von DFS beziehungsweise BFS berechnet werden kann, heißt DFS-Baum beziehungsweise BFS-Baum.

Beispiel 7.4 Abb. 7.1 zeigt ein Beispiel für DFS und BFS. Diese beiden Varianten haben interessante Eigenschaften; wir untersuchen BFS gleich genauer.

7.2 Breitensuche

Zunächst schauen wir uns eine Implementierung der Breitensuche an. Mit der Variable dist speichern wir die Länge des Weges im BFS-Baum zu jedem Knoten. Dies wird eigentlich nicht benötigt, aber wir kommen in Satz 7.6 darauf zurück.

Programm 7.5 (Breitensuche)

```
1  // bfs.cpp (Breadth First Search)
2
3  #include "graph.h"
4  #include "queue.h"
5
6  Graph bfs(const Graph & graph, Graph::NodeId start_node)
7  {
8      std::vector<bool> visited(graph.num_nodes(), false);
9      std::vector<int> dist(graph.num_nodes(), -1);
10     Graph bfs_tree(graph.num_nodes(), graph.dirtype);
11     Queue<Graph::NodeId> queue;
12
```

```
13        std::cout << "The following vertices are reachable from vertex "
14                  << start_node << ":\n";
15        queue.push_back(start_node);
16        visited[start_node] = true;
17        dist[start_node] = 0;
18
19        while (not queue.is_empty()) {
20            auto cur_nodeid = queue.pop_front();
21            std::cout << "Vertex " << cur_nodeid << " has distance "
22                      << dist[cur_nodeid] << ".\n";
23            for (auto neighbor: graph.get_node(cur_nodeid).adjacent_nodes()) {
24                if (not visited[neighbor.id()]) {
25                    visited[neighbor.id()] = true;
26                    dist[neighbor.id()] = dist[cur_nodeid] + 1;
27                    bfs_tree.add_edge(cur_nodeid, neighbor.id());
28                    queue.push_back(neighbor.id());
29                }
30            }
31        }
32
33        return bfs_tree;
34    }
35
36
37 int main(int argc, char* argv[])
38 {
39    if (argc > 1) {
40        Graph g(argv[1], Graph::directed);              // read digraph from file
41        Graph bfs_tree = bfs(g, 0);
42        std::cout << "The following is a BFS-tree rooted at 0:\n";
43        bfs_tree.print();
44    }
45 }
```

Für zwei Knoten v und w in einem Graphen G bezeichne $\mathrm{dist}(v, w)$ die Länge eines kürzesten v-w-Weges in G. Wir nennen $\mathrm{dist}(v, w)$ auch den **Abstand** von v nach w in G. Falls es keinen v-w-Weg in G gibt, so setzen wir $\mathrm{dist}(v, w) := \infty$. In ungerichteten Graphen gilt stets $\mathrm{dist}(v, w) = \mathrm{dist}(w, v)$ für alle $v, w \in V(G)$.

Satz 7.6 *Jeder BFS-Baum enthält einen kürzesten Weg von einem Knoten r zu allen anderen, von r aus erreichbaren Knoten. Die Werte $\mathrm{dist}(r, v)$ für alle $v \in V(G)$ können in linearer Zeit bestimmt werden.*

Beweis Programm 7.5 ist eine Implementierung von Algorithmus 7.1 mit Q als Queue, also BFS. Die berechneten Werte `dist[i]` geben offenbar zu jedem Zeitpunkt die Abstände von r zu allen Knoten in `bfs_tree` an (dieser Graph, im Folgenden T genannt, hieß in Algorithmus 7.1 (R, F)). Es bleibt somit zu zeigen:

$$\mathrm{dist}_G(r, v) = \mathrm{dist}_T(r, v) \quad \text{für alle } v \in V(G).$$

Da „$\leq$" offensichtlich ist (T ist ein Teilgraph von G), nehmen wir an, es gäbe einen Knoten $v \in V(G)$ mit $\mathrm{dist}_G(r, v) < \mathrm{dist}_T(r, v)$. Sei v so gewählt, dass $\mathrm{dist}_G(r, v)$ minimal ist.

Sei P ein kürzester r-v-Weg in G, und (u, v) bzw. $\{u, v\}$ dessen letzte Kante. Dann ist $\text{dist}_G(r, u) = \text{dist}_T(r, u)$ und somit

$$\text{dist}_T(r, v) > \text{dist}_G(r, v) = \text{dist}_G(r, u) + 1 = \text{dist}_T(r, u) + 1. \qquad (7.1)$$

Zu jedem Zeitpunkt des Algorithmus gilt:

(a) $\text{dist}_T(r, x) \leq \text{dist}_T(r, y) + 1$ für alle $x \in R$ und $y \in Q$.
(b) $\text{dist}_T(r, x) \leq \text{dist}_T(r, y)$ für alle $x, y \in Q$, falls x vor y zu Q hinzugefügt wurde.

Dies zeigt man leicht durch Induktion über die Anzahl der durchlaufenen Schritte.

Wegen (a) und (7.1) wird v erst zu R hinzugefügt, nachdem u aus Q entfernt wurde. Aufgrund der Kante (u, v) bzw. $\{u, v\}$ müsste dann aber $\text{dist}_T(r, v) \leq \text{dist}_T(r, u) + 1$ gelten, ein Widerspruch. □

Eigenschaften wie (a) und (b), die während eines Algorithmus stets gelten, bezeichnet man auch als Invarianten. Sie sind oft sehr nützlich, um die Korrektheit eines Algorithmus zu zeigen.

7.3 Bipartite Graphen

Folgende spezielle Arten von ungerichteten Graphen kommen häufig vor:

Definition 7.7 *Ein* **vollständiger Graph** *ist ein einfacher ungerichteter Graph, in dem je zwei Knoten durch eine Kante verbunden sind. Einen vollständigen Graphen auf einer n-elementigen Knotenmenge bezeichnet man oft mit K_n.*

Eine **Bipartition** *eines ungerichteten Graphen G besteht aus zwei disjunkten Knotenmengen A und B, deren Vereinigung $V(G)$ ist, sodass jede Kante in $E(G)$ genau einen Endknoten in A hat. Ein Graph heißt* **bipartit,** *falls er eine Bipartition besitzt. Wenn wir die Notation $G = (A \dot\cup B, E(G))$ benutzen, so meinen wir damit, dass die Mengen A und B eine Bipartition bilden.*

Ein **vollständiger bipartiter Graph** *ist ein Graph G mit Bipartition $V(G) = A \dot\cup B$ und $E(G) = \{\{a, b\} \mid a \in A, \ b \in B\}$. Falls $|A| = n$ und $|B| = m$, so wird er oft mit $K_{n,m}$ bezeichnet.*

Ein **ungerader Kreis** *ist ein Kreis ungerader Länge.*

Satz 7.8 (König [24]) *Ein ungerichteter Graph ist genau dann bipartit, wenn er keinen ungeraden Kreis enthält. In linearer Zeit kann man in einem gegebenen ungerichteten Graphen entweder eine Bipartition oder einen ungeraden Kreis finden.*

Beweis Wir zeigen zunächst, dass ein bipartiter Graph keinen Kreis ungerader Länge enthält. Sei also G bipartit mit Bipartition $V(G) = A \dot\cup B$, und sei C ein Kreis der Länge k in G, mit Knotenmenge $\{v_1, \ldots, v_k\}$ und Kanten $\{v_i, v_{i+1}\}$ für $i = 1, \ldots, k$, wobei $v_{k+1} := v_1$ sei. Ohne Beschränkung der Allgemeinheit sei $v_1 \in A$. Folglich gilt $v_2 \in B$, $v_3 \in A$ usw., das heißt $v_i \in A$ genau dann, wenn i ungerade. Wegen $v_{k+1} = v_1 \in A$ folgt, dass k gerade ist.

Nun zeigen wir die zweite Aussage des Satzes (daraus folgt dann auch die erste). Sei G ohne Beschränkung der Allgemeinheit zusammenhängend. (Andernfalls finden wir eine Bipartition für jede Zusammenhangskomponente und fügen diese zusammen.)

Wir wenden BFS auf G mit einem Startknoten r an, erhalten einen aufspannenden Baum $T = (V(G), F)$, und setzen

$$A := \{v \in V(G) \mid \mathrm{dist}_T(r, v) \text{ ist gerade}\} \quad \text{und} \quad B := V(G) \backslash A.$$

Falls $e \in \delta(A)$ für alle $e \in E(G)$, so ist $A \dot\cup B$ Bipartition. Ansonsten gibt es eine Kante $e = \{v, w\}$ mit $v, w \in A$ oder $v, w \in B$. Sei C_e der Kreis in $(V(G), F \dot\cup \{e\})$. C_e entsteht aus e, dem u-v-Weg in T und dem u-w-Weg in T, wobei u der letzte gemeinsame Knoten auf dem r-v-Weg in T und dem r-w-Weg in T ist. Wir haben $\mathrm{dist}_T(r, v) + \mathrm{dist}_T(r, w) = 2\,\mathrm{dist}_T(r, u) + |E(C_e)| - 1$. Da auf der linken Seite der Gleichung eine gerade Zahl steht, muss C_e ein ungerader Kreis sein.   □

Man hätte in diesem Beweis übrigens statt T einen beliebigen aufspannenden Baum nehmen können.

Satz 7.8 liefert eine gute Charakterisierung der Eigenschaft „bipartit": man kann nicht nur leicht beweisen, dass ein Graph diese Eigenschaft hat (indem man eine Bipartition angibt), sondern auch, dass ein Graph die Eigenschaft nicht hat (indem man einen ungeraden Kreis angibt). Beide „Beweise" sind leicht überprüfbar.

7.4   Azyklische Digraphen

Eine wichtige Klasse gerichteter Graphen wird durch folgende Definition beschrieben:

Definition 7.9 *Ein Digraph heißt* **azyklisch,** *falls er keinen (gerichteten) Kreis enthält.*

Sei G ein Digraph mit n Knoten. Eine **topologische Ordnung** *von G ist eine Ordnung der Knoten $V(G) = \{v_1, \ldots, v_n\}$, sodass $i < j$ für jede Kante $(v_i, v_j) \in E(G)$ gilt.*

Wir benötigen ein Lemma:

Lemma 7.10 *Ist G ein Digraph mit $\delta^+(v) \neq \emptyset$ für alle $v \in V(G)$, so kann man in $O(|V(G)|)$ Zeit einen Kreis in G finden.*

Beweis Man startet einfach in einem beliebigen Knoten und folgt jeweils einer beliebigen ausgehenden Kante, bis sich ein Knoten wiederholt.   □

Folgender Satz liefert eine gute Charakterisierung:

Satz 7.11 *Ein Digraph hat genau dann eine topologische Ordnung, wenn er azyklisch ist. Zu einem gegebenen Digraphen G kann man in linearer Zeit entweder eine topologische Ordnung von G oder einen Kreis in G finden.*

Beweis Hat G eine topologische Ordnung, so kann G offenbar keinen Kreis enthalten.

Wir zeigen deshalb die zweite Aussage des Satzes (daraus folgt dann auch die erste). Sei $n := |V(G)|$ und $m := |E(G)|$. Zuerst berechnen wir den Ausgangsgrad $a(v) := |\delta^+(v)|$ für alle $v \in V(G)$ und speichern alle Knoten v mit $a(v) = 0$ in einer Liste L_0. Dies geht in linearer Zeit.

Ist L_0 leer, so führt Lemma 7.10 in $O(n)$ Schritten zu einem Kreis. Andernfalls wählen wir einen Knoten aus L_0 und nennen ihn v_n. Wir entfernen v_n aus L_0 und führen für alle $(u, v_n) \in \delta^-(v_n)$ folgendes durch: verringere $a(u)$ um eins, und falls dann $a(u) = 0$ ist, füge u in L_0 ein. Dies geht offenbar in Zeit $O(1 + |\delta^-(v_n)|)$.

Dann sind L_0 und $a(v)$ für $v \in V(G) \setminus \{v_n\}$ korrekt für $G - v_n$. Wir verringern also n um eins und iterieren solange $n > 0$ ist.

Damit erhalten wir in der Gesamtzeit $O(n + m)$ entweder einen Kreis oder eine topologische Ordnung $v_1, \ldots, v_n$ von G.   □

7.5 Übungsaufgaben

1. Implementieren Sie die Tiefensuche. Fügen Sie zur Klasse `Graph` eine Funktion hinzu, die die Anzahl der Zusammenhangskomponenten berechnet, falls der Graph ungerichtet ist. Sie soll lineare Laufzeit haben.
2. Es sei G ein zusammenhängender ungerichteter Graph, $r \in V(G)$, und T ein durch Tiefensuche ausgehend von r gefundener aufspannender Baum. Für $u, v \in V(G)$ bezeichne P_{uv} den u-v-Weg in T. Zeigen Sie: Für alle Kanten $\{x, y\} \in E(G)$ gilt $x \in V(P_{ry})$ oder $y \in V(P_{rx})$.

3. Geben Sie ein Verfahren für das folgende Problem an: Zu einem gegebenen Baum T hat man Zeit $O(|V(T)|)$ für ein Präprozessing. Danach soll, wenn zwei Knoten x und y von T gegeben sind, in Zeit $O(\text{dist}_T(x, y))$ der x-y-Weg in T ausgegeben werden.

4. Geben Sie einen Algorithmus an, der in linearer Zeit einen Kreis in einem gegebenen ungerichteten Graphen G findet oder entscheidet dass G ein Wald ist.

5. Es sei G ein einfacher ungerichteter Graph mit $|E(G)| \geq |V(G)| + 4$. Zeigen Sie, dass G zwei kantendisjunkte Kreise enthalten muss. Zeigen Sie zudem, dass es Graphen G mit $|E(G)| = |V(G)| + 3$ gibt, die keine zwei kantendisjunkte Kreise enthalten.

6. Es sei T ein Baum mit n Knoten. Ein Knoten $v \in V(T)$ heißt Zentralknoten, wenn die Zusammenhangskomponenten, die nach Herausnahme von v entstehen, jeweils höchstens $\frac{n}{2}$ Knoten enthalten. Zeigen Sie, dass ein Baum stets einen Zentralknoten enthält. Geben Sie außerdem ein möglichst effizientes Verfahren an, um einen solchen Knoten zu finden (mit Laufzeitanalyse).

7. Das Komplement $\bar{G}$ eines ungerichteten Graphen G ist der Graph mit $V(\bar{G}) = V(G)$, in dem zwei Knoten genau dann durch eine Kante verbunden sind, wenn sie es in G nicht sind. Geben Sie einen Algorithmus mit linearer Laufzeit an, der zu einem gegebenen Graphen überprüft, ob sein Komplement bipartit ist.

8. Zeigen Sie, dass ein ungerichteter Graph G genau dann bipartit ist, wenn jeder Teilgraph H von G eine Menge $X \subseteq V(H)$ von paarweise nicht benachbarten Knoten mit $|X| \geq \frac{|V(H)|}{2}$ enthält.

9. Es sei G ein bipartiter Graph mit n Knoten und k Zusammenhangskomponenten. Wie viele Mengen $X \subseteq V(G)$ gibt es, sodass $\delta(X) = E(G)$ ist?

10. Zu einem gegebenen ungerichteten Graphen G soll eine inklusionsminimale Teilmenge $F \subseteq E(G)$ berechnet werden, sodass $(V(G), E(G) \setminus F)$ bipartit ist. Zeigen Sie, dass ein solches F in linearer Zeit berechnet werden kann.

11. Implementieren Sie eine Funktion, die zu einem gegebenen gerichteten Graphen G entweder eine topologische Ordnung von G oder einen Kreis in G berechnet.

12. Es sei $l \in \mathbb{N}$ und G ein gerichteter Graph, der keinen Kantenzug $x_1, e_1, x_2, \ldots, x_l, e_l, x_{l+1}$ enthält. Zeigen Sie, dass G mindestens $|V(G)| + 1 - l$ verschiedene topologische Ordnungen besitzt.

13. Es sei G ein gerichteter Graph, und G' derjenige einfache gerichtete Graph, dessen Knoten die starken Zusammenhangskomponenten von G sind und der genau dann eine Kante (X, Y) enthält, wenn $\delta_G^+(V(X)) \cap \delta_G^-(V(Y)) \neq \emptyset$. Zeigen Sie, dass G' eine topologische Ordnung besitzt.

Sortieralgorithmen

8

Sehr oft müssen gespeicherte Daten sortiert werden. Hierfür gibt es im Wesentlichen zwei Gründe: zum einen arbeiten bestimmte Algorithmen Objekte in einer bestimmten Reihenfolge ab, zum anderen kann man in einem sortierten Datenbestand mit random access einzelne Objekte viel schneller finden (mit binärer Suche, Algorithmus 5.2).

8.1 Das allgemeine Sortierproblem

Definition 8.1 *Sei S eine Menge. Eine Relation $R \subseteq S \times S$ heißt* **partielle Ordnung** *(von S), wenn für alle $a, b, c \in S$ gilt:*

- $(a, a) \in R$ *(Reflexivität);*
- $((a, b) \in R \land (b, a) \in R) \implies a = b$ *(Antisymmetrie);*
- $((a, b) \in R \land (b, c) \in R) \implies (a, c) \in R$ *(Transitivität).*

Statt $(a, b) \in R$ schreiben wir oft $a R b$. Eine partielle Ordnung R ist eine **totale Ordnung** *von S, wenn $(a, b) \in R$ oder $(b, a) \in R$ für alle $a, b \in S$ gilt.*

Beispielsweise ist die gewohnte Ordnung „$\leq$" eine totale Ordnung auf $\mathbb{R}$. Andererseits ist die Teilmengenrelation „$\subseteq$" eine partielle, aber im Allgemeinen keine totale Ordnung auf einer beliebigen Familie von Mengen. In einem gerichteten Graphen G ist $R := \{(v, w) \in V(G) \times V(G) \mid w$ ist von v aus erreichbar$\}$ genau dann eine partielle Ordnung, wenn G azyklisch ist.

© Springer-Verlag GmbH Deutschland, ein Teil von Springer Nature 2018
S. Hougardy und J. Vygen, *Algorithmische Mathematik*,
https://doi.org/10.1007/978-3-662-57461-4_8

Für endliche Mengen S kann eine totale Ordnung $\preceq$ durch Nummerierung der Elemente angegeben werden, d. h. durch eine Bijektion $f: S \to \{1, \ldots, n\}$ wobei $f(s) = |\{a \in S \mid a \preceq s\}|$ für alle $s \in S$. Damit können wir definieren:

Berechnungsproblem 8.2 (Allgemeines Sortierproblem)
Eingabe: eine endliche Menge S mit einer partiellen Ordnung $\preceq$ (durch ein Orakel gegeben).
Aufgabe: Berechne eine Bijektion $f: \{1, \ldots, n\} \to S$ mit $f(j) \npreceq f(i)$ für alle $1 \le i < j \le n$.

Wir nehmen also zunächst an, dass wir keine weiteren Kenntnisse über die partielle Ordnung haben, als dass wir für je zwei Elemente a und b fragen können, ob $a \preceq b$ ist. Natürlich können wir auch die Eigenschaften der partiellen Ordnung ausnutzen, insbesondere die Transitivität.

Die Eingabe ist in der Regel durch irgendeine Bijektion $h: \{1, \ldots, n\} \to S$ und das Orakel gegeben. Gesucht ist dann eine Permutation π (d. h. eine Bijektion $\pi: \{1, \ldots, n\} \to \{1, \ldots, n\}$), so dass $f: i \mapsto h(\pi(i))$ die gewünschte Eigenschaft hat.

Manchmal kann man schneller sortieren, wenn die Eingabe anders gegeben ist (Satz 7.11 ist ein Beispiel dafür), und/oder die partielle Ordnung zusätzliche Eigenschaften hat (z. B. eine totale Ordnung ist); hierauf gehen wir ab Abschn. 8.3 ein.

8.2 Sortieren durch sukzessive Auswahl

Ein naives Sortierverfahren besteht darin, alle $n!$ Permutationen auszuprobieren und jeweils alle $\frac{n(n-1)}{2}$ geordneten Paare (i, j) mit $1 \le i < j \le n$ daraufhin zu testen, ob $f(j) \npreceq f(i)$ gilt. Dies ist natürlich sehr ineffizient.

Wir zeigen nun ein besseres Verfahren: Sortieren durch sukzessive Auswahl. Hier bestimmt man $f(i) := s$ sukzessive für $i = 1, \ldots, n$, und zwar so, dass für alle $t \in S \setminus \{f(1), \ldots, f(i-1)\}$ gilt: $t \preceq s \Rightarrow t = s$.

Algorithmus 8.3 (Sortieren durch sukzessive Auswahl)
Eingabe: eine Menge $S = \{s_1, \ldots, s_n\}$; eine partielle Ordnung $\preceq$ auf S (durch ein Orakel gegeben).
Ausgabe: eine Bijektion $f: \{1, \ldots, n\} \to S$ mit $f(j) \npreceq f(i)$ für alle $1 \le i < j \le n$.

$$\textbf{for } i \leftarrow 1 \textbf{ to } n \textbf{ do } f(i) \leftarrow s_i$$
$$\textbf{for } i \leftarrow 1 \textbf{ to } n \textbf{ do}$$
$$\textbf{for } j \leftarrow i \textbf{ to } n \textbf{ do}$$
$$\textbf{if } f(j) \preceq f(i) \textbf{ then swap}(f(i), f(j))$$
$$\textbf{output } f$$

Die Iterationen mit $i = j$ sind offenbar überflüssig, sie erleichtern aber den Beweis des folgenden Satzes. Der **swap**-Befehl vertauscht den Inhalt zweier Variablen. Wir zeigen:

Satz 8.4 *Algorithmus 8.3 löst das allgemeine Sortierproblem 8.2 korrekt und hat Laufzeit* $O(n^2)$.

Beweis Die Laufzeit ist offensichtlich. Da Funktionswerte von f nur vertauscht werden (mit dem swap-Befehl), ist f stets eine Bijektion.

Wir zeigen, dass für alle $1 \le i \le j \le n$ nach Iteration (i, j) folgendes gilt:

(a) $f(k) \not\preceq f(h)$ für alle $1 \le h < i$ und $h < k \le n$;
(b) $f(k) \not\preceq f(i)$ für alle $i < k \le j$.

Für Iteration $(1, 1)$ sind beide Bedingungen leer.

Bedingung (a) kann allenfalls durch Erhöhen von i zerstört werden; dass dies nicht der Fall ist, folgt aber aus Bedingung (b) für $j = n$, da i erst erhöht wird, wenn $j = n$ ist.

Es bleibt zu zeigen, dass die Bedingung (b) stets erhalten bleibt. Hierzu betrachten wir den Zustand zu Beginn von Iteration (i, j). Gilt $f(j) \not\preceq f(i)$, so wird f hier nicht verändert, und (b) gilt offenbar weiterhin.

Gilt $f(j) \preceq f(i)$, so betrachten wir einen Index k mit $i < k \le j$. Für $k = j$ gilt wegen $f(i) \not\preceq f(j)$ (Antisymmetrie), dass (b) nach dem swap-Befehl gilt. Für $k < j$ galt zuvor (b), also $f(k) \not\preceq f(i)$ und somit (wegen der Transitivität) $f(k) \not\preceq f(j)$. Der swap-Befehl zerstört (b) also nicht.

Am Ende des Algorithmus, d. h. nach Iteration (n, n), impliziert (a) die Korrektheit. □

Die Funktion `sort1` in Programm 8.5 zeigt eine Implementierung dieses Algorithmus. Die Implementierung und das Anwendungsbeispiel sind so gewählt, dass wir ein paar weitere Möglichkeiten, die C++ bietet, illustrieren können.

Man beachte insbesondere das abstrakte Interface der Funktion `sort1`. Man bekommt lediglich zwei Iteratoren: ein Verweis `first` auf das erste Element (das kann z. B. ein Pointer oder ein Index sein), ein Verweis `last` auf die Stelle *hinter* dem letzten Element, sowie eine Funktion `comp`, mit der man zwei Elemente vergleichen kann. Ein Iterator (siehe die Box **C++ im Detail (2.3)**) muss mindestens drei Operationen zur Verfügung stellen:

* Dereferenzierung (mit derselben Syntax wie bei Pointern);

++ Weitergehen zum Folgeelement;

! = Vergleich (insbesondere mit last, damit erkannt wird, wenn keine weiteren Elemente mehr kommen).

Die Vergleichsfunktion comp könnte wirklich eine boolesche Funktion sein, ist hier aber eine Variable vom Typ BirthdayComparison: einer Klasse, die den Operator () zur Verfügung stellt; dieser hat zwei Argumente und verhält sich wie eine boolesche Funktion; sie vergleicht die Argumente b1 und b2 und liefert genau dann true, wenn $b1 \preceq b2 \wedge b1 \neq b2$ ist. Das Vergleichsorakel als Klasse zu implementieren, bietet die Möglichkeit, zum Vergleich noch andere Informationen (hier die Variable _today) zu nutzen, was manchmal notwendig ist.

Programm 8.5 (Sortieren durch sukzessive Auswahl)

```
1  // sort.cpp (Sorting by Successive Selection)
2
3  #include <iostream>
4  #include <string>
5  #include <vector>
6  #include <ctime>
7  #include <random>
8  #include <iomanip>
9
10  template <class Iterator, class Compare>
11  void sort1(Iterator first, Iterator last, const Compare & comp)
12  // Iterator must have operators *, ++, and !=
13  {
14      for (Iterator current = first; current != last; ++current) {
15          Iterator cur_min = current;
16          for (Iterator i = current; i != last; ++i) {
17              if (comp(*i, *cur_min)) {
18                  cur_min = i;
19              }
20          }
21          std::swap(*cur_min, *current);
22      }
23  }
24
25
26  struct Date {
27      Date()                                        // random constructor
28      {
29          time_t rdate = distribution(generator);
30          _time = *localtime(&rdate);
31      }
32
33      Date(time_t date): _time (*localtime(&date)) {}        // constructor
34
35      static std::uniform_int_distribution<time_t> distribution;
36      static std::default_random_engine generator;
37      static time_t today;
38      tm _time;
39  };
40
```

```
41  time_t Date::today = time(nullptr);
42  std::uniform_int_distribution<time_t> Date::distribution (1, Date::today);
43  std::default_random_engine Date::generator (Date::today);
44
45
46  std::ostream & operator<<(std::ostream & os, const Date & date)
47  {
48      static const std::string monthname[12] = {"Jan", "Feb", "Mar",
49          "Apr", "May", "Jun", "Jul", "Aug", "Sep", "Oct", "Nov", "Dec"};
50      os << monthname[date._time.tm_mon] << " " << std::setw(2)
51          << date._time.tm_mday << ", " << date._time.tm_year + 1900;
52      return os;
53  }
54
55
56  class BirthdayComparison {
57  public:
58      BirthdayComparison(const Date & today) : _today(today) {}
59      bool operator()(const Date & b1, const Date & b2) const
60      {
61          return day_num (b1) < day_num (b2);
62      }
63  private:
64      int day_num(const Date & date) const
65      {
66          return (32 * (12 + date._time.tm_mon - _today._time.tm_mon) +
67              date._time.tm_mday  - _today._time.tm_mday) % (12*32);
68      }
69      Date const & _today;
70  };
71
72
73  int main()
74  {
75      std::cout << "Today is " << Date(Date::today) << ".\n"
76              << "How many random birthdays do you want to sort? ";
77      int n;
78      std::cin >> n;
79      std::vector<Date> dates(n);
80      std::cout << "Here are " << n << " random dates:\n";
81      for (auto d: dates) {
82          std::cout << d << "    ";
83      }
84      std::cout << "\n\n";
85
86      BirthdayComparison comparison((Date(Date::today)));
87      std::cout << "Sorting..." << std::endl;
88      clock_t timer = clock();
89      sort1(dates.begin(), dates.end(), comparison);
90      timer = clock() - timer;
91
92      std::cout << "The upcoming birthdays are, starting today:\n";
93      for (auto d: dates) {
94          std::cout << d << "    ";
95      }
96      std::cout << "\n\n" << "Sorting took "
97              << static_cast<double>(timer)/CLOCKS_PER_SEC << " seconds.\n";
98  }
```

Hätten wir für unsere Klasse `Queue` noch einen Iterator (eine Teilklasse mit einer Variable vom Typ `Item*`, einem Konstruktor mit Argument vom Typ `Item*`, Operatoren `++`, `!=` und `*`) sowie Funktionen `begin()` und `end()`, die einen `_front` bzw. `nullptr` enthaltenden Iterator zurückgeben, ergänzt, so könnte man auch eine (z. B. analog mit Zufallsdaten befüllte) Queue vom Typ `Queue<Date>` mit exakt derselben Funktion `sort1` sortieren.

C++ im Detail (8.1): Zufallszahlen und Uhrzeit

In C++ gibt es mehrere Möglichkeiten, um Pseudo-Zufallszahlen zu erzeugen. Die einfachste Version benutzt die Funktion `rand()`, welche nach Einbinden von `#include <cstdlib>` zur Verfügung steht; vgl. Programm 8.20. Diese Funktion liefert eine ganze Zahl zwischen 0 und `RAND_MAX`, wobei `RAND_MAX` eine vordefinierte Konstante mit Wert mindestens 32767 ist. Die von `rand()` erzeugten Pseudo-Zufallszahlen können allerdings weit von der Gleichverteilung abweichen.

Eine etwas aufwändigere Möglichkeit, die mehr Einfluss auf die erzeugten Zufallszahlen bietet und Pseudo-Zufallszahlen von besserer Qualität erzeugt, steht nach Einbinden von `#include <random>` zur Verfügung. Mit `std::default_random_engine` kann man einen Zufallszahlengenerator definieren, der Zufallszahlen gemäß einer wählbaren Verteilung erzeugt. Bei der Definition des Zufallszahlengenerators kann optional ein Argument angegeben werden, das zur Initialisierung des Generators benutzt wird. Dies haben wir beispielsweise in Zeile 43 in dem Programm 8.5 gemacht. Wir haben als Verteilung `std::uniform_int_distribution` in Zeile 42 gewählt. Damit lassen sich gleichverteilt ganze Zahlen erzeugen, die in dem angegebenen Intervall liegen. Als Templateparameter muss ein Integertyp angegeben werden; wir haben den Typ `time_t` benutzt, den wir weiter unten erklären. Zeile 29 von Programm 8.5 zeigt, wie eine einzelne Zufallszahl erzeugt wird.

Nach Einbinden von `#include <ctime>` stehen eine Reihe von nützlichen Funktionen zur Verfügung, um die aktuelle Uhrzeit zu ermitteln und Zeitdifferenzen zu berechnen. Ein Aufruf von `time(nullptr)` liefert die Anzahl Sekunden zurück, die seit dem 1.1.1970 vergangen sind. Der Ergebnistyp ist `time_t`. Die Funktion `localtime` (siehe z. B. Zeile 30 von Programm 8.5) konvertiert einen Wert vom Typ `time_t` in einen Wert vom Typ `tm`. Dabei ist `tm` eine Klasse, die unter anderem die Werte `tm_year`, `tm_mon` und `tm_mday` enthält, womit man Jahr, Monat und Tag eines Datums erhält. Wir benutzen dies z. B. in den Zeilen 50 und 51 des Programms 8.5.

Um die genaue Laufzeit eines Programms zu bestimmen, reicht eine sekundengenaue Auflösung meist nicht aus. Die Funktion `clock()` liefert die von einem Programm verbrauchte CPU-Zeit mit einer Genauigkeit von mindestens einer Millisekunde als Wert vom Typ `clock_t` zurück. Die Umwandlung in Sekunden erfolgt durch Division durch `CLOCKS_PER_SEC`, siehe Zeile 97 von Programm 8.5.

Meist erlaubt ein Iterator auch die Operatoren $--$ (hierzu muss eine Liste aber doppelt verkettet sein) und $==$. Manchmal (z. B. bei `vector`, nicht aber bei Listen) ist auch random access möglich, d. h. man kann zum Beispiel die Operation $+=i$ für ein beliebiges `int` `i` auf Iteratoren anwenden (wobei man aufpassen muss, dass man den Bereich nicht verlässt). Random access ist für einige Algorithmen unentbehrlich. Erforderlichenfalls kann man natürlich vorab die Daten in einen `vector` umkopieren und nach der Sortierung zurückkopieren.

Die Standardbibliothek stellt nach Einbinden von `#include <algorithm>` die Funktion `std::sort` bereit. Das Interface dieser Funktion hat dieselbe Struktur wie unser `sort1`. (Bei `std::sort` kann man auch das dritte Argument weglassen; dann wird einfach mit $<$ verglichen. Allerdings braucht `std::sort` random access.)

Damit haben wir ein wesentliches Merkmal der C++-Standardbibliothek kennen gelernt: die Trennung von Datenstrukturen und Algorithmen. Algorithmen wie die Sortierfunktionen `std::sort` und `sort1` funktionieren weitgehend unabhängig von der Datenstruktur, in der die Objekte gespeichert werden.

Das Programm 8.5 zeigt auch die Benutzung von Pseudo-Zufallszahlen und Uhrzeiten; siehe die Box **C++ im Detail (8.1)**. Programm 8.5 benutzt für die Ausgabe den Streammanipulator `setw`, der in `iomanip` definiert ist und mit dem man festlegen kann, wie viele Stellen die unmittelbar nachfolgende Ausgabe mindestens haben soll.

Wir zeigen nun, dass die Laufzeit von Algorithmus 8.3 für das allgemeine Sortierproblem bestmöglich ist. Für $0 \leq k \leq n$ schreiben wir $\binom{n}{k} := \frac{n!}{k!(n-k)!}$ (mit $0! := 1$). Für eine endliche Menge S und $0 \leq k \leq |S|$ schreiben wir $\binom{S}{k} := \{A \subseteq S \mid |A| = k\}$. Man beachte $|\binom{S}{k}| = \binom{|S|}{k}$.

Satz 8.6 *Für jeden Algorithmus für das Problem 8.2 und jedes $n \in \mathbb{N}$ gibt es eine Eingabe $(S, \preceq)$ mit $|S| = n$, für die der Algorithmus mindestens $\binom{n}{2}$ Orakelaufrufe braucht.*

Beweis Für $S = \{1, \dots, n\}$ und $(a, b) \in S \times S$ mit $a \neq b$ betrachte $R := \{(a, b)\} \cup \{(x, y) \in S \times S \mid x = y\}$. Der Algorithmus muss dann das Orakel für (a, b) oder für (b, a) fragen, weil er sonst nicht wissen kann, in welcher Reihenfolge er a und b platzieren darf. Da (a, b) unbekannt ist, muss er für alle $\binom{n}{2}$ möglichen Paare aus $\binom{S}{2}$ mindestens einmal das Orakel fragen. $\square$

Dies ist exakt die Anzahl der Orakelaufrufe des Algorithmus 8.3, wenn man mit j nicht bei i sondern bei $i + 1$ beginnt, was wie gesagt äquivalent ist. Damit ist der Algorithmus in diesem Sinne bestmöglich.

8.3   Sortieren nach Schlüsseln

Um schnellere Sortierverfahren zu erhalten, muss man also Zusatzannahmen machen. In den meisten Anwendungen kann die partielle Ordnung durch so genannte Schlüssel beschrieben werden: für jedes Element s der zu sortierenden Menge S hat man einen Schlüssel $k(s) \in K$, wobei K eine Menge mit einer totalen Ordnung $\leq$ ist (oft $\mathbb{N}$ oder $\mathbb{R}$ mit der gewohnten Ordnung). Die partielle Ordnung $\preceq$ auf S ist dann durch $a \preceq b \Leftrightarrow (a = b \vee k(a) < k(b))$ gegeben. Eine so entstehende partielle Ordnung nennen wir durch Schlüssel induziert. Ein Beispiel sind die Geburtstage in Programm 8.5; hier ist day_num eine solche Funktion k.

Damit ergibt sich folgendes Problem:

Berechnungsproblem 8.7 (Sortieren nach Schlüsseln)

Eingabe: eine endliche Menge S, sowie eine Funktion $k \colon S \to K$ und eine totale Ordnung $\leq$ auf K.

Aufgabe: Berechne eine Bijektion $f \colon \{1, \dots, n\} \to S$ mit $k(f(i)) \leq k(f(j))$ für alle $1 \leq i < j \leq n$.

Ist $K = \{1, \dots, m\}$ mit der natürlichen Ordnung, und sind die Schlüssel $k(s) \in K$ für alle $s \in S$ explizit bekannt, so kann man das Sortierproblem in der Laufzeit (und mit dem Speicheraufwand) $O(|S| + m)$ lösen, indem man Listen $k^{-1}(i)$ für $i = 1, \dots, m$ erzeugt und diese aneinanderhängt (Bucketsort). Für $m = O(|S|)$ ist das bestmöglich.

Im Folgenden wollen wir aber nichts weiter über $(K, \leq)$ voraussetzen. Wir nehmen wieder an, dass wir nur über ein Orakel Informationen über die Schlüssel erhalten können: für $a, b \in S$ können wir fragen, ob $k(a) < k(b)$ ist (äquivalent: ob $a \preceq b$ und $a \neq b$ ist).

Natürlich funktioniert Algorithmus 8.3 auch für das Sortieren nach Schlüsseln. Beispiele für weitere einfache Verfahren für dieses Problem sind:

- Sortieren durch Einfügen: Man sortiert die ersten i Elemente, sukzessive für $i = 1, \dots, n$, indem man das i-te Element an einer richtigen Stelle in die sortierte Liste der ersten $i - 1$ Elemente einfügt.
- Bubblesort: Man geht die Liste bis zu $(n - 1)$-mal durch und vertauscht dabei jeweils zwei benachbarte Elemente, wenn sie nicht in der richtigen Reihenfolge stehen; nach i Durchgängen stehen die größten i Elemente in richtiger Reihenfolge am Ende der Liste.

Diese Verfahren sind manchmal schneller, für beide gilt aber auch: für jedes n gibt es Instanzen, bei denen $\binom{n}{2}$ Vergleiche benötigt werden (wobei n die Anzahl der Elemente ist). Im nächsten Abschnitt lernen wir einen besseren Algorithmus kennen.

8.4 Mergesort

Wir wollen nun Sortieralgorithmen mit Laufzeit $O(n \log n)$ studieren. Mergesort beruht auf dem „Divide-and-Conquer"-Prinzip: Teile das Ausgangsproblem in kleinere Teilprobleme, löse diese separat (meist rekursiv), und füge die Lösungen der Teilprobleme zu einer Gesamtlösung zusammen.

Algorithmus 8.8 (Mergesort)

Eingabe: eine Menge $S = \{s_1, \ldots, s_n\}$; eine durch Schlüssel induzierte partielle Ordnung $\preceq$ auf S (durch ein Orakel gegeben).

Ausgabe: eine Bijektion $f : \{1, \ldots, n\} \to S$ mit $f(j) \not\preceq f(i)$ für alle $1 \leq i < j \leq n$.

> **if** $|S| > 1$
> > **then** sei $S = S_1 \dot\cup S_2$ mit $|S_1| = \lfloor \frac{n}{2} \rfloor$ und $|S_2| = \lceil \frac{n}{2} \rceil$
> > sortiere S_1 und S_2 (rekursiv mit Mergesort)
> > Verschmelze die Sortierungen von S_1 und S_2 zu Sortierung von S.

Das Partitionieren von S in $S_1 \dot\cup S_2$ ist offensichtlich einfach zu realisieren. Danach wird Mergesort rekursiv für S_1 und S_2 aufgerufen. Das Verschmelzen der Sortierungen lässt sich leicht in $O(|S|)$ Zeit bewerkstelligen: Hierzu geht man die sortierten Listen gleichzeitig durch, vergleicht jeweils die ersten („kleinsten") Elemente der beiden Listen, entfernt das kleinere aus seiner Liste und fügt es ans Ende einer neuen Liste ein.

Man kann dann die Elemente der neuen Liste am Ende in die Speicherplätze der alten Liste kopieren und die neue Liste löschen. Kennt man die Pointer einer Liste (und nicht nur Iteratoren), so kann man auf das Erzeugen einer neuen Liste ganz verzichten und beim Verschmelzen nur die Pointer umhängen. Deshalb eignet sich Mergesort besonders gut zum Sortieren von Listen (random access wird nicht benötigt).

Satz 8.9 *Mergesort sortiert n Elemente in der Laufzeit $O(n \log n)$.*

Beweis Bezeichne $T(n)$ die Laufzeit von Mergesort für n Elemente. Offenbar gibt es ein $c \in \mathbb{N}$ mit $T(1) \leq c$ und

$$T(n) \leq T(\lfloor \tfrac{n}{2} \rfloor) + T(\lceil \tfrac{n}{2} \rceil) + cn \qquad \text{für alle } n \geq 2 \, .$$

Behauptung $T(2^k) \leq c(k+1)2^k$ für alle $k \in \mathbb{N} \cup \{0\}$.

Wir zeigen die Behauptung per Induktion über k. Für $k = 0$ ist sie trivial. Für $k \in \mathbb{N}$ ist (mit der Induktionsvoraussetzung)

$$T(2^k) \leq 2 \cdot T(2^{k-1}) + c\,2^k \leq 2 \cdot c\,k\,2^{k-1} + c\,2^k = c(k+1)2^k\,.$$

Damit ist die Behauptung gezeigt, und wir erhalten für alle $n \in \mathbb{N}$ mit $k := \lceil \log_2 n \rceil < 1 + \log_2 n$:

$$T(n) \leq T(2^k) \leq c(k+1)2^k < 2c(2 + \log_2 n)n = O(n \log n). \qquad \Box$$

Mergesort wurde bereits 1936 in Hardware und 1945 von John von Neumann als einer der ersten Algorithmen überhaupt in Software implementiert [23]. Auch Mergesort ist gewissermaßen bestmöglich, nämlich im folgenden Sinne:

Satz 8.10 *Selbst wenn man die Eingaben auf total geordnete Mengen beschränkt, benötigt jeder Sortieralgorithmus, der Informationen über die Ordnung nur durch paarweise Vergleiche von zwei Elementen gewinnt, zum Sortieren einer n-elementigen Menge mindestens* $\log_2(n!)$ *Vergleiche.*

Beweis Wir betrachten Eingabemengen $S = \{1, \dots, n\}$, die einer totalen Ordnung unterliegen. Gesucht ist eine der $n!$ Permutationen auf S. Ein Vergleich „$a < b$?" von zwei Elementen a und b liefert für einen Teil der Permutationen „wahr", für einen anderen Teil „falsch". Der größere dieser beiden Teile enthält mindestens $\frac{n!}{2}$ viele Permutationen. Jeder weitere Vergleich halbiert den größeren der beiden Teile höchstens. Nach k Vergleichen gibt es also noch mindestens $\frac{n!}{2^k}$ viele Permutationen, die vom Algorithmus nicht unterschieden werden können. Jeder Sortieralgorithmus benötigt also mindestens k Vergleiche mit $2^k \geq n!$, das heißt $k \geq \log_2(n!)$. $\qquad \Box$

Bemerkung 8.11 Es gilt $n! \geq \lfloor \frac{n}{2} \rfloor^{\lceil n/2 \rceil}$, also $\log_2(n!) \geq \lceil n/2 \rceil \log \lfloor \frac{n}{2} \rfloor = \Omega(n \log(n))$. Somit ist Mergesort ein asymptotisch optimales Sortierverfahren. Allerdings benötigt Mergesort im Allgemeinen mehr als $\lceil \log_2(n!) \rceil$ Vergleiche. Man kann beweisen, dass es keinen Sortieralgorithmus gibt, der stets mit $\lceil \log_2(n!) \rceil$ Vergleichen auskommt. Beispielsweise gibt es keinen Sortieralgorithmus, der 12 Elemente mit nur $29 = \lceil \log_2(12!) \rceil$ Vergleichen sortiert. Für jeden Algorithmus gibt es Instanzen mit 12 Elementen, für die er mindestens 30 Vergleiche benötigt [23]. Mergesort braucht zum Sortieren einer 12-elementigen Menge mindestens 20 und höchstens 33 Vergleiche.

8.5   Quicksort

Quicksort, 1960 von Antony Hoare vorgeschlagen, basiert ebenfalls auf dem „Divide-and-Conquer"-Prinzip, spart jedoch den Aufwand des Merge-Schrittes, den Mergesort benötigt:

Algorithmus 8.12 (Quicksort)

Eingabe: eine Menge $S = \{s_1, \ldots, s_n\}$; eine durch Schlüssel induzierte partielle Ordnung $\preceq$
auf S (durch ein Orakel gegeben).

Ausgabe: eine Bijektion $f \colon \{1, \ldots, n\} \to S$ mit $f(j) \not\preceq f(i)$ für alle $1 \le i < j \le n$.

> **if** $|S| > 1$
> > **then** wähle $x \in S$ beliebig
> > > $S_1 := \{s \in S \mid s \preceq x\} \setminus \{x\}$
> > > $S_2 := \{s \in S \mid x \preceq s\} \setminus \{x\}$
> > > $S_x := S \setminus (S_1 \cup S_2)$
> > > Sortiere S_1 und S_2 (soweit nicht leer) rekursiv mit Quicksort
> > > Füge die sortierten Mengen S_1, S_x und S_2 aneinander

Ein Vorteil von Quicksort gegenüber Mergesort beim Sortieren von Daten in einem Array
(oder `vector`) ist, dass kein zusätzlicher temporärer Speicherplatz benötigt wird. Andererseits können wir nur folgende, schlechtere Laufzeitschranke beweisen:

Satz 8.13 *Der Quicksort-Algorithmus 8.12 ist korrekt und hat Laufzeit $O(n^2)$.*

Beweis Die Korrektheit folgt sofort aus der Erkenntnis, dass $S_1 = \{s \in S \mid k(s) < k(x)\}$
und $S_2 = \{s \in S \mid k(s) > k(x)\}$ ist, wobei $k(s)$ wieder den Schlüssel von s bezeichnet.

Sei $T(n)$ die Laufzeit von Quicksort für n Elemente. Dann gibt es offenbar ein $c \in \mathbb{N}$
mit $T(1) \le c$ und

$$T(n) \;\le\; cn + \max_{0 \le l \le n-1} (T(l) + T(n-1-l)) \qquad \text{für alle } n \ge 2,$$

wobei $T(0) := 0$ sei (l bezeichnet hier die Kardinalität von S_1).

Behauptung $T(n) \le cn^2$.

Der Beweis erfolgt per Induktion über n; der Induktionsanfang $n = 1$ ist trivial. Für den
Induktionsschritt berechnen wir:

$$
\begin{aligned}
T(n) &\le cn + \max_{0 \le l \le n-1} (T(l) + T(n-1-l)) \\
&\le cn + \max_{0 \le l \le n-1} (c\,l^2 + c\,(n-1-l)^2) \\
&= cn + c\,(n-1)^2 \\
&< c\,n^2 .
\end{aligned}
$$

$\square$

Bemerkung 8.14 Die Aussage des Satzes ist bestmöglich, da die Laufzeit $\Omega(n^2)$ ist, falls die Menge bereits sortiert ist und als x immer das erste Element ausgewählt wird.

Natürlich kann man x auch anders wählen, z. B. zufällig. Idealerweise ist x ein Median von S, d. h. $|S_1| \leq \frac{|S|}{2}$ und $|S_2| \leq \frac{|S|}{2}$. Man kann einen Median einer n-elementigen Menge in $O(n)$ Zeit finden, aber der Aufwand dafür ist nicht so gering, dass sich das immer lohnte, obwohl sich dadurch die Laufzeit auf $O(n \log n)$ verringerte.

Der Hauptgrund für das Interesse am Quicksort-Algorithmus (mit einer simplen Wahl von x) ist seine meist exzellente Laufzeit in der Praxis. Wir können das theoretisch teilweise erklären, indem wir seine erwartete Laufzeit betrachten, wenn jede Wahl von x unabhängig voneinander erfolgt und jeweils jedes Element mit gleicher Wahrscheinlichkeit gewählt wird. Wir haben dann einen randomisierten Algorithmus, den wir Random-Quicksort nennen wollen. Den Erwartungswert seiner Laufzeit bezeichnen wir mit $\overline{T}(n)$.

Satz 8.15 *Der Erwartungswert $\overline{T}(n)$ der Laufzeit von Random-Quicksort mit n Elementen ist $O(n \log n)$.*

Beweis Es gibt ein $c \in \mathbb{N}$ mit $\overline{T}(1) \leq c$ und

$$\overline{T}(n) \leq cn + \frac{1}{n} \sum_{i=1}^{n} \left(\overline{T}(i-1) + \overline{T}(n-i) \right) = cn + \frac{2}{n} \sum_{i=1}^{n-1} \overline{T}(i),$$

für $n \geq 2$, wobei $\overline{T}(0) := 0$, denn für $i = 1, \ldots, n$ wählen wir als x mit Wahrscheinlichkeit $\frac{1}{n}$ das in einer festen sortierten Reihenfolge an i-ter Stelle stehende Element aus.

Behauptung $\overline{T}(n) < 2cn(1 + \ln n)$.

Wir zeigen dies per Induktion über n. Für $n = 1$ ist die Aussage trivial. Für $n \geq 2$ erhalten wir mit der Induktionsvoraussetzung:

$$\overline{T}(n) \leq cn + \frac{2}{n} \sum_{i=1}^{n-1} 2ci(1 + \ln i)$$

$$\leq cn + \frac{2c}{n} \int_{1}^{n} 2x(1 + \ln x)\, dx$$

$$= cn + \frac{2c}{n} \left[x^2(1 + \ln x) - \frac{x^2}{2} \right]_{1}^{n}$$

$$= cn + 2cn(1 + \ln n) - cn - \frac{c}{n}$$

$$< 2cn(1 + \ln n) \qquad \qquad \square$$

8.6 Binäre Heaps und Heapsort

Eine **Prioritätswarteschlange** ist eine Datenstruktur zum Speichern von Elementen mit Schlüsseln, die mindestens folgende Funktionen bereitstellt:

- init: Einrichten einer leeren Warteschlange (Konstruktor);
- insert $(s, k(s))$: Einfügen des Elements s mit Schlüssel $k(s)$ in die Warteschlange;
- $s =$ extract_min: Entfernen eines Elements s mit kleinstem Schlüssel und Rückgabe von s;
- clear: Löschen der Warteschlange (Destruktor).

Nutzt man als Datenstruktur ein Array oder eine Liste, so benötigt insert $O(1)$ Laufzeit und extract_min $O(n)$ Laufzeit, falls n Elemente in der Prioritätswarteschlange sind. Nutzt man ein sortiertes Array oder eine sortierte Liste, so benötigt insert $O(n)$ und extract_min $O(1)$ Laufzeit. Binäre Heaps erlauben, sowohl insert als auch extract_min in $O(\log n)$ Zeit durchzuführen.

Manchmal werden noch weitere Operationen benötigt, vor allem:

- decrease_key $(s, k(s))$: Verringern des Schlüssels $k(s)$ von s;
- $s =$ find_min: Rückgabe eines Elements s mit kleinstem Schlüssel (ohne es zu entfernen);
- remove (s): Entfernen des Elements s aus der Warteschlange.

Definition 8.16 *Ein* **Heap** *für eine endliche Menge S mit Schlüsseln* $k : S \to K$ *und einer totalen Ordnung* $\leq$ *von K ist eine Arboreszenz A mit einer Bijektion* $f : V(A) \to S$, *so dass die Heapordnung*

$$k(f(v)) \leq k(f(w)) \quad f\ddot{u}r\,alle\,(v, w) \in E(A) \tag{8.1}$$

gilt.

Abb. 8.1 zeigt ein Beispiel. Die Funktion find_min liefert einfach $f(r)$, wobei r die Wurzel der Arboreszenz ist. Um die anderen Funktionen effizient implementieren zu können, beschränken wir uns auf bestimmte, sehr einfach darzustellende Arboreszenzen wie in Abb. 8.1 für $n = 10$ gezeigt:

Proposition 8.17 *Sei* $n \in \mathbb{N}$. *Dann ist der Graph* B_n *mit* $V(B_n) = \{0, \ldots, n-1\}$ *und* $E(B_n) = \{(i, j) \mid i \in V(B_n), j \in \{2i + 1, 2i + 2\} \cap V(B_n)\}$ *eine Arboreszenz mit Wurzel* 0. *Kein Weg in* B_n *ist länger als* $\lfloor \log_2 n \rfloor$.

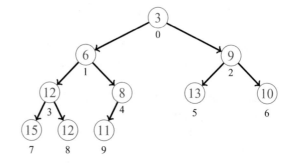

Abb. 8.1 Ein Binärheap für eine Menge mit zehn Elementen, deren Schlüssel *(blau)* 3, 6, 8, 9, 10, 11, 12, 12, 13, 15 sind

Beweis Offenbar ist B_n azyklisch mit $\delta^-(j) = \{(\lfloor\frac{j-1}{2}\rfloor, j)\}$ für $j \in \{1, \ldots, n-1\}$, also Arboreszenz mit Wurzel 0. Für jeden Weg mit Knoten $v_0, \ldots, v_k$ gilt $v_{i+1} + 1 \geq 2(v_i + 1)$, also $n \geq v_k + 1 \geq 2^k$.   □

Arboreszenzen diesen Typs heißen auch vollständige Binärbäume. Ein Heap (B, f) für S heißt **Binärheap**, wenn $B = B_{|S|}$.

Programm 8.18 zeigt eine Implementierung mit allen oben genannten Funktionen. Beim Einfügen eines Elements in einen Heap mit bislang n Elementen wird es zunächst dem Knoten n zugeordnet, und dann dieser Knoten mit seinem Vorgänger vertauscht, solange das neue Element einen kleineren Schlüssel hat (sift_up). Beim Löschen eines Elements aus einem Heap mit n Elementen wird zunächst das am Knoten $n-1$ stehende Element an den frei gewordenen Knoten kopiert und dann sift_up oder sift_down angewandt, um die Heapordnung wiederherzustellen. Siehe Abb. 8.2.

Programm 8.18 (Heap)

```
 1  // heap.h (Binary Heap)
 2
 3  #include <vector>
 4  #include <stdexcept>
 5
 6  template <typename T>      // assume that T has the < operator
 7  class Heap {
 8  public:
 9      bool is_empty() const
10      {
11          return _data.size() == 0;
12      }
13
14      const T & find_min() const
15      {
16          if (is_empty()) {
17              throw std::runtime_error("Empty heap; Heap::find_min failed.");
18          }
19          return _data[0];
20      }
21
22      T extract_min()
23      {
```

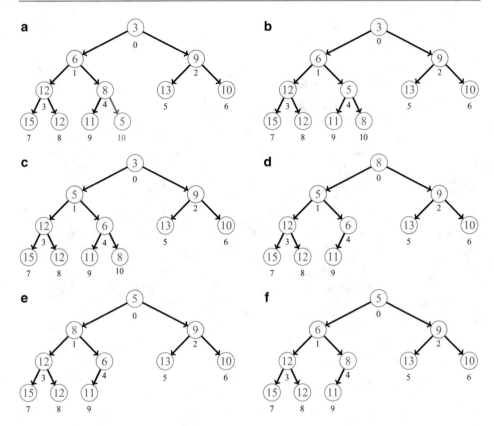

Abb. 8.2 In den in Abb. 8.1 gezeigten Heap wird ein Element mit Schlüssel 5 eingefügt: **a** zunächst wird es in den Knoten 10 geschrieben; **b** dann werden die Inhalte der Knoten 4 und 10 vertauscht; **c** eine weitere Vertauschung der Inhalte der Knoten 1 und 4 stellt dann die Heapordnung wieder her. Wird dann das Element an der Wurzel gelöscht, so wird zunächst (**d**) der Inhalt des Knotens 10 an die Wurzel geschrieben, und dieser dann (**e**), (**f**) nach unten durchgereicht

```
24              T result = find_min();
25              remove(0);
26              return result;
27          }
28
29      int insert(const T & object)
30          {
31              _data.push_back(object);
32              sift_up(_data.size() - 1);
33              return _data.size() - 1;
34          }
35
36  protected:                            // accessible only for derived classes
37      void remove(int index)
38          {
39              ensure_is_valid_index(index);
40              swap(_data[index], _data[_data.size() - 1]);
```

```
41              _data.pop_back();
42              sift_up(index);
43              sift_down(index);
44          }
45
46      void decrease_key(int index)
47      {
48          ensure_is_valid_index(index);
49          sift_up(index);
50      }
51
52      virtual void swap(T & a, T & b)               // virtual functions can be
53      {                                             // overridden by derived classes
54          std::swap(a, b);
55      }
56
57      T & get_object(int index)
58      {
59          ensure_is_valid_index(index);
60          return _data[index];
61      }
62
63  private:
64      void  ensure_is_valid_index(int index)
65      {
66          if (index >= static_cast<int>(_data.size()) or index < 0)
67              throw std::runtime_error("Index error in heap operation");
68      }
69
70      static int parent(int index)              // do not call with index==0!
71      {
72          return (index - 1) / 2;
73      }
74
75      static int left(int index)                // left child may not exist!
76      {
77          return (2 * index) + 1;
78      }
79
80      static int right(int index)               // right child may not exist!
81      {
82          . return (2 * index) + 2;
83      }
84
85      void sift_up(int index)
86      {
87          while ((index > 0) and (_data[index] < _data[parent(index)])) {
88              swap(_data[index], _data[parent(index)]);
89              index = parent(index);
90          }
91      }
92
93      void sift_down(int index)
94      {
95          int smallest = index;
96          while (true) {
97              if ((left(index) < static_cast<int>(_data.size())) and
98                  (_data[left(index)] < _data[smallest]))
99              {
100                 smallest = left(index);
101             }
102             if ((right(index) < static_cast<int>(_data.size())) and
```

```
103              (_data[right(index)] < _data[smallest]))
104          {
105              smallest = right(index);
106          }
107          if (index == smallest) return;
108          swap(_data[smallest], _data[index]);
109          index = smallest;
110      }
111    }
112
113    std::vector<T> _data;        // holds the objects in heap order
114  };
```

Satz 8.19 *Die Funktionen der Klasse* Heap *in Programm* 8.18 *sind korrekt. Die Laufzeit jeder Funktion ist durch* $O(\log n)$ *beschränkt, wenn der Heap n Elemente enthält.*

Beweis Die Laufzeit folgt sofort aus Proposition 8.17. Für die Korrektheit ist folgendes zu zeigen:

Behauptung Wenn ein Binärbaum (B_n, f) für (S, k) die Heapeigenschaft hat und dann $k(f(i))$ verringert bzw. erhöht wird für ein $i \in \{0, 1 \ldots, n-1\}$, dann stellt sift_up(i) bzw. sift_down(i) die Heapeigenschaft wieder her.

Falls $k(f(i))$ verringert wird, so ist höchstens für die Kante in $\delta^-(i)$ die Heapeigenschaft verletzt. Diese wird von sift_up aber wiederhergestellt, wobei in jeder Iteration höchstens für die Kante (parent(index), index) die Heapeigenschaft verletzt ist.

Analog ist, falls $k(f(i))$ erhöht wird, höchstens für die Kanten in $\delta^+(i)$ die Heapeigenschaft verletzt, und wird von sift_down wiederhergestellt. □

Die Funktionen remove und decrease_key können nur sinnvoll aufgerufen werden, wenn man die Nummer des Knotens im Heap kennt, in dem das betreffende Objekt gespeichert ist. Dies wird aber in der Regel nicht der Fall sein, weil sich das ja auch ständig durch swap ändert. Wir werden deshalb bald noch eine von Heap abgeleitete Klasse vorstellen, die sich zusätzlich Knotennummern merkt und diese bei swap mit vertauscht. Für die Kernfunktionen insert und extract_min ist das aber unnötig.

Mit Hilfe von Binärheaps erhalten wir einen weiteren Algorithmus für das Sortieren mit Schlüsseln, der Laufzeit $O(n \log n)$ hat. Wie in Programm 8.20 anhand eines Beispiels gezeigt, werden zunächst die Objekte in einen Heap einsortiert und dann sukzessive durch extract_min wieder herausgeholt. Dieser Algorithmus wird **Heapsort** genannt.

Programm 8.20 (Heapsort)

```
1  // heapsort.cpp (Example for Heapsort)
2
3  #include <iostream>
4  #include <cstdlib>
5  #include "heap.h"
```

```
 6
 7  int main()
 8  {
 9      int n;
10      std::cout << "How many numbers do you want to sort? ";
11      std::cin >> n;
12
13      Heap<int> heap;
14      int new_number;
15
16      std::cout << "I will sort the following " << n << " numbers:\n";
17      for (int i = 0; i < n; ++i) {
18          new_number = rand() % 900 + 100;
19          std::cout << new_number << " ";
20          heap.insert(new_number);
21      }
22
23      std::cout << "\n" << "Sorted:\n";
24      while (not(heap.is_empty())) {
25          std::cout << heap.extract_min() << " ";
26      }
27      std::cout << "\n";
28  }
```

Satz 8.21 *Heapsort sortiert n Elemente in der Laufzeit $O(n \log n)$.*

Beweis Folgt aus Satz 8.19.   □

8.7   Weitere Datenstrukturen

Es gibt auch noch mächtigere Datenstrukturen, mit denen man zusätzlich in $O(\log n)$ Zeit ein Element mit einem bestimmten Schlüssel finden kann (was die oben angekündigte Indizierung erspart), binäre Suche durchführen kann, sowie zu jedem Element den Vorgänger und Nachfolger bzgl. einer den Schlüsseln entsprechenden Reihenfolge finden kann. Solche balancierten Suchbäume (geläufige Namen sind search tree, AVL-tree, red-black tree) sind ebenso wie Heaps auch in der C++-Standardbibliothek implementiert und heißen dort `map`.

Eine weitere nützliche Datenstruktur bilden Hash-Tables (in C++ `unordered_map`). Zum Speichern einer Menge $S \subseteq U$ wählt man hier eine Funktion $g: U \to \{0, \ldots, k-1\}$, so dass meistens wenige Elemente denselben Funktionswert haben. Für jedes $i = 0, \ldots, k-1$ werden die (meist wenigen) Elemente von $g^{-1}(i)$ in einer anderen Datenstruktur gespeichert, beispielsweise in einer Liste. Bei der Suche nach einem Element $u \in U$ muss man dann nur $g(u)$ ausrechnen und eine kurze Liste durchsuchen.

Die Bücher [34] und [8] enthalten weitere Informationen zu Datenstrukturen.

8.8 Übungsaufgaben

1. Wir wollen Binärstrings (d. h. Wörter über $\{0, 1\}$) lexikographisch sortieren. Wenn s und t zwei Binärstrings der Länge m sind, dann heißt s *lexikographisch kleiner als t*, wenn es einen Index $j \in \{1, \ldots, m\}$ gibt, so dass s und t an den ersten $j - 1$ Stellen identisch sind, s an der Stelle j den Wert 0 hat und t an der Stelle j den Wert 1 hat. Zeigen Sie, dass man n Binärstrings der Länge m in Zeit $O(mn)$ (also in linearer Laufzeit) lexikographisch sortieren kann.

2. Die Funktion `sort1` ist nicht exakt eine Implementierung von Algorithmus 8.3. Was ist der Unterschied? Beweisen Sie, dass die Funktion dennoch korrekt funktioniert.

3. Es sei S eine endliche Menge mit einer partiellen Ordnung „$\preceq$“. Beweisen Sie, dass dann folgende Aussagen äquivalent sind:

   (a) $\preceq$ ist durch Schlüssel induziert;
   (b) $(a \not\preceq b \wedge b \not\preceq c \wedge a \neq c) \Rightarrow a \not\preceq c$ für alle $a, b, c \in S$;
   (c) $\{(x, y) \in S \times S \mid x = y \vee (x \not\preceq y \wedge y \not\preceq x)\}$ ist eine Äquivalenzrelation.

4. Es sei $\alpha < 2$. Zeigen Sie, dass die Laufzeit der Algorithmen „Sortieren durch Einfügen" und „Bubblesort" nicht $O(n^\alpha)$ ist, wobei n die Anzahl der zu sortierenden Elemente ist.

5. Zu einer gegebenen Folge $x_1, \ldots, x_n \in \mathbb{Z}$ soll festgestellt werden, ob es $i, j, k \in \{1, \ldots, n\}$ gibt mit $x_i + x_j + x_k = 0$. Zeigen Sie, wie man dieses Problem in $O(n^2)$ Zeit lösen kann.

6. Modifizieren Sie den Algorithmus Mergesort so, dass die gegebene Menge S nicht mehr in zwei, sondern in b (mit $3 \leq b \leq n$) Teilmengen $S_1, \ldots, S_b$ aufgeteilt wird. Diese Teilmengen sollen natürlich möglichst ähnliche Größen haben, d. h. je zwei von ihnen sollen sich in ihren Größen höchstens um 1 unterscheiden. Die Mengen $S_1, \ldots, S_b$ werden dann rekursiv sortiert und die sortierten Teilmengen anschließend zu einer sortierten Gesamtmenge verschmolzen.

   (a) Zeigen Sie, dass das Verschmelzen der Teillösungen in Zeit $O(n \log b)$ möglich ist.
   (b) Führen Sie eine asymptotische Laufzeitanalyse des Verfahrens durch.

7. Bestimmen Sie die maximale Anzahl der Vergleiche, die bei Mergesort bzw. Quicksort benötigt werden, um fünf Elemente $a_1, \ldots, a_5$ zu sortieren. Vergleichen Sie die Resultate mit der unteren Schranke für das Sortieren von fünf Elementen.

8. Implementieren Sie die Algorithmen Mergesort und Quicksort. Vergleichen Sie die durchschnittliche und die maximale Laufzeit beider Implementierungen auf 10^5 zufällig erzeugten Listen von jeweils 10^5 `double` Werten aus dem Intervall $[0, 1]$.

9. Es seien $k, n \in \mathbb{N}$ mit $k \leq n$. Der k-Median einer n-elementigen Menge $M = \{a_1, \ldots, a_n\}$ von Zahlen ist dann die Zahl $a \in M$, so dass $|\{b \in M \mid b < a\}| = k - 1$ und $|\{b \in M \mid b > a\}| = n - k$. Betrachten Sie folgendes Verfahren, um den k-Median von $M = \{a_1, \ldots, a_n\}$ zu bestimmen:

   Falls $n = 1$, dann gebe man a_1 zurück. Andernfalls sei $A := \{a \in M \mid a < a_1\}$, falls $\{a \in M \mid a < a_1\} \neq \emptyset$, und $A := \{a_1\}$ sonst. Außerdem sei $B := M \setminus A$. Falls

$|A| \geq k$, so gebe man den (rekursiv berechneten) k-Median von A zurück. Sonst gebe man den (ebenfalls rekursiv berechneten) $(k - |A|)$-Median von B zurück.

Man zeige, dass dieses Verfahren korrekt arbeitet und bestimme die durchschnittliche Laufzeit über alle möglichen Permutationen von $a_1, \ldots, a_n$ betrachtet.

10. Es sei G ein Graph mit parallelen Kanten. Zeigen Sie, dass man in $O(m)$ Zeit einen maximalen Teilgraphen von G berechnen kann, der einfach ist, wobei m die Anzahl der Kanten in G ist.

11. Es seien n Elemente mit Schlüsseln gegeben. Zeigen Sie, dass man in Zeit $O(n)$ einen Binärheap für diese Elemente aufbauen kann.

12. Zeigen Sie dass der Algorithmus Heapsort $\Omega(n \log n)$ Laufzeit benötigt, um n paarweise verschiedene Elemente zu sortieren.

Optimale Bäume und Wege

9

In der Kombinatorischen Optimierung sucht man in einer endlichen Menge von Objekten mit einer kombinatorischen Struktur ein optimales Element. Die Objekte (d. h., die zulässigen Lösungen) können meist als Teilmengen einer endlichen Grundmenge U repräsentiert werden. Oft ist U die Kantenmenge eines Graphen. Die Objekte können dann z. B. s-t-Wege (für gegebene Knoten s und t) oder aufspannende Bäume sein; diese beiden Fälle werden wir gleich betrachten. Hat man eine Gewichtsfunktion $c \colon U \to \mathbb{R}$, so heißt eine zulässige Lösung $X \subseteq U$ optimal, wenn ihr Gewicht (man sagt auch: ihre Kosten) $c(X) := \sum_{u \in X} c(u)$ minimal ist.

Die in Kap. 6 vorgestellte Klasse `Graph` (Programm 6.29) ist auch für gewichtete Graphen ausgelegt. Die Funktion `add_edge` hat ein optionales drittes Argument, mit dem das Kantengewicht angegeben werden kann.

Sei G ein Graph mit Kantengewichten $c \colon E(G) \to \mathbb{R}$. Für einen Teilgraphen H von G bezeichnen wir mit $c(E(H)) = \sum_{e \in E(H)} c(e)$ das Gewicht von H; manchmal spricht man auch von Kosten oder Länge.

9.1 Optimale aufspannende Bäume

Wir betrachten zunächst das folgende kombinatorische Optimierungsproblem.

Berechnungsproblem 9.1 (Minimum-Spanning-Tree-Problem)

Eingabe: ein zusammenhängender ungerichteter Graph G mit Kantengewichten $c \colon E(G) \to \mathbb{R}$.

Aufgabe: Berechne einen aufspannenden Baum in G mit minimalem Gewicht.

© Springer-Verlag GmbH Deutschland, ein Teil von Springer Nature 2018
S. Hougardy und J. Vygen, *Algorithmische Mathematik*,
https://doi.org/10.1007/978-3-662-57461-4_9

Eine optimale Lösung wird oft MST für minimum spanning tree genannt. Entsprechend wird Problem 9.1 auch als MST-Problem bezeichnet. Folgender einfacher Algorithmus geht auf Kruskal [25] zurück und liefert stets eine optimale Lösung. Er wird auch als Greedy-Algorithmus bezeichnet, weil er „gierig" immer die billigstmögliche Kante hinzunimmt.

Algorithmus 9.2 (Kruskals Algorithmus)
Eingabe: ein zusammenhängender ungerichteter Graph G mit Kantengewichten
$$c\colon E(G) \to \mathbb{R}.$$
Ausgabe: ein aufspannender Baum $(V(G), T)$ in G mit minimalem Gewicht.

> Sortiere $E(G) = \{e_1, \ldots, e_m\}$, sodass $c(e_1) \le c(e_2) \le \cdots \le c(e_m)$
> $T \leftarrow \emptyset$
> **for** $i \leftarrow 1$ **to** m **do**
>   **if** $(V(G), T \cup \{e_i\})$ ist Wald **then** $T \leftarrow T \cup \{e_i\}$

Satz 9.3 *Kruskals Algorithmus 9.2 ist korrekt.*

Beweis Der Graph $(V(G), T)$, den Kruskals Algorithmus berechnet, ist offensichtlich ein aufspannender Wald. Angenommen, $(V(G), T)$ wäre nicht zusammenhängend. Dann gäbe es gemäß Satz 6.13 ein $\emptyset \ne X \subset V(G)$ mit $\delta(X) \cap T = \emptyset$. Da G zusammenhängend ist, muss es aber in G eine Kante $e \in \delta(X)$ geben. Diese hätte dann aber zu T hinzugefügt werden müssen, als sie an der Reihe war.

Das Ergebnis $(V(G), T)$ von Kruskals Algorithmus ist also stets ein aufspannender Baum. Wir zeigen nun die Optimalität. Sei $(V(G), T^*)$ ein aufspannender Baum minimalen Gewichts, und zwar so gewählt, dass $|T^* \cap T|$ maximal ist.

Angenommen, $T^* \ne T$ (sonst ist T optimal). Da $|T| = |T^*| = |V(G)| - 1$ (nach Satz 6.18), ist dann $T^* \setminus T \ne \emptyset$. Sei $j \in \{1, \ldots, m\}$ der kleinste Index mit $e_j \in T^* \setminus T$.

Da Kruskals Algorithmus e_j nicht gewählt hat, muss es einen Kreis C geben mit $E(C) \subseteq \{e_j\} \cup (T \cap \{e_1, \ldots, e_{j-1}\})$. Natürlich ist $e_j \in E(C)$.

$(V(G), T^* \setminus \{e_j\})$ ist unzusammenhängend, d. h. es gibt ein $X \subset V(G)$ mit $\delta_G(X) \cap T^* = \{e_j\}$. Nun ist $|E(C) \cap \delta_G(X)|$ gerade (das gilt für jeden Kreis und jedes X), also mindestens zwei. Sei $e_i \in (E(C) \cap \delta_G(X)) \setminus \{e_j\}$. Man beachte $i < j$ und somit $c(e_i) \le c(e_j)$.

Sei $T^{**} := (T^* \setminus \{e_j\}) \cup \{e_i\}$. Dann ist $(V(G), T^{**})$ ein aufspannender Baum mit $c(T^{**}) = c(T^*) - c(e_j) + c(e_i) \le c(T^*)$, also auch optimal. T^{**} hat aber eine Kante mehr (nämlich e_i) mit T gemeinsam als T^*, im Widerspruch zur Wahl von T^*. $\qquad\square$

Für die meisten kombinatorischen Optimierungsprobleme liefert der Greedy-Algorithmus im Allgemeinen keine optimale Lösung; vielmehr kann das Ergebnis sehr schlecht sein. Für das Minimum-Spanning-Tree-Problem eignet er sich jedoch gut. Er ist auch recht schnell, wenn man sich bei der Implementierung Mühe gibt:

Satz 9.4 *Kruskals Algorithmus 9.2 kann mit Laufzeit $O(m \log n)$ implementiert werden, wobei $n = |V(G)|$ und $m = |E(G)|$.*

Beweis Wir können $m \leq n^2$ annehmen, denn andernfalls entfernen wir vorab parallele Kanten (und behalten für jedes Knotenpaar nur jeweils die billigste); dies geht mit Bucketsort in $O(m + n^2)$ Zeit.

Das Sortieren der m Kanten geht nach Kap. 8 dann in $O(m \log m) = O(m \log n)$ Zeit.

Die **for**-Schleife wird m-mal durchlaufen. Um schnell testen zu können, ob $(V(G), T \cup \{e_i\})$ ein Wald ist, merken wir uns die Zusammenhangskomponenten von $(V(G), T)$ wie folgt. Jeder Zusammenhangskomponente weisen wir einen Index zu, und merken uns die Anzahl ihrer Knoten. Zusätzlich speichern wir an jedem Knoten den Index der Zusammenhangskomponente, in der er liegt. Dann kann man in $O(1)$ Zeit testen, ob $(V(G), T \cup \{e_i\})$ ein Wald ist, da dazu nur getestet werden muss, ob die Endknoten von e_i in unterschiedlichen Zusammenhangskomponenten liegen. Fügt man e_i hinzu, so müssen zwei Zusammenhangskomponenten vereinigt werden. Dazu addiert man die beiden Knotenanzahlen und läuft mit Algorithmus 7.1 vor dem Hinzufügen von e_i über die Knoten der kleineren Komponente und weist diesen den Index der größeren Komponente zu. Da ein Knoten maximal $\lfloor \log_2 n \rfloor$ mal die Komponente wechseln kann (denn ihre Größe verdoppelt sich jedes Mal mindestens), beträgt die Gesamtlaufzeit für die **for**-Schleife $O(m \log n)$. □

Wir geben nun einen zweiten Beweis für die Korrektheit. Für eine Instanz (G, c) des MST-Problems heiße eine Kantenmenge F *gut*, wenn es einen gewichtsminimalen aufspannenden Baum $(V(G), T)$ gibt mit $F \subseteq T$. Dann gilt:

Lemma 9.5 *Sei (G, c) eine Instanz des MST-Problems, $F \subset E(G)$ gut, und $e \in E(G) \setminus F$. Die Menge $F \cup \{e\}$ ist genau dann gut, wenn ein $X \subset V(G)$ existiert mit $\delta_G(X) \cap F = \emptyset$, $e \in \delta_G(X)$, und $c(e) \leq c(f)$ für alle $f \in \delta_G(X)$.*

Beweis

„$\Rightarrow$": Ist $F \cup \{e\}$ gut, dann sei $(V(G), T)$ ein gewichtsminimaler aufspannender Baum mit $F \cup \{e\} \subseteq T$. Dann ist $(V(G), T \setminus \{e\})$ unzusammenhängend; sei also X die Knotenmenge einer Zusammenhangskomponente, d. h. $\delta_G(X) \cap T = \{e\}$. Gäbe es ein $f \in \delta_G(X)$ mit $c(f) < c(e)$, so wäre $(V(G), (T \setminus \{e\}) \cup \{f\})$ ein aufspannender Baum mit geringerem Gewicht, im Widerspruch zur Optimalität.

„⟸": Sei umgekehrt $X \subset V(G)$ mit $\delta_G(X) \cap F = \emptyset, e \in \delta_G(X)$, und $c(e) \leq c(f)$ für alle $f \in \delta_G(X)$. Da F gut ist, gibt es einen gewichtsminimalen aufspannenden Baum $(V(G), T)$ mit $F \subseteq T$. Falls $e \in T$, so ist $F \cup \{e\}$ gut, und wir sind fertig. Sonst enthält $(V(G), T \cup \{e\})$ einen Kreis, und dieser enthält neben e eine weitere Kante $f \in \delta_G(X)$. Sei $T' := (T \setminus \{f\}) \cup \{e\}$. Dann ist $(V(G), T')$ ein aufspannender Baum, der wegen $c(T') = c(T) - c(f) + c(e) \leq c(T)$ ebenfalls gewichtsminimal ist. Ferner ist $F \cup \{e\} \subseteq T'$ (denn $f \notin F$), also ist $F \cup \{e\}$ gut. $\qquad\square$

Dieses Lemma impliziert sofort die Korrektheit von Kruskals Algorithmus, denn T ist zu jedem Zeitpunkt des Algorithmus gut.

Das Lemma zeigt auch eine andere Möglichkeit auf, das MST-Problem zu lösen. Wir stellen nun einen weiteren bekannten Algorithmus vor, der schon 1930 von Jarník [21] gefunden wurde, heute aber nach seinem Wiederentdecker Prim [30] benannt ist.

Algorithmus 9.6 (Prims Algorithmus)
Eingabe: ein zusammenhängender ungerichteter Graph G mit Kantengewichten $c \colon E(G)$
$\qquad \to \mathbb{R}$.
Ausgabe: ein aufspannender Baum $(V(G), T)$ in G mit minimalem Gewicht.

> Wähle $v \in V(G)$ beliebig
> $X \leftarrow \{v\}$
> $T \leftarrow \emptyset$
> **while** $X \neq V(G)$ **do**
> $\qquad$ Wähle ein $e = \{x, y\} \in \delta_G(X)$mit kleinstem Gewicht; sei $x \in X$ und $y \notin X$
> $\qquad T \leftarrow T \cup \{e\}$
> $\qquad X \leftarrow X \cup \{y\}$

Satz 9.7 *Prims Algorithmus 9.6 ist korrekt. Mithilfe von Binärheaps kann er so implementiert werden, dass seine Laufzeit $O(m \log n)$ ist, wobei $n = |V(G)|$ und $m = |E(G)|$.*

Beweis Zu jedem Zeitpunkt von Prims Algorithmus ist (X, T) offenbar ein Baum und T nach Lemma 9.5 gut, also am Ende ein aufspannender Baum minimalen Gewichts.

Um die behauptete Laufzeit zu erreichen, verwalten wir stets die Knoten $v \in V(G) \setminus X$ mit $\delta(v) \cap \delta(X) \neq \emptyset$ in einem Heap, wobei v den Schlüssel $\min\{c(e) \mid e \in \delta(v) \cap \delta(X)\}$ trägt. Die Laufzeit wird dann von n insert-, n extract_min- und höchstens m decrease_key-Operationen dominiert (vgl. Programm 9.8). Da $n \leq m + 1$ ist, folgt die Behauptung mit Satz 8.19. $\qquad\square$

9.2   Implementierung von Prims Algorithmus

Wir zeigen nun eine Implementierung von Prims Algorithmus und zugleich eine fast identische Implementierung des alsbald vorzustellenden Kürzeste-Wege-Algorithmus von Dijkstra. Dabei werden sowohl die Klasse `Graph` (Programm 6.29) benutzt, als auch ein von `Heap<HeapItem>` (vgl. Programm 8.18) abgeleiteter `NodeHeap`, der Knoten des Graphen mit Schlüsseln speichert. Man beachte die zusätzlich gespeicherten Daten und die `swap`-Funktion, die diejenige in `Heap` überschreibt. Im `NodeHeap` wird diese neue `swap`-Funktion auch von den geerbten Funktionen `sift_up` und `sift_down` aufgerufen; dies ist möglich, weil die in `Heap` bereits vorhandene `swap`-Funktion ein identisches Interface hat und als `virtual` deklariert war. Damit können nun auch die Operationen `remove` und insbesondere `decrease_key` benutzt werden.

Programm 9.8 (Prims Algorithmus und Dijkstras Algorithmus)

```
 1  // primdijkstra.cpp (Prim's Algorithm and Dijkstra's Algorithm)
 2
 3  #include "graph.h"
 4  #include "heap.h"
 5
 6  struct HeapItem
 7  {
 8      HeapItem(Graph::NodeId nodeid, double key): _nodeid(nodeid), _key(key) {}
 9      Graph::NodeId _nodeid;
10      double _key;
11  };
12
13  bool operator<(const HeapItem & a, const HeapItem & b)
14  {
15      return (a._key < b._key);
16  }
17
18
19  class NodeHeap : public Heap<HeapItem> {
20  public:
21      NodeHeap(int num_nodes): _heap_node(num_nodes, not_in_heap)
22      {   // creates a heap with all nodes having key = infinite weight
23          for(auto i = 0; i < num_nodes; ++i) {
24              insert(i, Graph::infinite_weight);
25          }
26      }
27
28      bool is_member(Graph::NodeId nodeid) const
29      {
30          ensure_is_valid_nodeid(nodeid);
31          return _heap_node[nodeid] != not_in_heap;
32      }
33
34      double get_key(Graph::NodeId nodeid)
35      {
36          return get_object(_heap_node[nodeid])._key;
37      }
38
39      Graph::NodeId extract_min()
40      {
41          Graph::NodeId result = Heap<HeapItem>::extract_min()._nodeid;
```

```
42          _heap_node[result] = not_in_heap;
43          return result;
44      }
45
46      void insert(Graph::NodeId nodeid, double key)
47      {
48          ensure_is_valid_nodeid(nodeid);
49          HeapItem item(nodeid, key);
50          _heap_node[nodeid] = Heap<HeapItem>::insert(item);
51      }
52
53      void decrease_key(Graph::NodeId nodeid, double new_key)
54      {
55          ensure_is_valid_nodeid(nodeid);
56          get_object(_heap_node[nodeid])._key = new_key;
57          Heap<HeapItem>::decrease_key(_heap_node[nodeid]);
58      }
59
60      void remove(Graph::NodeId nodeid)
61      {
62          ensure_is_valid_nodeid(nodeid);
63          Heap<HeapItem>::remove(_heap_node[nodeid]);
64          _heap_node[nodeid] = not_in_heap;
65      }
66
67  private:
68
69      void ensure_is_valid_nodeid(Graph::NodeId nodeid) const
70      {
71          if (nodeid < 0 or nodeid >= static_cast<int>(_heap_node.size()))
72              throw std::runtime_error("invalid nodeid in NodeHeap");
73      }
74
75      void swap(HeapItem & a, HeapItem & b)
76      {
77          std::swap(a,b);
78          std::swap(_heap_node[a._nodeid],_heap_node[b._nodeid]);
79      }
80
81      static const int not_in_heap;
82      std::vector<int> _heap_node;
83  };
84
85  int const NodeHeap::not_in_heap = -1;
86
87
88  struct PrevData {
89      Graph::NodeId id;
90      double weight;
91  };
92
93
94  Graph mst(const Graph & g)
95  {   // Prim's Algorithm. Assumes that g is undirected and connected.
96      Graph tree(g.num_nodes(), Graph::undirected);
97      NodeHeap heap(g.num_nodes());
98      std::vector<PrevData> prev(g.num_nodes(), {Graph::invalid_node, 0.0});
99
100     const Graph::NodeId start_nodeid = 0;           // start at vertex 0
101     heap.decrease_key(start_nodeid, 0);
102
103     while (not heap.is_empty()) {
```

```
104            Graph::NodeId nodeid = heap.extract_min();
105            if (nodeid != start_nodeid) {
106                tree.add_edge(prev[nodeid].id, nodeid, prev[nodeid].weight);
107            }
108            for (auto neighbor: g.get_node(nodeid).adjacent_nodes()) {
109                if (heap.is_member(neighbor.id()) and
110                    neighbor.edge_weight() < heap.get_key(neighbor.id()))
111                {
112                    prev[neighbor.id()] = {nodeid, neighbor.edge_weight()};
113                    heap.decrease_key(neighbor.id(), neighbor.edge_weight());
114                }
115            }
116        }
117        return tree;
118 }
119
120
121 Graph shortest_paths_tree(const Graph & g, Graph::NodeId start_nodeid)
122 {    // Dijkstra's Algorithm. The graph g can be directed or undirected.
123        Graph tree(g.num_nodes(), g.dirtype);
124        NodeHeap heap(g.num_nodes());
125        std::vector<PrevData> prev(g.num_nodes(), {Graph::invalid_node, 0.0});
126
127        heap.decrease_key(start_nodeid, 0);
128
129        while (not heap.is_empty()) {
130            double key = heap.find_min()._key;
131            if (key == Graph::infinite_weight) {
132                break;                        // break exits the while loop immediately
133            }
134            Graph::NodeId nodeid = heap.extract_min();
135            if (nodeid != start_nodeid) {
136                tree.add_edge(prev[nodeid].id, nodeid, prev[nodeid].weight);
137            }
138            for (auto neighbor: g.get_node(nodeid).adjacent_nodes()) {
139                if (heap.is_member(neighbor.id()) and
140                    (key + neighbor.edge_weight() < heap.get_key(neighbor.id())))
141                {
142                    prev[neighbor.id()] = {nodeid, neighbor.edge_weight()};
143                    heap.decrease_key(neighbor.id(), key + neighbor.edge_weight());
144                }
145            }
146        }
147        return tree;
148 }
149
150
151 int main(int argc, char * argv[])
152 {
153        if (argc > 1) {
154            Graph g(argv[1], Graph::undirected);
155            std::cout << "The following is the undirected input graph:\n";
156            g.print();
157
158            std::cout << "\nThe following is a minimum weight spanning tree:\n";
159            Graph t = mst(g);
160            t.print();
161
162            Graph h(argv[1], Graph::directed);
163            std::cout << "\nThe following is the directed input graph:\n";
164            h.print();
165
```

```
166        std::cout << "\nThe following is a shortest paths tree:\n";
167        Graph u = shortest_paths_tree(h, 0);
168        u.print();
169    }
170 }
```

9.3   Kürzeste Wege: Dijkstras Algorithmus

Wir wollen nun ein weiteres wichtiges kombinatorisches Optimierungsproblem betrachten:
das Kürzeste-Wege-Problem. Für einen Graphen G mit Kantengewichten $c\colon E(G) \to \mathbb{R}$
bezeichnen wir mit

$$\mathrm{dist}_{(G,c)}(x, y) := \min\{c(E(P)) \mid P \text{ ist ein } x\text{-}y\text{-Weg in } G\}$$

den **Abstand** von x nach y in (G, c). Für einen Weg P nennen wir $c(E(P))$ die Länge von
P (bzgl. c).

Berechnungsproblem 9.9 (Kürzeste-Wege-Problem)

Eingabe: ein Graph G mit Kantengewichten $c\colon E(G) \to \mathbb{R}$ sowie Knoten $s, t \in V(G)$.

Aufgabe: Berechne einen kürzesten s-t-Weg in (G, c) oder entscheide, dass t von s aus in
G nicht erreichbar ist.

Man kann sich auf gerichtete Graphen beschränken, denn man kann jede ungerichtete Kante
$e = \{v, w\}$ durch zwei gerichtete Kanten (v, w) und (w, v), beide mit Gewicht $c(e)$, ersetzen.

Wenn $c(e) = 1$ für alle $e \in E(G)$ ist, wir als Länge eines Weges also wie bisher nur die
Anzahl der Kanten betrachten, so haben wir mit Satz 7.6 bereits eine Lösung: Breitensuche
löst diesen Spezialfall des Kürzeste-Wege-Problems in linearer Zeit. Anders sieht es aus,
wenn die Kanten unterschiedliche Gewichte (Kosten, Längen) haben.

Es zeigt sich, dass das Problem erheblich schwieriger ist, falls negative Kantengewichte
vorkommen. In vielen Anwendungen ist dies aber nicht der Fall; etwa wenn die Kantengewichte Fahrtzeiten oder Kosten modellieren. Wir setzen daher zunächst voraus, dass alle
Kantengewichte nichtnegativ sind. Folgender berühmte Algorithmus von Dijkstra [10] berechnet dann kürzeste Wege von einem Knoten s zu allen von s aus erreichbaren Knoten.
Er wird sehr häufig in der Praxis eingesetzt.

Algorithmus 9.10 (Dijkstras Algorithmus)

Eingabe: ein Digraph G mit Kantengewichten $c\colon E(G) \to \mathbb{R}_{\geq 0}$, ein Knoten $s \in V(G)$.

Ausgabe: eine Arboreszenz $A := (R, T)$ in G, so dass R alle von s aus erreichbaren Knoten
enthält und $\mathrm{dist}_{(G,c)}(s, v) = \mathrm{dist}_{(A,c)}(s, v)$ für alle $v \in R$ gilt.

$R \leftarrow \emptyset, Q \leftarrow \{s\}, l(s) \leftarrow 0$
while $Q \neq \emptyset$ **do**
    Wähle ein $v \in Q$ mit $l(v)$ minimal
    $Q \leftarrow Q \setminus \{v\}$
    $R \leftarrow R \cup \{v\}$
    for $e = (v, w) \in \delta_G^+(v)$ mit $w \notin R$ **do**
        if $w \notin Q$ **or** $l(v) + c(e) < l(w)$ **then** $l(w) \leftarrow l(v) + c(e)$, $p(w) \leftarrow e$
                                  $Q \leftarrow Q \cup \{w\}$
$T \leftarrow \{p(v) \mid v \in R \setminus \{s\}\}$

Eine Arboreszenz, die eine korrekte Ausgabe darstellt, wird Kürzeste-Wege-Baum (mit Wurzel s in (G, c)) genannt. Genauer ist für einen Graphen G und $c: E(G) \to \mathbb{R}$ ein **Kürzeste-Wege-Baum mit Wurzel s** ein Teilgraph H von G, sodass H ein Baum bzw. eine Arboreszenz mit Wurzel s ist und H einen kürzesten s-v-Weg für alle von s aus erreichbaren Knoten v enthält.

Ein Kürzeste-Wege-Baum mit Wurzel s liefert unmittelbar eine Lösung für das Kürzeste-Wege-Problem, und zwar gleich für alle $t \in V(G)$. Eine Implementierung von Dijkstras Algorithmus ist in Programm 9.8 enthalten.

Satz 9.11 *Dijkstras Algorithmus 9.10 ist korrekt und hat Laufzeit* $O(n^2 + m)$, *wobei* $n = |V(G)|$ *und* $m = |E(G)|$.

Beweis Seien zu jedem Zeitpunkt des Algorithmus $T := \{p(v) \mid v \in (R \cup Q) \setminus \{s\}\}$ und $A := (R \cup Q, T)$. Dann gelten folgende Invarianten am Ende jeder Iteration der **while**-Schleife:

(a) $p(w) \in \delta_G^+(R) \cap \delta_G^-(w)$ für alle $w \in Q \setminus \{s\}$;
(b) $A[R]$ ist Arboreszenz mit Wurzel s in G;
(c) $l(v) = \text{dist}_{(A,c)}(s, v)$ für alle $v \in R \cup Q$;
(d) Für alle $e = (v, w) \in \delta_G^+(R)$ ist $w \in Q$ und $l(v) + c(e) \geq l(w)$;
(e) $l(v) = \text{dist}_{(G,c)}(s, v)$ für alle $v \in R$.

Man beachte, dass aus (b), (c), (d), (e) und $Q = \emptyset$ am Ende direkt die Korrektheit folgt.

(a)–(c) gelten offensichtlich stets. (d) gilt auch am Ende der Iteration, in der v zu R hinzugefügt wird; anschließend ändert sich $l(v)$ nicht mehr, und kein $l(w)$ wird jemals erhöht.

Es bleibt zu zeigen, dass (e) erhalten bleibt, wenn ein Knoten v zu R hinzugefügt wird. Wegen (c) gilt stets $l(v) \geq \text{dist}_{(G,c)}(s, v)$; deshalb zeigen wir die umgekehrte Ungleichung; sei $v \in V(G) \setminus \{s\}$. Wir betrachten den Zeitpunkt unmittelbar bevor v zu R hinzugefügt wird. Sei P ein s-v-Weg in G. Wir zeigen, dass die Länge von P mindestens $l(v)$ ist. Sei x der letzte Knoten auf P, der zu diesem Zeitpunkt schon zu R gehört (insbesondere ist $x \neq v$), und $e = (x, y) \in \delta_G^+(x) \cap E(P)$ die folgende Kante (also $y \notin R$; eventuell ist $y = v$). Dann ist $y \in Q$ (wegen (d)) und

$$c(E(P)) \geq \text{dist}_{(G,c)}(s, x) + c(e) = l(x) + c(e) \geq l(y) \geq l(v),$$

was zu zeigen war. Bei der ersten Ungleichung nutzt man aus, dass alle Kantengewichte nichtnegativ sind; die Gleichung folgt daraus, dass (e) für x galt; die vorletzte Ungleichung folgt aus (d); und die letzte aus der Wahl von v im Algorithmus.

Zur Laufzeit: Die **while**-Schleife hat offenbar höchstens n Iterationen, die Wahl von v kann trivial in $O(n)$ Zeit erfolgen, und in der inneren **for**-Schleife wird jede Kante nur einmal betrachtet. Die Gesamtlaufzeit $O(n^2 + m)$ folgt. $\qquad\square$

Bemerkung 9.12 Die Invarianten (b), (c) und (e) im Beweis von Satz 9.11 implizieren, dass wir den Algorithmus abbrechen können, sobald $t \in R$ ist, wenn wir nur an einem kürzesten s-t-Weg interessiert sind. Dies kann die Laufzeit in der Praxis verbessern, führt aber nicht zu einer besseren asymptotischen Laufzeit.

Ähnlich wie Prims Algorithmus lässt sich auch Dijkstras Algorithmus durch die Benutzung von Heaps effizienter implementieren:

Satz 9.13 *Mithilfe von Binärheaps kann man Dijkstras Algorithmus 9.10 so implementieren, dass er Laufzeit $O(m \log n)$ hat.*

Beweis Benutze für die Menge Q einen Binärheap, wobei v natürlich den Schlüssel $l(v)$ hat. Dann haben wir jeweils bis zu n `extract_min`- und `insert`-Operationen, und bis zu m `decrease_key`-Operationen (vgl. Programm 9.8). Die Laufzeit folgt dann mit Satz 8.19. $\qquad\square$

Varianten von Dijkstras Algorithmus werden für die Lösung der meisten Kürzeste-Wege-Probleme in der Praxis benutzt. Falls die Kantengewichte aber auch negativ sein können, so funktioniert Dijkstras Algorithmus im Allgemeinen nicht mehr. In diesem Fall benötigen wir andere, langsamere Algorithmen.

9.4 Konservative Kantengewichte

Definition 9.14 *Sei G ein Graph und c: E(G) → ℝ. Dann heißt c* **konservativ,** *falls es in* *(G, c) keinen Kreis mit negativem Gewicht gibt.*

Für einen Weg P und Knoten $x, y \in V(P)$ bezeichnen wir mit $P_{[x,y]}$ den Teilgraphen von P, der ein x-y-Weg ist. Folgendes Lemma ist von zentraler Bedeutung, weil die Aussage äquivalent zur Existenz eines Kürzeste-Wege-Baumes ist.

Lemma 9.15 *Sei G ein Graph und c: E(G) → ℝ konservativ. Seien s, w ∈ V(G) mit* *s ≠ w. Sei P ein kürzester s-w-Weg, und sei e = (v, w) die letzte Kante in P. Dann ist* $P_{[s,v]}$ *ein kürzester s-v-Weg.*

Beweis Angenommen, es gäbe einen s-v-Weg Q mit $c(E(Q)) < c(E(P_{[s,v]}))$, also $c(E(Q)) + c(e) < c(E(P))$.

Falls $w \notin V(Q)$, so ist $(V(Q) \cup \{w\}, E(Q) \cup \{e\})$ ein kürzerer s-w-Weg als P; ein Widerspruch. Ansonsten ist $C := (V(Q_{[w,v]}), E(Q_{[w,v]}) \cup \{e\})$ ein Kreis in G und

$$
\begin{aligned}
c(E(C)) &= c(E(Q_{[w,v]})) + c(e) \\
&= c(E(Q)) + c(e) - c(E(Q_{[s,w]})) \\
&< c(E(P)) - c(E(Q_{[s,w]})) \\
&\leq 0
\end{aligned}
$$

was im Widerspruch dazu steht, dass c konservativ ist. □

Diese Eigenschaft verliert man im Allgemeinen, falls beliebige Kantengewichte zugelassen sind. Die Korrektheit des folgenden Algorithmus wird für den Fall gerichteter Graphen einen zweiten Beweis für Lemma 9.15 liefern:

Algorithmus 9.16 (Moore-Bellman-Ford-Algorithmus)
Eingabe: ein Digraph G mit konservativen Kantengewichten $c: E(G) \to \mathbb{R}$, ein Knoten $s \in V(G)$.
Ausgabe: eine Arboreszenz $A := (R, T)$ in G, sodass R alle von s aus erreichbaren Knoten enthält und $\mathrm{dist}_{(G,c)}(s, v) = \mathrm{dist}_{(A,c)}(s, v)$ für alle $v \in R$ gilt.

$n \leftarrow |V(G)|$
$l(v) \leftarrow \infty$ für alle $v \in V(G) \setminus \{s\}$
$l(s) \leftarrow 0$
for $i \leftarrow 1$ **to** $n - 1$ **do**
    for $e = (v, w) \in E(G)$ **do**
        if $l(v) + c(e) < l(w)$ **then** $l(w) \leftarrow l(v) + c(e)$, $p(w) \leftarrow e$
$R \leftarrow \{v \in V(G) \mid l(v) < \infty\}$
$T \leftarrow \{p(v) \mid v \in R \setminus s\}$

Satz 9.17 *Der Moore-Bellman-Ford-Algorithmus* 9.16 *arbeitet korrekt und hat Laufzeit* $O(mn)$, *wobei* $n = |V(G)|$ *und* $m = |E(G)|$.

Beweis Die Laufzeit ist offensichtlich. Sei zu jedem Zeitpunkt des Algorithmus $A :=$ (R, T) mit $R := \{v \in V(G) \mid l(v) < \infty\}$ und $T := \{p(v) \mid v \in R \setminus \{s\}\}$. Wir zeigen zunächst, dass dann folgende Invarianten stets gelten:

(a) Für alle $y \in R \setminus \{s\}$ mit $p(y) = e = (x, y)$ gilt $l(y) \geq l(x) + c(e)$;
(b) A ist eine Arboreszenz mit Wurzel s in G;
(c) $l(v) \geq \text{dist}_{(A,c)}(s, v)$ für alle $v \in R$.

Zum Beweis von (a) beobachten wir, dass bei der letzten Änderung von $l(y)$ auch $p(y)$ auf $e = (x, y)$ gesetzt wurde und dann $l(y) = l(x) + c(e)$ galt; seitdem kann sich $l(x)$ allenfalls verringert haben.

Aus (a) folgt insbesondere $l(v) \geq l(w) + c(E(P))$ für jeden w-v-Weg P in A. Wir zeigen nun (b). Wenn es vorkommen sollte, dass das Einfügen einer Kante $e = (v, w)$ einen Kreis in A erzeugt, dann gab es schon unmittelbar vorher einen w-v-Weg P in A, also galt $l(v) \geq l(w) + c(E(P))$. Andererseits galt $l(w) > l(v) + c(e)$, denn sonst würde $p(w)$ nicht auf e gesetzt. Somit ist $c(E(P)) + c(e) < 0$, und demnach ist $(V(P), E(P) \cup \{e\})$ ein Kreis mit negativem Gewicht; ein Widerspruch, denn c ist konservativ. Somit erfüllt A stets die Bedingung (g) von Satz 6.23; d. h. (b) gilt.

(a) und (b) und $l(s) = 0$ implizieren sofort (c) und somit $l(v) \geq \text{dist}_{(G,c)}(s, v)$ für alle $v \in R$. Um den Beweis der Korrektheit abzuschließen, zeigen wir die

Behauptung Für alle $k \in \{0, \ldots, n - 1\}$, für alle $v \in V(G)$ und für alle s-v-Wege P in G mit $|E(P)| \leq k$ gilt nach k Iterationen $l(v) \leq c(E(P))$.

Da kein Weg in G mehr als $n - 1$ Kanten hat, impliziert die Behauptung die Korrektheit des Algorithmus.

Den Beweis der Behauptung führen wir per Induktion über k, wobei die Aussage für $k = 0$ trivial ist, denn nach null Iterationen ist $l(s) = 0 = \text{dist}_{(G,c)}(s, s)$.

Sei also $k \in \{1, \ldots, n - 1\}$, und sei $v \in V(G) \setminus \{s\}$ ein Knoten und P ein s-v-Weg in (G, c) mit $|E(P)| \leq k$. Sei $e = (u, v)$ die letzte Kante dieses Weges. Nach

Induktionsvoraussetzung gilt $l(u) \leq c(E(P_{[s,u]}))$ nach $k - 1$ Iterationen, und in Iteration k wird unter anderem die Kante e betrachtet, wodurch $l(v) \leq l(u) + c(e) \leq c(E(P_{[s,u]})) + c(e) = c(E(P))$ sichergestellt wird. $\square$

Dieser Algorithmus stammt von Moore [27], aufbauend auf Arbeiten von Bellman [3] und Ford [14]. Er ist bis heute der schnellste Algorithmus für das Kürzeste-Wege-Problem in gerichteten Graphen mit konservativen Gewichten.

Der Moore-Bellman-Ford-Algorithmus ist nicht auf ungerichtete Graphen mit konservativen Kantengewichten anwendbar, da durch das Ersetzen einer Kante $\{v, w\}$ mit negativem Gewicht durch zwei Kanten (v, w) und (w, v) desselben Gewichts ein Kreis (der Länge 2) mit negativem Gewicht entsteht.

Man beachte auch, dass alle Algorithmen in diesem Kapitel für beliebige reelle Kantengewichte funktionieren, sofern man Vergleiche und die Grundrechenarten (hier braucht man sogar nur Additionen) mit diesen durchführen kann. In der Praxis muss man sich natürlich auf rationale Zahlen oder Maschinenzahlen beschränken. Zur Vermeidung von Rundungsfehlern beschränkt man sich sogar oft auf ganze Zahlen.

9.5   Kürzeste Wege mit beliebigen Kantengewichten

Für jedes Berechnungsproblem soll die Art, wie die Eingabe genau kodiert ist (mit Nullen und Einsen und/oder als Folge reeller Zahlen), festgelegt sein, auch wenn wir dies in der Regel nicht konkret darlegen, weil alle vernünftigen Kodierungen äquivalent sind.

Definition 9.18 *Ein Algorithmus, dessen Eingabe aus Nullen und Einsen besteht, heißt* **polynomiell** *(man sagt auch: er hat polynomielle Laufzeit), wenn es ein $k \in \mathbb{N}$ gibt, so dass seine Laufzeit $O(n^k)$ ist, wobei n die Länge der Eingabe ist. Ein Algorithmus, dessen Eingabe auch reelle Zahlen enthalten kann, heißt* **streng polynomiell,** *wenn er für rationale Eingaben polynomiell ist und es ein $k \in \mathbb{N}$ gibt, sodass die Anzahl der Rechenschritte (inklusive Vergleiche und Grundrechenarten mit reellen Zahlen) $O(n^k)$ ist, wobei n die Anzahl der Bits und reellen Zahlen in der Eingabe ist.*

Bisher hatten alle in diesem Buch behandelten Algorithmen außer denen in Kap. 1 und 5 polynomielle Laufzeit. Die in diesem Kapitel bisher vorgestellten Algorithmen (und auch die in Kap. 6) waren alle sogar streng polynomiell.

Erlauben wir beliebige Kantengewichte, so ist aber kein polynomieller Algorithmus für das Kürzeste-Wege-Problem bekannt. Immerhin geht es etwas besser als durch Ausprobieren aller Wege, wie Held und Karp [19] beobachtet haben:

Satz 9.19 *Das allgemeine Kürzeste-Wege-Problem kann in $O(m+n^2 2^n)$ Zeit gelöst werden, wobei $n = |V(G)|$ und $m = |E(G)|$.*

Beweis Sei (G, c, s, t) eine Instanz des Kürzeste-Wege-Problems. Wir können wie im Beweis von Satz 9.4 vorab parallele Kanten aussortieren. Für $A \subseteq V(G)$ mit $s \in A$ und $a \in A$ sei $l_A(a)$ die Länge eines kürzesten s-a-Weges, dessen Knotenmenge A ist, oder ∞, wenn kein solcher existiert.

Es gilt $l_{\{s\}}(s) = 0$ und $l_A(s) = \infty$ für alle $A \supset \{s\}$. Für $A \subseteq V(G)$ mit $s \in A$ und $a \in A \setminus \{s\}$ gilt außerdem

$$l_A(a) = \min\{l_{A\setminus\{a\}}(b) + c(e) \mid b \in A \setminus \{a\}, e = (b, a) \in \delta^-(a) \text{ bzw. } \{b, a\} \in \delta(a)\}.$$

Die Berechnung aller dieser höchstens $2^{n-1} n$ Zahlen geht in $O(2^n n^2)$ Zeit, indem man $l_A(a)$ für aufsteigende Werte von $|A|$ berechnet.

Wir haben schließlich $\mathrm{dist}_{(G,c)}(s, t) = \min\{l_A(t) \mid \{s, t\} \subseteq A \subseteq V(G)\}$, und mithilfe einer dieses Minimum annehmenden Menge A und der vorab berechneten Zahlen kann ein kürzester Weg in $O(n^2)$ Zeit ermittelt werden.   □

Natürlich ist dieser Algorithmus nicht polynomiell, und spätestens für $n \geq 50$ unbrauchbar. Ein schnellerer Algorithmus ist aber nicht bekannt. Ein polynomieller Algorithmus für das allgemeine Kürzeste-Wege-Problem existiert genau dann, wenn $P=NP$ ist; dies ist die vielleicht wichtigste offene Frage der Algorithmischen Mathematik. Hier steht P für die Menge aller Entscheidungsprobleme, für die es einen polynomiellen Algorithmus gibt, während NP die Menge aller Entscheidungsprobleme mit folgender Eigenschaft ist: es gibt ein Polynom p sodass für alle $n \in \mathbb{N}$ und alle Instanzen mit n Bits, für die die korrekte Antwort „ja" lautet, eine Folge von höchstens $p(n)$ Bits (Zertifikat genannt) existiert, die dies „beweist": es gibt einen polynomiellen Algorithmus, der Paare von Instanzen und angeblichen Zertifikaten korrekt überprüft.

Beispielsweise liegt das Entscheidungsproblem, ob ein gegebener ungerichteter Graph einen aufspannenden Kreis (oft auch Hamiltonkreis genannt) enthält, in NP, denn ein Hamiltonkreis selbst dient als Zertifikat. Auch für dieses Problem gibt es nur dann einen polynomiellen Algorithmus, wenn $P = NP$ sein sollte. Dasselbe gilt für tausende wichtiger Berechnungsprobleme, weshalb die Frage so bedeutend ist.

Eines davon ist das berühmte Traveling-Salesman-Problem: hier ist ein minimal gewichteter Hamiltonkreis in einem gegebenen vollständigen Graphen mit Kantengewichten gesucht. Man beachte, dass das Traveling-Salesman-Problem mit den im Beweis von Satz (9.19) berechneten Zahlen $l_A(a)$ auch gelöst werden kann: die Länge eines kürzesten Hamiltonkreises ist offenbar $\min\{l_{V(G)}(t) + c(e) \mid e = \{t, s\} \in \delta(s) \text{ bzw. } e = (t, s) \in \delta^-(s)\}$. Auch hier ist der resultierende Algorithmus von Held und Karp mit Laufzeit $O(n^2 2^n)$ immer noch der mit der besten bekannten asymptotischen Laufzeit. Dennoch ist es (mit anderen Algorithmen) gelungen, Instanzen mit vielen tausend Knoten optimal zu lösen [2].

9.6 Übungsaufgaben

1. Es sei (G, c) eine Instanz des Minimum-Spanning-Tree-Problems, bei der $c(e) \neq c(e')$ für je zwei verschiedene Kanten e und e' gilt. Zeigen Sie, dass es dann nur eine optimale Lösung geben kann.

2. Es sei G ein einfacher ungerichteter Graph mit Kantengewichten $c : E(G) \to \mathbb{R}$ und $v \in V(G)$. Gesucht ist ein aufspannender Baum, in dem v kein Blatt ist und der unter allen aufspannenden Bäumen, in denen v kein Blatt ist, minimales Gewicht hat. Zeigen Sie, dass ein solcher Baum in $O(n \log n)$ Zeit berechnet werden kann, wobei $n := |V(G)|$.

3. Es sei G ein einfacher ungerichteter Graph mit Kantengewichten $c : E(G) \to \mathbb{R}$. Die Menge $F \subseteq E(G)$ enthalte alle Kanten des Graphen, die in irgend einem MST von G enthalten sind. Zeigen Sie, dass F in $O(n \log n)$ Zeit berechnet werden kann, wobei $n := |V(G)|$.

4. Beweisen Sie die folgende Aussage: Entfernt man aus einem zusammenhängenden ungerichteten Graphen mit Kantengewichten sukzessive eine schwerste Kante, deren Herausnahme nicht den Zusammenhang des Graphen zerstört, so bleibt am Ende ein MST übrig.

5. Angenommen, alle Kantengewichte sind ganzzahlig und liegen zwischen 0 und einer Konstante C. Zeigen Sie, dass es dann einen Algorithmus mit linearer Laufzeit für das Kürzeste-Wege-Problem gibt.

6. Zeigen Sie, dass Dijkstras Algorithmus keinen kürzesten Weg berechnet, wenn manche Kanten negatives Gewicht haben, selbst wenn die Gewichtsfunktion konservativ ist.

7. Es sei G ein gerichteter Graph und $c : E(G) \to \mathbb{R}$. Zeigen Sie, dass c genau dann konservativ ist, wenn es eine Abbildung $\pi : V(G) \to \mathbb{R}$ gibt, sodass für alle Kanten $e = (v, w) \in E(G)$ gilt: $c(e) + \pi(v) - \pi(w) \geq 0$.

8. Betrachten Sie die folgende Variante des Moore-Bellman-Ford-Algorithmus: Nummeriere die Knoten des gegebenen Graphen G in einer beliebigen Reihenfolge, es sei also $V(G) = \{v_1, \ldots, v_n\}$. Betrachte nun in jeder Iteration die Kanten in folgender Reihenfolge: Durchlaufe die Knoten von v_1 nach v_n und betrachte für jeden dabei besuchten Knoten v_i alle Kanten $(v_i, v_j) \in E(G)$ mit $i < j$, um $l(v_j)$ neu zu setzen. Durchlaufe anschließend alle Knoten von v_n nach v_1 und betrachte für jeden dabei besuchten Knoten v_i alle Kanten $(v_i, v_j) \in E(G)$ mit $j < i$, um $l(v_j)$ neu zu setzen. Zeigen Sie, dass, wenn man in jeder Iteration alle Kanten in dieser Reihenfolge betrachtet, $\lceil \frac{n}{2} \rceil$ Iterationen ausreichend sind.

9. Betrachten Sie folgende Version des Moore-Bellman-Ford-Algorithmus: Solange es eine Kante (v, w) mit $l(w) > l(v) + c((v, w))$ gibt, wähle eine beliebige solche Kante aus und setze $l(w) = l(v) + c((v, w))$. Zeigen Sie, dass diese Vorgehensweise bei einer ungeschickten Wahl der Kantenreihenfolge eine exponentielle Zahl von Knotenlabel-Änderungen notwendig machen kann.

10. Gegeben seien ein gerichteter Graph G mit Kantengewichten $c : E(G) \to \mathbb{R}_{\geq 0}$ und $s, t \in V(G)$. Gesucht ist ein s-t-Weg, dessen längste Kante möglichst kurz ist. Zeigen Sie, dass dieses Problem in $O(n \log n)$ Zeit lösbar ist mit $n := |V(G)|$.
    Hinweis: Modifizieren Sie Dijkstras Algorithmus geeignet.

11. Zeigen Sie, wie man zu einem gegebenen ungerichteten Graphen G mit n Knoten und m Kanten einen kürzesten Kreis in G in Zeit $O(nm)$ berechnen kann.

12. Zeigen Sie, dass Lemma 9.15 im Allgemeinen nicht gilt, wenn c nicht konservativ ist.

Matching und Netzwerkflüsse

10

In diesem Kapitel wollen wir zwei weitere grundlegende kombinatorische Optimierungsprobleme lösen: maximale Matchings in bipartiten Graphen und maximale Flüsse in Netzwerken. Es wird sich herausstellen, dass das erste Problem ein Spezialfall des zweiten ist. Insofern ist nicht überraschend, dass eine grundlegende Technik, augmentierende Wege, bei beiden der Schlüssel zur Lösung ist.

10.1 Das Matching-Problem

Definition 10.1 *Sei G ein ungerichteter Graph. Eine Menge von Kanten $M \subseteq E(G)$ heißt* **Matching** *in G, falls $|\delta_G(v) \cap M| \leq 1$ für alle $v \in V(G)$ gilt. Ein* **perfektes Matching** *ist ein Matching mit $\frac{|V(G)|}{2}$ Kanten.*

Berechnungsproblem 10.2 (Matching-Problem)

Eingabe: ein ungerichteter Graph G.

Aufgabe: Berechne ein Matching in G mit maximaler Kardinalität.

Proposition 10.3 *Ein inklusionsmaximales Matching kann in $O(m + n)$ Zeit berechnet werden, wobei $n = |V(G)|$ und $m = |E(G)|$.*

Beweis Der Greedy-Algorithmus, der die Kanten der Reihe nach durchgeht und sie genau dann zur anfangs leeren Menge M hinzunimmt, wenn M dabei ein Matching bleibt, leistet das Gewünschte. $\qquad\square$

© Springer-Verlag GmbH Deutschland, ein Teil von Springer Nature 2018
S. Hougardy und J. Vygen, *Algorithmische Mathematik*,
https://doi.org/10.1007/978-3-662-57461-4_10

Satz 10.4 *Ist M ein inklusionsmaximales Matching und M* ein kardinalitätsmaximales Matching, so gilt $|M| \geq \frac{1}{2}|M^*|$.*

Beweis Für ein Matching M sei $V_M := \{x \in V(G) \mid \delta_G(x) \cap M \neq \emptyset\}$ die Menge der von M überdeckten Knoten. Dann gilt $|V_M| = 2|M|$. Ist M inklusionsmaximal, so hat jedes $e \in E(G)$, und somit erst recht jedes $e \in M^*$, mindestens einen Endpunkt in V_M. Da keine zwei Kanten in M^* einen Endpunkt gemeinsam haben, folgt $|M^*| \leq |V_M| = 2|M|$. $\quad\square$

Die Schranke in Satz 10.4 ist bestmöglich, wie beispielsweise ein Weg der Länge drei zeigt. Der Greedy-Algorithmus liefert also ein Matching, das höchstens um einen Faktor 2 kleiner ist als ein optimales. Man spricht auch von einem 2-Approximationsalgorithmus.

Folgende Definition ist die Grundlage nahezu aller Matching-Algorithmen:

Definition 10.5 *Sei G ein ungerichteter Graph und M ein Matching in G. Ein M-augmentierender Weg in G ist ein Weg P in G mit $|E(P) \cap M| = |E(P) \setminus M| - 1$, dessen Endpunkte zu keiner Kante von M inzident sind.*

Jeder M-augmentierende Weg hat also ungerade Länge, und seine Kanten gehören abwechselnd zu $E(G) \setminus M$ und zu M. Folgendes zentrale Resultat charakterisiert kardinalitätsmaximale Matchings; es geht auf Petersen [29] und Berge [4] zurück.

Satz 10.6 *Sei G ein ungerichteter Graph und M ein Matching in G. Genau dann gibt es ein Matching M' in G mit $|M'| > |M|$, wenn es einen M-augmentierenden Weg in G gibt.*

Beweis Wenn P ein M-augmentierender Weg ist, dann ist $M \triangle E(P)$ ein größeres Matching.

Wenn umgekehrt M' ein Matching mit $|M'| > |M|$ ist, dann ist $(V(G), M \triangle M')$ ein Graph, in dem jeder Knoten Grad höchstens 2 hat. $M \triangle M'$ kann also zerlegt werden in Kantenmengen von Kreisen gerader Länge, deren Kanten abwechselnd zu M und M' gehören, und paarweise knotendisjunkten Wegen, deren Kanten ebenfalls abwechselnd zu M und M' gehören. Für mindestens einen dieser Wege P muss $|E(P) \cap M| < |E(P) \cap M'|$ gelten; dieser ist dann M-augmentierend. $\quad\square$

10.2   Bipartites Matching

Wir wollen nun einen auf van der Waerden und König zurückgehenden Algorithmus beschreiben, der das Matching-Problem in bipartiten Graphen optimal löst. Es gibt auch für allgemeine Graphen einen ähnlich schnellen Algorithmus, der aber erheblich komplizierter ist.

Algorithmus 10.7 (Bipartiter Matching-Algorithmus)

Eingabe: ein bipartiter Graph G.

Ausgabe: ein Matching M in G mit maximaler Kardinalität.

$M \leftarrow \emptyset$

$X \leftarrow \{v \in V(G) \mid \delta(v) \neq \emptyset\}$

Berechne eine Bipartition $V(G) = A \mathbin{\dot{\cup}} B$ von $G[X]$

while true do

    $V(H) \leftarrow A \mathbin{\dot{\cup}} B \mathbin{\dot{\cup}} \{s, t\}$

    $E(H) \leftarrow (\{s\} \times (A \cap X)) \cup \{(a, b) \in A \times B \mid \{a, b\} \in E(G) \setminus M\}$

        $\cup \{(b, a) \in B \times A \mid \{a, b\} \in M\} \cup ((B \cap X) \times \{t\})$

    if t ist in H nicht von s aus erreichbar **then stop**

    Sei P ein s-t-Weg in H

    $M \leftarrow M \triangle \{\{v, w\} \in E(G) \mid (v, w) \in E(P)\}$

    $X \leftarrow X \setminus V(P)$

Satz 10.8 *Der Bipartite Matching-Algorithmus* 10.7 *arbeitet korrekt und hat Laufzeit* $O(nm)$, *wobei* $n = |V(G)|$ *und* $m = |E(G)|$.

Beweis Ist P ein s-t-Weg in H, so ist $(V(P) \setminus \{s, t\}, \{\{v, w\} \in E(G) \mid (v, w) \in E(P)\})$ ein M-augmentierender Weg, also wird M dann im Algorithmus korrekt vergrößert. X enthält stets die nicht isolierten Knoten von G, die nicht von M überdeckt werden.

Umgekehrt hat jeder M-augmentierende Weg P in G Endpunkte $\bar{a} \in A \cap X$ und $\bar{b} \in B \cap X$, und dann ist $(V(P) \cup \{s, t\}, \{(s, \bar{a}), (\bar{b}, t)\} \cup \{(a, b) \mid \{a, b\} \in E(P) \setminus M\} \cup \{(b, a) \mid \{a, b\} \in E(P) \cap M\})$ ein s-t-Weg in H. Deshalb ist nach Satz 10.6 M kardinalitäts maximal, wenn der Algorithmus stoppt.

Die Laufzeit folgt daraus, dass in jeder der höchstens $\frac{n}{2}$ Iterationen mit Algorithmus 7.1 in $O(m)$ Zeit ein s-t-Weg gefunden oder festgestellt wird, dass keiner existiert. $\qquad\square$

Folgender berühmte Satz wurde zuerst von Frobenius [17] bewiesen:

Satz 10.9 (Heiratssatz) *Ein bipartiter Graph* $G = (A \mathbin{\dot{\cup}} B, E(G))$ *mit* $|A| = |B|$ *besitzt genau dann ein perfektes Matching, wenn* $|N(S)| \geq |S|$ *für alle* $S \subseteq A$.

Beweis Falls G ein perfektes Matching M besitzt, dann gilt $|N_G(S)| \geq |N_{(V(G),M)}(S)| = |S|$ für alle $S \subseteq A$. Die Bedingung ist also notwendig. Wir zeigen per Induktion über $|A|$, dass die Bedingung auch hinreichend ist. Falls $|A| = 1$, so ist dies offensichtlich. Sei also $|A| \geq 2$.

Falls $|N(S)| \geq |S| + 1$ für alle $\emptyset \neq S \subset A$ gilt, so sei $e = \{a, b\}$ eine beliebige Kante in G. Nach Induktionsvoraussetzung besitzt der Graph $G' := G - a - b$ ein perfektes Matching

M'; denn $|N_{G'}(S)| \geq |N_G(S)| - 1 \geq |S|$ für alle $\emptyset \neq S \subseteq A \setminus \{a\}$. Dann aber ist $M' \cup \{e\}$ ein perfektes Matching in G.

Wir können nun also davon ausgehen, dass es ein $\emptyset \neq S \subset A$ mit $|N(S)| = |S|$ gibt. Nach Induktionsvoraussetzung hat $G[S \cup N(S)]$ ein perfektes Matching M. Betrachte nun den Graphen $G' := G[(A \setminus S) \cup (B \setminus N(S))]$. Für jedes $T \subseteq A \setminus S$ ist $|N_{G'}(T)| = |N_G(T \cup S) \setminus N_G(S)| = |N_G(T \cup S)| - |S| \geq |T \cup S| - |S| = |T|$. Also hat G' nach Induktionsvoraussetzung ein perfektes Matching M'. Damit ist $M \cup M'$ ein perfektes Matching in G.

10.3 Max-Flow-Min-Cut-Theorem

Definition 10.10 *Gegeben sei ein Digraph G mit $u\colon E(G) \to \mathbb{R}_{\geq 0}$ (wobei $u(e)$ die **Kapazität** der Kante e heißt) und zwei ausgezeichnete Knoten $s \in V(G)$, die **Quelle**, und $t \in V(G)$, die **Senke**. Das Tupel (G, u, s, t) bezeichnet man als **Netzwerk**.*

*Ein **s-t-Fluss** in (G, u) ist eine Funktion $f\colon E(G) \to \mathbb{R}_{\geq 0}$ mit $f(e) \leq u(e)$ für alle $e \in E(G)$ und*

$$f(\delta^-(v)) = f(\delta^+(v)) \text{ für alle } v \in V(G) \setminus \{s, t\} \tag{10.1}$$

sowie

$$\mathrm{val}(f) := f(\delta^+(s)) - f(\delta^-(s)) \geq 0\,.$$

*Wir bezeichnen $\mathrm{val}(f)$ als den **Wert** von f.*

Wir haben wieder die praktische Notation $f(A) := \sum_{e \in A} f(e)$ benutzt. Die Bedingung (10.1) wird als Flusserhaltungsbedingung bezeichnet. Abb. 10.1 gibt ein Beispiel.

Berechnungsproblem 10.11 (Fluss-Problem)
Eingabe: ein Netzwerk (G, u, s, t).
Aufgabe: Berechne einen s-t-Fluss in (G, u) mit maximalem Wert.

Ein s-t-Fluss mit maximalem Wert (man sagt auch kurz: ein maximaler Fluss) existiert stets, denn wir maximieren eine stetige Funktion über einer nichtleeren kompakten Menge. Wir werden dies aber auch noch konstruktiv (algorithmisch) beweisen.

Lemma 10.12 *Sei (G, u, s, t) ein Netzwerk und f ein s-t-Fluss in (G, u). Dann gilt für alle $A \subset V(G)$ mit $s \in A$ und $t \notin A$:*

(a) $\mathrm{val}(f) = f(\delta^+(A)) - f(\delta^-(A))$
(b) $\mathrm{val}(f) \leq u(\delta^+(A))$.

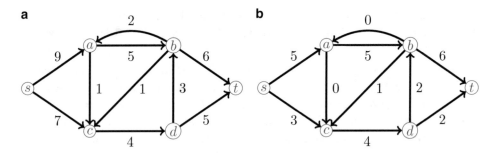

Abb. 10.1 a ein Netzwerk (die Zahlen an den Kanten sind ihre Kapazitäten); **b** ein s-t-Fluss darin, mit Wert 8.

Beweis

(a): Wegen der Flusserhaltungsbedingung für $v \in A \setminus \{s\}$ gilt:

$$\mathrm{val}(f) = f(\delta^+(s)) - f(\delta^-(s)) = \sum_{v \in A} \left(f(\delta^+(v)) - f(\delta^-(v)) \right)$$
$$= f(\delta^+(A)) - f(\delta^-(A)) \,.$$

(b): Wegen $0 \leq f(e) \leq u(e)$ für alle $e \in E(G)$ folgt aus (a):

$$\mathrm{val}(f) = f(\delta^+(A)) - f(\delta^-(A)) \leq u(\delta^+(A)) \,. \qquad \square$$

Dies motiviert folgende Definition:

Definition 10.13 *Sei (G, u, s, t) ein Netzwerk. Ein **s-t-Schnitt** in G ist eine Kantenmenge $\delta^+(X)$ für ein $X \subset V(G)$ mit $s \in X$ und $t \notin X$. Die **Kapazität** eines s-t-Schnittes $\delta^+(X)$ ist $u(\delta^+(X))$ (also die Summe der Kapazitäten seiner Kanten).*

Nach Lemma 10.12 ist der maximale Wert eines s-t-Flusses höchstens die minimale Kapazität eines s-t-Schnittes. Tatsächlich gilt Gleichheit, wie wir nun algorithmisch zeigen wollen. Dazu erweitern („augmentieren") wir einen s-t-Fluss sukzessive entlang von s-t-Wegen.

Definition 10.14 *Sei (G, u, s, t) ein Netzwerk und f ein s-t-Fluss. Für $e = (x, y) \in E(G)$ bezeichne $\overleftarrow{e}$ eine neue (nicht zu G gehörende) **gegenläufige Kante** von y nach x. Dann ist der **Residualgraph** G_f definiert durch $V(G_f) := V(G)$ und $E(G_f) := \{e \in E(G) \mid f(e) < u(e)\} \cup \{\overleftarrow{e} \mid e \in E(G),\ f(e) > 0\}$. Ein **$f$-augmentierender Weg** ist ein s-t-Weg in G_f. Die **Residualkapazitäten** $u_f \colon E(G) \cup \{\overleftarrow{e} \mid e \in E(G)\} \to \mathbb{R}_{\geq 0}$ sind definiert durch $u_f(e) := u(e) - f(e)$ und $u_f(\overleftarrow{e}) := f(e)$ für alle $e \in E(G)$.*

Abb. 10.2 zeigt ein Beispiel. Man beachte, dass G_f parallele Kanten enthalten kann, auch wenn G einfach war. Alle Kanten im Residualgraphen haben positive Residualkapazität.

Lemma 10.15 *Sei* (G, u, s, t) *ein Netzwerk,* f *ein* s-t-*Fluss in* (G, u), *und* P *ein* f-*augmentierender Weg. Sei* $0 \leq \gamma \leq \min_{e \in E(P)} u_f(e)$. *Dann definieren wir das Ergebnis der Augmentierungvon* f *entlang* P *um* γ *als* $f' \colon E(G) \to \mathbb{R}_{\geq 0}$ *mit* $f'(e) := f(e) + \gamma$ *für* $e \in E(G) \cap E(P)$, $f'(e) := f(e) - \gamma$ *für* $e \in E(G)$ *mit* $\overleftarrow{e} \in E(P)$, *und* $f'(e) := f(e)$ *für alle anderen Kanten* e *von* G. *Dieses* f' *ist dann ein* s-t-*Fluss, dessen Wert um* γ *höher ist als der von* f.

Beweis Folgt direkt aus der Definition der Residualkapazitäten. $\square$

Satz 10.16 *Sei* (G, u, s, t) *ein Netzwerk. Ein* s-t-*Fluss* f *in* (G, u) *hat genau dann maximalen Wert, wenn es keinen* f-*augmentierenden Weg gibt.*

Beweis Falls es einen f-augmentierenden Weg P gibt, so kann f gemäß Lemma 10.15 entlang P um $\min_{e \in E(P)} u_f(e)$ zu einem Fluss mit größerem Wert augmentiert werden.

Falls es keinen f-augmentierenden Weg gibt, so ist t von s aus in G_f nicht erreichbar. Sei R die Menge der von s aus in G_f erreichbaren Knoten. Dann gilt $f(e) = u(e)$ für alle $e \in \delta_G^+(R)$ und $f(e) = 0$ für alle $e \in \delta_G^-(R)$, da andernfalls (nach Definition von G_f) eine Kante des Residualgraphen aus R hinausführte. Nach Lemma 10.12(a) gilt daher:

$$\mathrm{val}(f) = f(\delta_G^+(R)) - f(\delta_G^-(R)) = u(\delta_G^+(R)),$$

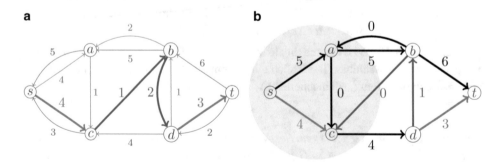

a   **b**

Abb. 10.2 a der Residualgraph G_f mit Residualkapazitäten u_f für das Netzwerk (G, u, s, t) und den s-t-Fluss f aus Abb. 10.1; fett ein f-augmentierender Weg P (mit Knoten s, c, b, d, t); **b** der durch die Augmentierung von f entlang P um 1 resultierende s-t-Fluss. Dieser hat maximalen Wert, wie der durch die gelbe Menge induzierte s-t-Schnitt beweist

was wegen Lemma 10.12(b) bedeutet, dass f maximalen Wert hat.   □

Wir erhalten auch einen berühmten Satz von Dantzig, Ford und Fulkerson [9, 15]:

Satz 10.17 (Max-Flow-Min-Cut-Theorem) *In jedem Netzwerk* (G, u, s, t) *ist der maximale Wert eines* s-t*-Flusses gleich der minimalen Kapazität eines* s-t*-Schnittes.*

Beweis Nach Lemma 10.12(b) ist der Wert eines s-t-Flusses höchstens so groß wie die Kapazität eines s-t-Schnittes. Im Beweis von Satz 10.16 wurde gezeigt, dass zu einem maximalen s-t-Fluss f ein s-t-Schnitt $\delta^+(R)$ existiert mit val$(f) = u(\delta^+(R))$.   □

10.4   Algorithmen für maximale Flüsse

Obige Ergebnisse legen folgenden Algorithmus nahe, der von Ford und Fulkerson [16] stammt:

Algorithmus 10.18 (Ford-Fulkerson-Algorithmus)

Eingabe: ein Netzwerk (G, u, s, t) mit ganzzahligen Kapazitäten.

Ausgabe: ein s-t-Fluss f, der maximalen Wert hat und der zudem ganzzahlig ist.

> $f(e) \leftarrow 0$ für alle $e \in E(G)$
> **while** es gibt einen f-augmentierenden Weg P **do**
> $\quad \gamma \leftarrow \min_{e \in E(P)} u_f(e)$
> $\quad$ Augmentiere f entlang P um γ

Satz 10.19 *Der Ford-Fulkerson-Algorithmus 10.18 ist korrekt und kann mit Laufzeit $O(mW)$ implementiert werden, wobei $m = |E(G)|$ und W der Wert eines maximalen s-t-Flusses ist. Insbesondere ist $W \leq u(\delta^+(s))$.*

Beweis Der Algorithmus erhöht den Wert von f in jeder Iteration um eine natürliche Zahl γ (alle Residualkapazitäten sind stets ganzzahlig) und terminiert deshalb nach höchstens W Iterationen, und zwar wegen Satz 10.16 mit einem s-t-Fluss maximalen Werts. Nach Lemma 10.12(a) ist $W \leq u(\delta^+(s))$. Jede Iteration kann mittels Graphendurchmusterung in $O(m)$ Zeit durchgeführt werden.   □

Folgendes Ergebnis wollen wir auch festhalten:

Korollar 10.20 *Sei* (G, u, s, t) *ein Netzwerk mit ganzzahligen Kapazitäten. Dann existiert ein s-t-Fluss, der maximalen Wert hat und ganzzahlig ist.*

Beweis Der Ford-Fulkerson-Algorithmus berechnet einen solchen.   □

Der Bipartite Matching-Algorithmus 10.7 ist übrigens ein Spezialfall des Ford-Fulkerson-Algorithmus; jener entspricht nämlich genau diesem, wenn man ihn auf den in der ersten Iteration konstruierten Digraphen H mit Kapazitäten 1 auf allen Kanten anwendet. Man kann auch den Heiratssatz 10.9 aus dem Max-Flow-Min-Cut-Theorem herleiten.

Der Ford-Fulkerson-Algorithmus ist im Allgemeinen nicht polynomiell, wie das Beispiel in Abb. 10.3 zeigt.

Für irrationale Kapazitäten ist der Ford-Fulkerson-Algorithmus gar nicht geeignet: hier wäre nicht einmal garantiert, dass er überhaupt terminiert, und der Wert von f konvergierte noch nicht einmal unbedingt gegen das Optimum.

Edmonds und Karp [12] haben den Algorithmus von Ford und Fulkerson verbessert, indem sie den augmentierenden Weg jeweils durch Breitensuche in G_f finden. Dies ergibt einen streng polynomiellen Algorithmus, wie wir nun zeigen.

Lemma 10.21 *Sei G ein gerichteter Graph und s und t zwei Knoten. Sei F die Vereinigung der Kantenmengen aller kürzesten s-t-Wege in G, und $e \in F$. Dann ist F auch die Vereinigung der Kantenmengen aller kürzesten s-t-Wege in $(V(G), E(G) \cup \{\overleftarrow{e}\})$.*

Beweis Sei $k := \text{dist}_G(s, t)$, und P ein s-t-Weg mit $|E(P)| = k$ und $e \in E(P)$. Angenommen, es gäbe einen s-t-Weg Q in $(V(G), E(G) \cup \{\overleftarrow{e}\})$ mit $|E(Q)| \leq k$ und $\overleftarrow{e} \in E(Q)$. Betrachte $H := (V(G), (\{f, g\} \dot\cup E(P) \dot\cup E(Q)) \setminus \{e, \overleftarrow{e}\})$, wobei f und g zwei neue Kanten von t nach s seien. H erfüllt die Voraussetzungen von Lemma 6.10; es gibt also zwei kantendisjunkte Kreise in H, die f bzw. g enthalten. Diese ergeben dann zwei s-t-Wege in G mit Gesamtlänge höchstens $|E(H)| - 2 = |E(P)| + |E(Q)| - 2 \leq 2k - 2$, im Widerspruch zur Definition von k.   □

Abb. 10.3 Eine Instanz, bei der für $U \in \mathbb{N}$ der Ford-Fulkerson-Algorithmus $2U$ Iterationen benötigt, wenn immer entlang von Wegen mit drei Kanten augmentiert wird. Man beachte, dass die Eingabe hier mit $O(\log U)$ Bits kodiert wird

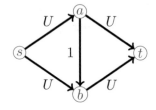

Satz 10.22 *Wählt man im Ford-Fulkerson-Algorithmus immer einen augmentierenden Weg mit möglichst wenigen Kanten, so terminiert der Algorithmus nach höchstens $2|E(G)||V(G)|$ Iterationen, auch bei beliebigen Kapazitäten $u: E(G) \to \mathbb{R}_{\geq 0}$.*

Beweis Nach Lemma 10.21 kann sich $\text{dist}_{G_f}(s, t)$ nie verringern. Um zu zeigen, dass $\text{dist}_{G_f}(s, t)$ höchstens $2|E(G)|$ Iterationen lang konstant bleibt, beobachten wir, dass während eines solchen Zeitraums die Vereinigung der Kantenmengen aller kürzesten s-t-Wege in G_f gemäß Lemma 10.21 nie erweitert, aber in jeder Iteration um diejenigen Kanten $e \in E(P)$ dezimiert wird, für die $u_f(e) = \gamma$ ist.

Dies ist als Edmonds-Karp-Algorithmus bekannt. Seine Laufzeit ist also $O(m^2 n)$, wobei $n = |V(G)|$ und $m = |E(G)|$. Damit erhalten wir auch einen konstruktiven Beweis dafür, dass in jedem Netzwerk ein maximaler s-t-Fluss existiert. Sind aber die Kapazitäten in der Eingabe als Maschinenzahlen gegeben, so muss nicht unbedingt ein maximaler s-t-Fluss existieren, der aus Maschinenzahlen besteht.

Das Flussproblem ist übrigens ein spezielles Lineares Programm: es wird eine lineare Zielfunktion über einem durch lineare Ungleichungen beschriebenen Raum maximiert. Man kann sogar allgemeine Lineare Programme in polynomieller Zeit lösen, aber das ist wesentlich komplizierter. Wir betrachten im Folgenden einen weiteren sehr wichtigen Spezialfall: das Lösen linearer Gleichungssysteme.

10.5 Übungsaufgaben

1. Es sei G ein ungerichteter Graph und seien M und M' zwei Matchings in G mit $|M'| > |M|$. Beweisen Sie, dass es in G mindestens $|M'| - |M|$ knotendisjunkte M-augmentierende Wege gibt.

2. Ein Graph heißt k-*regulär*, wenn jeder Knoten Grad k hat. Man beweise, dass ein ungerichteter k-regulärer bipartiter Graph k paarweise disjunkte perfekte Matchings besitzt. Man folgere daraus, dass die Kantenmenge eines ungerichteten bipartiten Graphen mit maximalem Grad k in höchstens k Matchings partitioniert werden kann.

3. Geben Sie einen ungerichteten 3-regulären Graphen an, der kein perfektes Matching besitzt.

4. Sei $k \in \mathbb{N}$ eine Konstante. Zeigen Sie, dass man zu einem gegebenen ungerichteten Graphen G in polynomieller Laufzeit ein Matching M bestimmen kann, für das es keinen M-augmentierenden Weg in G gibt, der weniger als k Kanten hat. Um welchen Faktor kann ein solches Matching höchstens kleiner sein als ein kardinalitätsmaximales Matching? Zeigen Sie, dass die von Ihnen bewiesene Schranke bestmöglich ist.

5. Es sei G ein einfacher bipartiter Graph mit Bipartition $V(G) = A \, \dot\cup \, B$ und $|A| = |B| = k$. Jeder Knoten in G habe Grad mindestens $\frac{k}{2}$. Zeigen Sie, dass G dann ein perfektes Matching besitzt.

6. Zeigen Sie, dass eine Folge von Mengen $A_1, \ldots, A_n$ genau dann ein Repräsentantensystem hat, d. h. Elemente $a_i \in A_i$ für $i = 1, \ldots, n$ mit $a_i \neq a_j$ für alle $i \neq j$, wenn für alle $k \in \mathbb{N}$ und alle Indizes $1 \le i_1 < \cdots < i_k \le n$ gilt, dass $|\bigcup_{j=1}^{k} A_{i_j}| \ge k$.

7. Finden Sie ein kardinalitätsmaximales Matching in einem bipartiten Graphen G, wenn Sie einen ganzzahligen maximalen s-t-Fluss in dem Graphen H mit Einheitskapazitäten haben, der zu Beginn des Bipartiten Matching-Algorithmus berechnet wird. Zeigen Sie, dass der Hauptteil des Bipartiten Matching-Algorithmus als Spezialfall des Ford-Fulkerson-Algorithmus aufgefasst werden kann.

8. Beweisen Sie, dass es in jedem Netzwerk einen maximalen s-t-Fluss f gibt, für den $(V(G), \{e \in E(G) \mid f(e) > 0\})$ azyklisch ist. Zeigen Sie, dass es jedoch nicht immer einen maximalen s-t-Fluss gibt, dessen Residualgraph azyklisch ist.

9. Zeigen Sie, dass im Fall von irrationalen Kapazitäten der Ford-Fulkerson-Algorithmus nicht immer terminiert.

   Hinweis: Benutzen Sie das folgende Netzwerk mit den Kantenkapazitäten $r := \frac{\sqrt{5}-1}{2}$ und $q \ge \frac{1}{1-r}$. Es gilt somit $1 = r + r^2$.

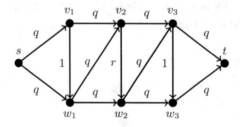

10. Betrachten Sie das Fluss-Problem eingeschränkt auf Instanzen (G, u, s, t), für die $G - t$ eine Arboreszenz ist. Zeigen Sie, dass man das so eingeschränkte Problem in linearer Zeit lösen kann.

    Hinweis: Benutzen Sie Tiefensuche.

11. Zeigen Sie, dass man die Kantenmenge F aus Lemma 10.21 in linearer Zeit berechnen kann.

12. Zeigen Sie, wie man in einem gegebenem Netzwerk (G, u, s, t) einen s-t-Schnitt minimaler Kapazität in polynomieller Zeit bestimmen kann.

Gauß-Elimination

Wir beschäftigen uns in diesem Kapitel mit der Lösung linearer Gleichungssysteme, das heißt Systeme der Form

$$\alpha_{11}\xi_1 + \alpha_{12}\xi_2 + \cdots + \alpha_{1n}\xi_n = \beta_1$$
$$\vdots \qquad\qquad \vdots \quad\ \vdots$$
$$\alpha_{m1}\xi_1 + \alpha_{m2}\xi_2 + \cdots + \alpha_{mn}\xi_n = \beta_m$$

(oder kurz $Ax = b$), wobei $A = (\alpha_{ij})_{1 \le i \le m,\, 1 \le j \le n} \in \mathbb{R}^{m \times n}$ und $b = (\beta_1, \ldots, \beta_m)^\top \in \mathbb{R}^m$ gegeben sind und $x = (\xi_1, \ldots, \xi_n)^\top \in \mathbb{R}^n$ gesucht ist. Mit anderen Worten: wir lösen folgendes numerische Berechnungsproblem:

Berechnungsproblem 11.1 (Lineare Gleichungssysteme)
Eingabe: eine Matrix $A \in \mathbb{R}^{m \times n}$ und ein Vektor $b \in \mathbb{R}^m$.
Aufgabe: Berechne einen Vektor $x \in \mathbb{R}^n$ mit $Ax = b$ oder entscheide, dass keiner existiert.

Aus der Linearen Algebra wissen wir, dass dieses Problem eng verwandt dazu ist, den Rang, und im Falle $m = n$ die Determinante und – falls A nichtsingulär ist – die Inverse A^{-1} von A zu berechnen; vgl. die Box **Rang und Determinante.** Alle diese Probleme löst das Gaußsche Eliminationsverfahren, das wir in diesem Kapitel studieren. Wir haben Problem 11.1 für reelle Zahlen definiert, aber man kann alles auf beliebige Körper (zum Beispiel $\mathbb{C}$) erweitern, sofern man darin rechnen kann.

Neben der Linearen Algebra spielen Algorithmen zur Lösung linearer Gleichungssysteme eine fundamentale Rolle bei der numerischen Lösung von Differentialgleichungssystemen, in der linearen und nichtlinearen Optimierung, und demzufolge auch in zahlreichen Anwendungen.

© Springer-Verlag GmbH Deutschland, ein Teil von Springer Nature 2018
S. Hougardy und J. Vygen, *Algorithmische Mathematik*,
https://doi.org/10.1007/978-3-662-57461-4_11

Rang und Determinante

Sei $A \in \mathbb{R}^{m \times n}$. Dann ist der **Rang** von A als die maximale Anzahl linear unabhängiger Spaltenvektoren von A definiert. Dieser Wert ist gleich der maximalen Anzahl linear unabhängiger Zeilenvektoren von A. Die **Determinante** einer quadratischen Matrix $A \in \mathbb{R}^{n \times n}$ mit $A = (\alpha_{ij})_{1 \le i, j \le n}$ ist definiert als

$$\det(A) := \sum_{\sigma \in S_n} \text{sign}(\sigma) \prod_{i=1}^{n} \alpha_{i\sigma(i)},$$

wobei S_n die Menge aller Permutationen auf der Menge $\{1, \cdots, n\}$ ist und $\text{sign}(\sigma)$ das Vorzeichen der Permutation σ angibt. Eine Matrix $A \in \mathbb{R}^{n \times n}$ heißt **nichtsingulär**, falls es eine Matrix $B \in \mathbb{R}^{n \times n}$ gibt mit $AB = I$. Ansonsten heißt A **singulär**. Eine Matrix A ist genau dann singulär, falls $\det(A) = 0$. Falls es eine Matrix B mit $AB = I$ gibt, so nennt man B die **Inverse** von A und bezeichnet sie mit A^{-1}. Die Inverse einer Matrix A ist eindeutig und es gilt $AA^{-1} = A^{-1}A = I$. Zudem gilt $(AB)^{-1} = B^{-1}A^{-1}$ für zwei nichtsinguläre Matrizen A und B. Sind A und B zwei Matrizen in $\mathbb{R}^{n \times n}$, so kann man durch Nachrechnen leicht beweisen, dass $\det(AB) = \det(A)\det(B)$ gilt. Unmittelbar aus der Definition der Determinante ergibt sich der Laplacesche Entwicklungssatz. Dieser besagt, dass für jedes $j \in \{1, \ldots, n\}$ gilt:

$$\det(A) = \sum_{i=1}^{n} (-1)^{i+j} \alpha_{ij} \det(A_{ij}).$$

Dabei bezeichnet A_{ij} die Matrix, die aus A durch Streichen der i-ten Zeile und j-ten Spalte entsteht.

Vektoren sind hier immer Spaltenvektoren, es sei denn sie werden transponiert (d. h. für $x \in \mathbb{R}^n$ ist $x^\top$ ein Zeilenvektor). Für $x, y \in \mathbb{R}^n$ ist $x^\top y \in \mathbb{R}$ ihr Standardskalarprodukt (manchmal auch inneres Produkt genannt). Für $x \in \mathbb{R}^m$ und $y \in \mathbb{R}^n$ ist $xy^\top \in \mathbb{R}^{m \times n}$ ihr äußeres Produkt. Mit I bezeichnen wir eine Einheitsmatrix, also eine quadratische Matrix $(\delta_{ij})_{1 \le i, j \le n}$ mit $\delta_{ij} = 1$ für $i = j$ und $\delta_{ij} = 0$ für $i \ne j$. Die Spalten von I heißen Einheitsvektoren und werden mit $e_1, \ldots, e_n$ bezeichnet. Die Dimension der Einheitsvektoren und -matrizen wird stets aus dem Kontext hervorgehen. Analog kann 0 die Zahl Null oder einen Vektor oder eine Matrix mit lauter Nullen bezeichnen.

11.1 Die Operationen der Gauß-Elimination

Das grundlegende Verfahren der Linearen Algebra wird allgemein nach Carl Friedrich Gauß benannt, war aber schon mehr als 2000 Jahre vor ihm in China bekannt. Es basiert auf folgenden Operationen:

(1) Vertauschen von Zeilen
(2) Vertauschen von Spalten
(3) Addition eines Vielfachen einer Zeile zu einer anderen

Mit Zeile ist jeweils eine Zeile von A und der entsprechende Eintrag von b gemeint. Mit Spalte ist jeweils eine Spalte von A und der entsprechende Eintrag von x gemeint. Diese Operationen ändern die Lösungsmenge nicht (außer dass (2) die Reihenfolge der Variablen ändert). Für die ersten beiden Operationen ist das offensichtlich. Für die dritte gilt:

Lemma 11.2 *Sei $A \in \mathbb{R}^{m \times n}$ und $b \in \mathbb{R}^m$. Seien $p, q \in \{1, \dots, m\}$ mit $p \neq q$ und $\delta \in \mathbb{R}$. Das δ-fache der p-ten Zeile zur q-ten Zeile von A zu addieren bedeutet, A durch GA zu ersetzen, wobei $G := I + \delta e_q e_p^\top \in \mathbb{R}^{m \times m}$.*

G ist nichtsingulär, und es gilt $G^{-1} = I - \delta e_q e_p^\top$ und $\{x \mid Ax = b\} = \{x \mid GAx = Gb\}$. Ferner haben A und GA denselben Rang und im Falle $m = n$ dieselbe Determinante.

Beweis Die erste Aussage ist offensichtlich. Wir prüfen $(I + \delta e_q e_p^\top)(I - \delta e_q e_p^\top) = I^2 - \delta^2 e_q e_p^\top e_q e_p^\top = I$. Ist $Ax = b$, so auch $GAx = Gb$. Da G nichtsingulär ist, folgt auch die Umkehrung. Die Nichtsingularität impliziert auch, dass GA den gleichen Rang wie A hat. Im Falle $m = n$ ist $\det(GA) = (\det G)(\det A) = \det A$. $\qquad\square$

Der Hauptteil der Gauß-Elimination besteht darin, die gegebene Matrix mit diesen Operationen in eine obere Dreiecksform zu bringen:

Definition 11.3 *Eine Matrix $A = (\alpha_{ij}) \in \mathbb{R}^{m \times n}$ heißt* **obere Dreiecksmatrix,** *falls $\alpha_{ij} = 0$ für alle $i > j$ gilt. A heißt* **untere Dreiecksmatrix,** *falls $\alpha_{ij} = 0$ für alle $i < j$ gilt. Eine quadratische Dreiecksmatrix $A \in \mathbb{R}^{m \times m}$ heißt* **normiert,** *falls $\alpha_{ii} = 1$ für alle $i = 1, \dots, m$.*

Die Matrix G in Lemma 11.2 ist eine normierte Dreiecksmatrix.

Proposition 11.4 *Eine normierte untere Dreiecksmatrix ist nichtsingulär und hat Determinante 1. Ihre Inverse ist ebenfalls eine normierte untere Dreiecksmatrix.*

Beweis Sei $A \in \mathbb{R}^{m \times m}$ eine normierte untere Dreiecksmatrix. Wir zeigen die Aussage per Induktion über m. Für $m = 1$ ist die Aussage offensichtlich. Sonst schreiben wir $A = \left(\begin{smallmatrix} B & 0 \\ c^\top & 1 \end{smallmatrix} \right)$, wobei B natürlich wieder eine normierte untere Dreiecksmatrix ist und 0 der Vektor mit $m-1$ Nullen. Wir erhalten det $A =$ det B, und prüfen (unter Verwendung der Induktionsannahme) durch Ausrechnen nach, dass $A^{-1} = \begin{pmatrix} B^{-1} & 0 \\ -c^\top B^{-1} & 1 \end{pmatrix}$. $\qquad\qquad\qquad\square$

Ebenso ist die Inverse einer nichtsingulären oberen Dreiecksmatrix wieder eine obere Dreiecksmatrix. Wir bringen A in obere Dreiecksform, indem wir sukzessive folgendes Lemma anwenden (und ggfs. vorher Zeilen und/oder Spalten vertauschen um $\alpha_{pp} \neq 0$ zu gewährleisten).

Lemma 11.5 *Sei* $A = (\alpha_{ij}) \in \mathbb{R}^{m \times n}$ *und* $p \in \{1, \ldots, \min\{m, n\}\}$ *mit* $\alpha_{ii} \neq 0$ *für alle* $i = 1, \ldots, p$ *und* $\alpha_{ij} = 0$ *für alle* $j < p$ *und* $i > j$. *Dann gibt es eine normierte untere Dreiecksmatrix* $G \in \mathbb{R}^{m \times m}$ *sodass* $GA = (\alpha'_{ij})$ *mit* $\alpha'_{ii} \neq 0$ *für alle* $i = 1, \ldots, p$ *und* $\alpha'_{ij} = 0$ *für alle* $j \leq p$ *und* $i > j$. *Ein solches* G *und die Matrix* GA *können in* $O(mn)$ *Rechenschritten berechnet werden.*

Beweis Wir subtrahieren das $\frac{\alpha_{ip}}{\alpha_{pp}}$-fache der Zeile p von Zeile i für $i = p+1, \ldots, m$. Nach Lemma 11.2 erhalten wir $G = \prod_{i=p+1}^{m}(I - \frac{\alpha_{ip}}{\alpha_{pp}} e_i e_p^\top) = I - \sum_{i=p+1}^{m} \frac{\alpha_{ip}}{\alpha_{pp}} e_i e_p^\top$. $\qquad\square$

Insgesamt braucht diese erste Phase der Gauß-Elimination r Iterationen und also $O(mn(r + 1))$ elementare Rechenoperationen, wobei $r \leq \min\{m, n\}$ der Rang von A ist. Der Rest ist einfach, denn lineare Gleichungssysteme mit Dreiecksmatrizen lassen sich leicht mit $O(n \min\{m, n\})$ Rechenoperationen lösen:

Lemma 11.6 *Sei* $A = (\alpha_{ij}) \in \mathbb{R}^{m \times n}$ *obere Dreiecksmatrix und* $b = (\beta_1, \ldots, \beta_m)^\top \in \mathbb{R}^m$. *Für alle* $i = 1, \ldots, m$ *gelte entweder* $(i \leq n$ *und* $\alpha_{ii} \neq 0)$ *oder* $(\beta_i = 0$ *und* $\alpha_{ij} = 0$ *für alle* $j = 1, \ldots, n)$. *Dann ist die Menge der Lösungen von* $Ax = b$ *gegeben durch* $x = (\xi_1, \ldots, \xi_n)^\top$ *mit*

$$\xi_i \in \mathbb{R} \ beliebig \quad für \ alle \ i \ mit \ i > m \ oder \ \alpha_{ii} = 0, \ und$$

$$\xi_i = \frac{1}{\alpha_{ii}}\left(\beta_i - \sum_{j=i+1}^{n} \alpha_{ij}\xi_j\right) \quad für \ i = \min\{m, n\}, \ldots, 1 \ mit \ \alpha_{ii} \neq 0. \qquad (11.1)$$

Beweis Durch Umformen von (11.1) erhält man

$$\alpha_{ii}\xi_i + \sum_{j=i+1}^{n} \alpha_{ij}\xi_j = \beta_i \,,$$

was genau der i-ten Zeile des linearen Gleichungssystems $Ax = b$ entspricht. Andere Zeilen sind komplett null. Man beachte, dass zur Berechnung von ξ_i mit (11.1) nur Werte von Variablen mit höherem Index benötigt werden. □

Eine analoge Aussage gilt natürlich auch für untere Dreiecksmatrizen. Es kann auch vorkommen, dass die i-te Zeile von A vollständig null ist, aber $\beta_i \neq 0$ ist. Dann hat das Gleichungssystem offenbar keine Lösung.

Das Verfahren in Lemma 11.6 bildet den Abschluss der Gauß-Elimination. Wir halten fest:

Satz 11.7 *Lineare Gleichungssysteme $Ax = b$ mit $A \in \mathbb{R}^{m \times n}$ und $b \in \mathbb{R}^m$ können mit $O(mn(r + 1))$ elementaren Rechenoperationen gelöst werden, wobei r der Rang von A ist.*

Beweis Wir bringen A durch die Operationen (1)–(3) auf obere Dreiecksform; siehe Lemma 11.5. Gibt es dann eine Zeile der Matrix, die komplett null ist, aber deren entsprechender Eintrag der rechten Seite nicht null ist, so stellen wir fest, dass $Ax = b$ keine Lösung besitzt. Sonst wenden wir Lemma 11.6 an. □

Wir werden den Algorithmus unten auch noch formal beschreiben.

Beispiel 11.8 Wir lösen das lineare Gleichungssystem

$$
\begin{aligned}
3\xi_1 + \xi_2 + 4\xi_3 - 6\xi_4 &= 3 \\
6\xi_1 + 2\xi_2 + 6\xi_3 &= 2 \\
9\xi_1 + 4\xi_2 + 7\xi_3 - 5\xi_4 &= 0 \\
\xi_2 - 3\xi_3 + \xi_4 &= -5
\end{aligned}
$$

wie folgt:

$$
\left[\begin{array}{cccc|c}
\mathbf{3} & 1 & 4 & -6 & 3 \\
6 & 2 & 6 & 0 & 2 \\
9 & 4 & 7 & -5 & 0 \\
0 & 1 & -3 & 1 & -5
\end{array}\right]
\rightarrow
\left[\begin{array}{cccc|c}
\mathbf{3} & 1 & 4 & -6 & 3 \\
0 & 0 & -2 & 12 & -4 \\
0 & \mathbf{1} & -5 & 13 & -9 \\
0 & 1 & -3 & 1 & -5
\end{array}\right]
\rightarrow
\left[\begin{array}{cccc|c}
\mathbf{3} & 1 & 4 & -6 & 3 \\
0 & \mathbf{1} & -5 & 13 & -9 \\
0 & 0 & -2 & 12 & -4 \\
0 & 1 & -3 & 1 & -5
\end{array}\right]
$$

$$
\rightarrow
\left[\begin{array}{cccc|c}
3 & 1 & 4 & -6 & 3 \\
0 & 1 & -5 & 13 & -9 \\
0 & 0 & \mathbf{-2} & 12 & -4 \\
0 & 0 & 2 & -12 & 4
\end{array}\right]
\rightarrow
\left[\begin{array}{cccc|c}
3 & 1 & 4 & -6 & 3 \\
0 & 1 & -5 & 13 & -9 \\
0 & 0 & -2 & 12 & -4 \\
0 & 0 & 0 & 0 & 0
\end{array}\right]
$$

Beim ersten, dritten und vierten Schritt wurde Lemma 11.5 angewandt, beim zweiten Schritt wurden die zweite und dritte Zeile vertauscht. Die vierte Gleichung ist redundant. Am Ende kann ξ_4 beliebig gewählt werden; wählt man $\xi_4 = 0$, so erhält man mit (11.1) eine Lösung $x = (-2, 1, 2, 0)^\top$.

Statt am Ende Lemma 11.6 anzuwenden, kann man die Matrix auch durch weitere Anwendung von Lemma 11.5 (diesmal von unten nach oben) in Diagonalgestalt bringen, d. h. in die Form $\left(\begin{smallmatrix} D & B \\ 0 & 0 \end{smallmatrix}\right)$, wobei D eine Diagonalmatrix (d. h. eine quadratische untere und obere Dreiecksmatrix) ist. Dies wird als Gauß-Jordan-Verfahren bezeichnet.

11.2   LU-Zerlegung

Die Gauß-Elimination gewinnt weitere Informationen:

Definition 11.9 *Eine* **LU-Zerlegung** *einer Matrix $A \in \mathbb{R}^{m \times n}$ besteht aus einer normierten unteren Dreiecksmatrix L und einer oberen Dreiecksmatrix U mit $LU = A$.*

Proposition 11.10 *Jede nichtsinguläre Matrix hat höchstens eine LU-Zerlegung.*

Beweis Aus $A = L_1 U_1 = L_2 U_2$ folgt $U_1 U_2^{-1} = L_1^{-1} L_2$, da mit A auch U_2 nichtsingulär ist. Das Inverse einer oberen Dreiecksmatrix und das Produkt zweier oberer Dreiecksmatrizen ist wieder eine obere Dreiecksmatrix. Das Inverse einer normierten unteren Dreiecksmatrix und das Produkt zweier normierter unterer Dreiecksmatrizen ist wieder eine normierte untere Dreiecksmatrix (siehe Proposition 11.4). Aus $U_1 U_2^{-1} = L_1^{-1} L_2$ folgt daher, dass links und rechts die Einheitsmatrix stehen muss. □

Eine LU-Zerlegung existiert aber nicht immer. Beispielsweise hat die Matrix $\left(\begin{smallmatrix} 0 & 1 \\ 1 & 0 \end{smallmatrix}\right)$ keine LU-Zerlegung. Daher benötigen wir eine allgemeinere Definition:

Definition 11.11 *Sei $n \in \mathbb{N}$ und $\sigma : \{1, \ldots, n\} \rightarrow \{1, \ldots, n\}$ eine Permutation. Die zu σ gehörende* **Permutationsmatrix** *(der Ordnung n) ist die Matrix $P_\sigma = (\pi_{ij}) \in \{0,1\}^{n \times n}$ mit $\pi_{ij} = 1$ genau dann wenn $\sigma(i) = j$.*

   Eine **voll pivotisierte LU-Zerlegung** *einer Matrix $A \in \mathbb{R}^{m \times n}$ besteht aus einer normierten unteren Dreiecksmatrix L, einer oberen Dreiecksmatrix U und zwei Permutationen σ und τ mit $A = P_\sigma^\top L U P_\tau$ sowie der Eigenschaft, dass ein Diagonalelement υ_{ii} von $U = (\upsilon_{ij})$ nur dann null ist, wenn die Zeilen i bis m von U alle komplett null sind.*

Eine Permutationsmatrix ist also eine Matrix, die aus einer Einheitsmatrix $I = P_{\mathrm{id}}$ durch Vertauschungen von Zeilen (oder Spalten) entsteht (mit id bezeichnen wir eine Identitätsfunktion). Die Multiplikation einer Matrix von links mit $P_\sigma^\top$ bewirkt eine Vertauschung der Zeilen gemäß der Permutation σ (die i-te Zeile wird zur $\sigma(i)$-ten Zeile), während die Multiplikation einer Matrix von rechts mit P_τ die Vertauschung der Spalten gemäß τ bewirkt. Es gilt natürlich:

Proposition 11.12 *Für alle $n \in \mathbb{N}$ bilden die Permutationsmatrizen der Ordnung n mit der Multiplikation eine Gruppe (mit I als neutralem Element). Für jede Permutationsmatrix P gilt $P P^\top = I$.* $\qquad\square$

Nichtsinguläre Matrizen A haben immer eine teilpivotisierte LU-Zerlegung, d. h. eine voll pivotisierte mit $\tau = $ id. Eine voll pivotisierte LU-Zerlegung existiert sogar für jede Matrix und kann mit der Gauß-Elimination berechnet werden, wie wir gleich sehen. Kennt man eine solche Zerlegung, so kann man den Rang, die Determinante (bei quadratischen Matrizen) sowie die Inverse (einer nichtsingulären Matrix) leicht bestimmen. Zum Beispiel haben wir:

Satz 11.13 *Sei $Ax = b$ ein lineares Gleichungssystem mit $A \in \mathbb{R}^{m \times n}$. Ist eine voll pivotisierte LU-Zerlegung von A bekannt, so kann man das lineare Gleichungssystem mit $O(m \max\{m, n\})$ Rechenoperationen lösen.*

Beweis Sei $A = P_\sigma^\top L U P_\tau$ eine voll pivotisierte LU-Zerlegung von A. Lineare Gleichungssysteme mit den Matrizen $P_\sigma^\top$ und P_τ (trivial) sowie L und U (Lemma 11.6) können jeweils mit $O(m \max\{m, n\})$ Rechenoperationen gelöst werden. Deshalb lösen wir sukzessive $P_\sigma^\top z' = b$ (d. h. $\zeta_i' = \beta_{\sigma(i)}$ für $i = 1, \ldots, m$), dann $L z'' = z'$, dann $U z''' = z''$, und schließlich $P_\tau x = z'''$ (d. h. $\xi_{\tau(j)} = \zeta_j'''$ für $j = 1, \ldots, n$). Es kann passieren, dass das Gleichungssystem $U z''' = z''$ keine Lösung hat; genau dann hat auch $Ax = b$ keine Lösung. $\qquad\square$

Eine voll pivotisierte LU-Zerlegung ist besonders praktisch, wenn man viele Gleichungssysteme mit derselben Matrix A, aber verschiedenen rechten Seiten b lösen möchte. Ebenso können wir mit der (voll pivotisierten) LU-Zerlegung natürlich den Rang (das ist der Rang von U) und im Falle einer quadratischen Matrix die Determinante berechnen; dabei müssen wir nur die Diagonalelemente von U betrachten (vergleiche Korollar 11.16).

Wir beschreiben nun die Gauß-Elimination formal, und zwar so, dass sie explizit eine voll pivotisierte LU-Zerlegung berechnet. In der Praxis weiß man oft a priori, dass A nichtsingulär ist und kann dann auf Spaltenvertauschungen verzichten (d. h. $P_\tau = I$). Sie können aber dennoch aus Gründen numerischer Stabilität sinnvoll sein; siehe dazu Abschn. 11.4.

Der Algorithmus behält die Invariante $P_\sigma^\top L U P_\tau = A$ bei, wobei σ und τ stets Permutationen sind und $L = (\lambda_{ij})$ eine normierte untere Dreiecksmatrix ist. Der Algorithmus stoppt, wenn U die geforderten Eigenschaften hat. Wir bezeichnen mit $\upsilon_{i\cdot}$ bzw. $\upsilon_{\cdot i}$ die i-te Zeile bzw. Spalte von U; analog für L.

Algorithmus 11.14 (Gauß-Elimination)
Eingabe: eine Matrix $A \in \mathbb{R}^{m \times n}$.
Ausgabe: eine voll pivotisierte LU-Zerlegung (σ, L, U, τ) von A. Der Rang r von A.

$\sigma(i) \leftarrow i \ (i = 1, \dots, m)$
$L = (\lambda_{ij}) \leftarrow I \in \mathbb{R}^{m \times m}$
$U = (v_{ij}) \leftarrow A$
$\tau(i) \leftarrow i \ (i = 1, \dots, n)$
$r \leftarrow 0$
while es gibt $p, q > r$ mit $v_{pq} \neq 0$ **do**
    Wähle $p \in \{r + 1, \dots, m\}$ und $q \in \{r + 1, \dots, n\}$ mit $v_{pq} \neq 0$
    $r \leftarrow r + 1$
    if $p \neq r$ **then** **swap**$(v_{p \cdot}, v_{r \cdot})$, **swap**$(\lambda_{p \cdot}, \lambda_{r \cdot})$, **swap**$(\lambda_{\cdot p}, \lambda_{\cdot r})$, **swap**$(\sigma(p), \sigma(r))$
    if $q \neq r$ **then** **swap**$(v_{\cdot q}, v_{\cdot r})$, **swap**$(\tau(q), \tau(r))$
    for $i \leftarrow r + 1$ **to** m **do**
        $\lambda_{ir} \leftarrow \frac{v_{ir}}{v_{rr}}$
        for $j \leftarrow r$ **to** n **do** $v_{ij} \leftarrow v_{ij} - \lambda_{ir} v_{rj}$.

Das zu Beginn jeder Iteration ausgewählte v_{pq} heißt Pivotelement. Ist die Ausgangsmatrix nichtsingulär, so kann man stets $q = r + 1$ wählen, also auf Spaltenvertauschungen verzichten. Wir sprechen dann von Teilpivotisierung (oder partieller Pivotisierung).

Im Algorithmus gilt offenbar nach jeder Iteration: $\lambda_{ij} \neq 0$ impliziert $i = j$ (und somit $\lambda_{ij} = 1$) oder $v_{ij} = 0$ (wobei $U = (v_{ij})$). Daher können in einer platzsparenden Implementierung L und U in derselben Matrix gespeichert werden.

Satz 11.15 *Die Gauß-Elimination (Algorithmus 11.14) arbeitet korrekt und benötigt $O(mn(r + 1))$ elementare Rechenoperationen, wobei r der Rang von A ist.*

Beweis Für die Korrektheit zeigen wir zunächst, dass die Invariante $P_\sigma^\top L U P_\tau = A$ stets gilt. Zu Beginn ist dies offensichtlich.

Bei einer Zeilenvertauschung ($p \neq r$) passiert folgendes: Das Vertauschen von Spalten der Matrix L und entsprechender Zeilen von U ändert nicht das Produkt LU, da $(L P_\pi)(P_\pi^\top U) = LU$. Das Vertauschen von Zeilen von L wird durch die Änderung von σ ausgeglichen; das Produkt $P_\sigma^\top L$ bleibt dabei gleich.

Bei einer Spaltenvertauschung ($q \neq r$) werden Spalten von U vertauscht; dies wird durch die Änderung von τ ausgeglichen; das Produkt $U P_\tau$ bleibt gleich.

Es bleibt die Änderung der Werte von λ_{ir} und v_{ij} ($j = r, \dots, n$) in der **for**-Schleife zu prüfen; wir müssen zeigen, dass LU hier konstant bleibt. Dafür wird Lemma 11.5 angewandt, d. h. für $i = r + 1, \dots, m$ jeweils Lemma 11.2. Dabei wird U von links mit $I - \lambda_{ir} e_i e_r^\top$ multipliziert. Gleichzeitig wird aber λ_{ir} gesetzt, was gleichbedeutend damit ist, L von rechts mit $I + \lambda_{ir} e_i e_r^\top$ zu multiplizieren (denn zu diesem Zeitpunkt ist $\lambda_{\cdot i} = e_i$, und vorher war $\lambda_{ir} = 0$). Wegen $(I + \lambda_{ir} e_i e_r^\top)(I - \lambda_{ir} e_i e_r^\top) = I$ ändert sich das Produkt LU nicht. Die Invariante $P_\sigma^\top L U P_\tau = A$ ist damit gezeigt.

Offenbar sind σ und τ stets Permutationen. Außerdem ist L stets eine normierte untere Dreiecksmatrix: es werden nur Einträge unterhalb der Diagonalen verändert, und Vertauschungen von Zeilenpaaren und entsprechenden Spaltenpaaren finden immer simultan statt. Nach Iteration r gilt $v_{rr} \neq 0$ und $v_{ir} = 0$ für alle $i = r + 1, \ldots, m$, und diese Werte ändern sich danach nicht mehr. Wenn der Algorithmus terminiert, ist $v_{ij} = 0$ für alle $i = r + 1, \ldots, m$ und alle $j = 1, \ldots, n$.

Daraus folgt auch, dass r am Ende der Rang von U ist, und also auch der Rang von A (denn die Permutationsmatrizen und L sind nichtsingulär). Die Laufzeit ist offensichtlich. $\square$

Wir halten noch fest:

Korollar 11.16 *Die Determinante einer gegebenen Matrix $A \in \mathbb{R}^{n \times n}$ lässt sich in $O(n^3)$ Rechenschritten berechnen.*

Beweis Wir benutzen Algorithmus 11.14. Jede Zeilen- oder Spaltenvertauschung bedeutet die Multiplikation der Determinante mit -1. Haben wir k Zeilen- und l Spaltenvertauschungen durchgeführt, so ergibt sich $\det A = (\det P_\sigma^\top)(\det L)(\det U)(\det P_\tau) = (-1)^k(\det U)(-1)^l = (-1)^{k+l} \prod_{i=1}^n v_{ii}$. Die Laufzeit folgt aus Satz 11.15. $\square$

Korollar 11.17 *Sei $A \in \mathbb{R}^{n \times n}$ gegeben. Dann lässt sich in $O(n^3)$ Rechenschritten A^{-1} berechnen oder entscheiden, dass A singulär ist.*

Beweis Wir berechnen eine voll pivotisierte LU-Zerlegung mit Algorithmus 11.14 in $O(n^3)$ Schritten (Satz 11.15). Ist der Rang von A gleich n (d. h. A ist nichtsingulär), so lösen wir die Gleichungssysteme $Ax = e_i$ für $i = 1, \ldots, n$ gemäß Satz 11.13 jeweils in $O(n^2)$ Schritten. Die Lösungen ergeben die Spalten von A^{-1}. $\square$

11.3 Gauß-Elimination mit rationalen Zahlen

Wir haben beim bisherigen Studium der Gauß-Elimination angenommen, dass wir mit beliebigen reellen Zahlen exakt rechnen können. Das ist natürlich nicht der Fall. In der Praxis gibt es daher zwei Möglichkeiten: exaktes Rechnen mit rationalen Zahlen oder Rechnen mit Maschinenzahlen unter Inkaufnahme von Rundungsfehlern.

Wir betrachten zunächst erstere. Wir nehmen rationalen Input an, also $A \in \mathbb{Q}^{m \times n}$ und $b \in \mathbb{Q}^m$. Natürlich sind dann alle Zahlen in den Rechnungen rational, denn es werden ja nur die Grundrechenarten benutzt. Es ist aber nicht offensichtlich, dass die Anzahl der benötigten Bits, um die im Algorithmus vorkommenden Zahlen exakt zu speichern, nicht stärker als polynomiell wächst (man kann beispielsweise mit n Multiplikationen aus der Zahl 2 die Zahl 2^{2^n} berechnen, für deren Binärdarstellung man $2^n + 1$ Bits braucht).

Beispiel 11.18 Die Zahlen selbst können durchaus exponentiell wachsen, wie die Matrix

$$A_n := \begin{pmatrix} 1 & -1 & 0 & \cdots & 0 & 0 & 2 \\ -1 & 2 & -1 & \ddots & 0 & 0 & 2 \\ -1 & 0 & 2 & \ddots & 0 & 0 & 2 \\ \vdots & \vdots & & \ddots & \ddots & \vdots & \vdots \\ -1 & 0 & 0 & \ddots & 2 & -1 & 2 \\ -1 & 0 & 0 & \cdots & 0 & 2 & 2 \\ -1 & 0 & 0 & \cdots & 0 & 0 & 2 \end{pmatrix} \in \mathbb{Z}^{n \times n}$$

zeigt; ihre LU-Zerlegung ist

$$A_n = \begin{pmatrix} 1 & 0 & & \cdots & & & 0 \\ -1 & 1 & 0 & & & & \\ & -1 & 1 & \ddots & & & \vdots \\ & & \ddots & \ddots & \ddots & & \\ \vdots & & & \ddots & 1 & 0 & \\ & & & & -1 & 1 & 0 \\ -1 & & \cdots & & & -1 & 1 \end{pmatrix} \begin{pmatrix} 1 & -1 & 0 & \cdots & & 0 & 2 \\ 0 & 1 & -1 & \ddots & & 0 & 4 \\ & 0 & 1 & \ddots & & 0 & 8 \\ \vdots & & \ddots & \ddots & \ddots & & \vdots \\ & & & \ddots & 1 & -1 & 2^{n-2} \\ & & & & 0 & 1 & 2^{n-1} \\ 0 & & \cdots & & & 0 & 2^n \end{pmatrix}.$$

Edmonds [11] zeigte aber, dass die Gauß-Elimination tatsächlich ein polynomieller (und daher auch ein streng polynomieller) Algorithmus ist.

Zunächst zeigen wir, dass die Binärdarstellungen von Zähler und Nenner der Determinante einer quadratischen rationalen Matrix höchstens doppelt so viele Bits benötigen wie die Einträge der Matrix insgesamt:

Lemma 11.19 *Sei $n \in \mathbb{N}$ und $A = (\alpha_{ij}) \in \mathbb{Q}^{n \times n}$ mit $\alpha_{ij} = \frac{p_{ij}}{q_{ij}}$, $p_{ij} \in \mathbb{Z}$ und $q_{ij} \in \mathbb{N}$. Sei $k := \sum_{i,j=1}^{n} \left(\lceil \log_2(|p_{ij}| + 1) \rceil + \lceil \log_2(q_{ij}) \rceil \right)$. Dann existieren $p \in \mathbb{Z}$ und $q \in \mathbb{N}$ mit $\det A = \frac{p}{q}$ und $\lceil \log_2(|p| + 1) \rceil + \lceil \log_2(q) \rceil \le 2k$.*

Beweis Wähle $q := \prod_{i,j=1}^{n} q_{ij}$ und $p := q \cdot \det A$. Dann ist $\log_2 q = \sum_{i,j=1}^{n} \log_2 q_{ij} < k$ und $p \in \mathbb{Z}$. Mit dem Laplaceschen Entwicklungssatz und Induktion über n erhält man $|\det A| \le \prod_{i=1}^{n} \sum_{j=1}^{n} |\alpha_{ij}|$. Hieraus folgt $|\det A| \le \prod_{i=1}^{n} \sum_{j=1}^{n} |p_{ij}| < \prod_{i,j=1}^{n}(1 + |p_{ij}|)$, also $\log_2 |p| = \log_2 q + \log_2 |\det A| < \log_2 q + \log_2 \prod_{i,j=1}^{n}(1 + |p_{ij}|) = \sum_{i,j=1}^{n}(\log_2 q_{ij} + \log_2(1 + |p_{ij}|)) < k$. $\qquad\square$

Beispiel 11.18 zeigt, dass die Schranke bis auf einen konstanten Faktor scharf ist.

Wir werden diese Abschätzung für Subdeterminanten der gegebenen Matrix $A \in \mathbb{Q}^{m \times n}$ benutzen; das sind Determinanten von Teilmatrizen $A_{IJ} := (\alpha_{ij})_{i \in I, j \in J}$ mit $I \subseteq \{1, \ldots, m\}$, $J \subseteq \{1, \ldots, n\}$ und $|I| = |J| \neq 0$. Es gilt nämlich:

Lemma 11.20 *Alle im Laufe der Gauß-Elimination (Algorithmus 11.14) vorkommenden Zahlen sind 0 oder 1 oder Einträge von A oder, bis auf das Vorzeichen, Quotienten von Subdeterminanten von A.*

Beweis Zum Beweis betrachten wir eine Iteration r. Hier werden Einträge v_{ij} von U mit $i > r$ und $j \geq r$ verändert. Im Falle $j = r$ ist der neue Eintrag null. Sonst ist $i > r$ und $j > r$, und am Ende der Iteration gilt

$$|v_{ij}| = \left| \frac{\det U_{\{1,\ldots,r,i\}\{1,\ldots,r,j\}}}{\det U_{\{1,\ldots,r\}\{1,\ldots,r\}}} \right|, \tag{11.2}$$

wie man mit dem Laplaceschen Entwicklungssatz erhält, wenn man die letzte Zeile (mit Index i) der im Zähler stehenden Matrix betrachtet; diese hat höchstens einen von Null verschiedenen Eintrag, nämlich v_{ij}.

Die zur Berechnung von λ_{ir} herangezogenen Werte von v_{ir} und v_{rr} sind für $r = 1$ Einträge, also auch Subdeterminanten, von A. Für $r > 1$ gilt, dass sie letztmals in Iteration $r - 1$ verändert wurden, und wir haben gemäß (11.2)

$$|\lambda_{ir}| = \left| \frac{\det U_{\{1,\ldots,r-1,i\}\{1,\ldots,r\}}}{\det U_{\{1,\ldots,r-1,i\}\{1,\ldots,r-1\}}} \right| \Big/ \left| \frac{\det U_{\{1,\ldots,r\}\{1,\ldots,r\}}}{\det U_{\{1,\ldots,r-1\}\{1,\ldots,r-1\}}} \right| = \left| \frac{\det U_{\{1,\ldots,r-1,i\}\{1,\ldots,r\}}}{\det U_{\{1,\ldots,r\}\{1,\ldots,r\}}} \right|. \tag{11.3}$$

Wir zeigen nun noch, dass Zähler und Nenner in diesen Brüchen (11.2) und (11.3) nicht nur Subdeterminanten von U, sondern auch von A sind.

Wegen der Invariante $P_\sigma^\top L U P_\tau = A$ ist stets $L U = P_\sigma A P_\tau^\top$ und somit am Ende von Iteration r:

$$\begin{aligned}
(P_\sigma A P_\tau^\top)_{\{1,\ldots,r,i\}\{1,\ldots,r,j\}} &= (LU)_{\{1,\ldots,r,i\}\{1,\ldots,r,j\}} \\
&= L_{\{1,\ldots,r,i\}\{1,\ldots,m\}} U_{\{1,\ldots,m\}\{1,\ldots,r,j\}} \\
&= L_{\{1,\ldots,r,i\}\{1,\ldots,r,i\}} U_{\{1,\ldots,r,i\}\{1,\ldots,r,j\}},
\end{aligned}$$

wobei die letzte Gleichung daraus folgt, dass die Spalten von L jenseits der ersten r noch die Spalten der Einheitsmatrix sind. Es folgt für alle $i > r$ und alle $j > r$:

$$\begin{aligned}
\det\left(P_\sigma A P_\tau^\top\right)_{\{1,\ldots,r,i\}\{1,\ldots,r,j\}} &= \det L_{\{1,\ldots,r,i\}\{1,\ldots,r,i\}} \det U_{\{1,\ldots,r,i\}\{1,\ldots,r,j\}} \\
&= \det U_{\{1,\ldots,r,i\}\{1,\ldots,r,j\}}
\end{aligned}$$

und analog

$$\det\big(P_\sigma A P_\tau^\top\big)_{\{1,\dots,r\}\{1,\dots,r\}} \; = \; \det U_{\{1,\dots,r\}\{1,\dots,r\}} \, .$$

Auf der linken Seite steht jeweils (bis auf das Vorzeichen) eine Subdeterminante von A. $\square$

Damit erhalten wir:

Satz 11.21 *Die Gauß-Elimination (Algorithmus 11.14) ist ein polynomieller Algorithmus.*

Beweis Nach Lemma 11.20 sind alle Zahlen, die im Algorithmus vorkommen, 0 oder 1 oder Einträge von A oder (bis auf das Vorzeichen) Quotienten von Subdeterminanten von A. Jede Subdeterminante von A kann nach Lemma 11.19 mit $2k$ Bits gespeichert werden, der Quotient also mit höchstens $4k$ Bits, wobei k die Anzahl der Bits der Eingabe ist. Damit die Zahlen wirklich nicht mehr Platz brauchen, müssen alle Brüche stets gekürzt werden. Dies geht nach Korollar 3.13 mit dem Euklidischen Algorithmus in polynomieller Zeit. $\square$

11.4 Gauß-Elimination mit Maschinenzahlen

Das Rechnen mit rationalen Zahlen mit beliebig großem Zähler und Nenner ist recht langsam. Deshalb löst man lineare Gleichungssysteme in der Praxis meistens mit Maschinenzahlen wie dem Datentyp `double` und nimmt Rundungsfehler in Kauf. Beispiel 5.5 sowie das folgende Beispiel zeigen, dass sich bei der Gauß-Elimination Rundungsfehler durch Auslöschung verstärken und zu völlig falschen Ergebnissen führen können.

Beispiel 11.22 Die Matrix $A = \begin{pmatrix} 2^{-k} & -1 \\ 1 & 1 \end{pmatrix}$ hat die LU-Zerlegung

$$\begin{pmatrix} 2^{-k} & -1 \\ 1 & 1 \end{pmatrix} = \begin{pmatrix} 1 & 0 \\ 2^k & 1 \end{pmatrix} \begin{pmatrix} 2^{-k} & -1 \\ 0 & 2^k+1 \end{pmatrix} \, .$$

Für $k \in \mathbb{N}$ mit $k > 52$ wird dies beim Rechnen in $F_{\mathtt{double}}$ gerundet zu

$$\begin{pmatrix} 2^{-k} & -1 \\ 1 & 1 \end{pmatrix} \neq \begin{pmatrix} 1 & 0 \\ 2^k & 1 \end{pmatrix} \begin{pmatrix} 2^{-k} & -1 \\ 0 & 2^k \end{pmatrix} = \begin{pmatrix} 2^{-k} & -1 \\ 1 & 0 \end{pmatrix} ;$$

das heißt die gerundete LU-Zerlegung ergibt als Produkt eine Matrix, die von A völlig verschieden ist. Besser geht es mit Teilpivotisierung: man vertauscht erste und zweite Zeile und erhält

$$\begin{pmatrix} 2^{-k} & -1 \\ 1 & 1 \end{pmatrix} = \begin{pmatrix} 0 & 1 \\ 1 & 0 \end{pmatrix} \begin{pmatrix} 1 & 0 \\ 2^{-k} & 1 \end{pmatrix} \begin{pmatrix} 1 & 1 \\ 0 & -1-2^{-k} \end{pmatrix} ,$$

was auch nach Rundung fast korrekt ist.

Die Gauß-Elimination ohne geeignete Pivotsuche ist also numerisch instabil. Daher versucht man, durch geschickte Wahl des Pivotelementes die numerische Stabilität zu erhalten. Als Strategie wurde z. B. vorgeschlagen, das Element υ_{pq} (möglichst mit $q = r + 1$, das heißt ohne Spaltenvertauschung) zu wählen, für das $\frac{|\upsilon_{pq}|}{\max_j |\upsilon_{pj}|}$ möglichst groß ist. Für keine Pivotstrategie konnte aber bisher wirklich nachgewiesen werden, dass sie immer zu einem numerisch stabilen Verfahren führen. Immerhin konnte Wilkinson [11] eine Abschätzung der Rückwärtsstabilität geben, die das meist gute Verhalten in der Praxis teilweise erklärt. Aus einer Abschätzung der Rückwärtsstabilität und der Kondition erhält man auch eine Abschätzung der Vorwärtsstabilität, wie wir noch erläutern werden.

Wir führen hier die Rückwärtsanalyse nur für die einfachere zweite Phase der Gauß-Elimination (Lemma 11.6) durch:

Satz 11.23 *Sei $A = (\alpha_{ij}) \in \mathbb{R}^{m \times n}$ obere Dreiecksmatrix und $b = (\beta_1, \ldots, \beta_m)^\top \in \mathbb{R}^m$, wobei die Einträge von A und b Maschinenzahlen in einem Maschinenzahlbereich F seien. F habe Maschinengenauigkeit $\mathrm{eps} := \mathrm{eps}(F) < \frac{1}{3}$. Für alle $i = 1, \ldots, m$ gelte entweder ($i \leq n$ und $\alpha_{ii} \neq 0$) oder ($\beta_i = 0$ und $\alpha_{ij} = 0$ für alle $j = 1, \ldots, n$). Führt man das Verfahren aus Lemma 11.6 mit Maschinenzahlenarithmetik durch, und sind die Absolutbeträge aller Zwischenergebnisse null oder in $\mathrm{range}(F)$, so erhält man einen Vektor $\tilde{x}$, für den es eine obere Dreiecksmatrix $\tilde{A} = (\tilde{\alpha}_{ij})$ gibt mit $\tilde{A}\tilde{x} = b$ und*

$$|\alpha_{ij} - \tilde{\alpha}_{ij}| \; \leq \; \max\{3, n\}\, \mathrm{eps}\, (1 + \mathrm{eps})^{n-1} |\alpha_{ij}|$$

für $i = 1, \ldots, m$ und $j = 1, \ldots, n$.

Beweis Wir betrachten der Reihe nach die Indizes $i = \min\{m, n\}, \ldots, 1$ mit $\alpha_{ii} \neq 0$. Wir haben gemäß (11.1):

$$\tilde{\xi}_i \; = \; \mathrm{rd}\left(\frac{\mathrm{rd}\,(\beta_i - s_{i+1})}{\alpha_{ii}} \right),$$

wobei

$$s_k \; = \; \mathrm{rd}\left(\mathrm{rd}(\alpha_{ik}\tilde{\xi}_k) + s_{k+1} \right) \tag{11.4}$$

$(k = i + 1, \ldots, n)$, $s_{n+1} := 0$ und rd eine Rundung zu F sei.

Behauptung Sei $k \in \{i + 1, \ldots, n + 1\}$. Dann gibt es $\widehat{\alpha}_{ij} \in \mathbb{R}$ ($j = k, \ldots, n$) mit $s_k = \sum_{j=k}^n \widehat{\alpha}_{ij}\tilde{\xi}_j$ und $|\widehat{\alpha}_{ij} - \alpha_{ij}| \leq (n + 2 - k)\,\mathrm{eps}(1 + \mathrm{eps})^{n+1-k}|\alpha_{ij}|$ für $j = k, \ldots, n$.

Wir zeigen diese Behauptung per Induktion über $n + 1 - k$. Für $k = n + 1$ ist nichts zu zeigen.

Für $k \leq n$ haben wir gemäß der Induktionsvoraussetzung $s_{k+1} = \sum_{j=k+1}^n \widehat{\widehat{\alpha}}_{ij}\tilde{\xi}_j$ mit $|\widehat{\widehat{\alpha}}_{ij} - \alpha_{ij}| \leq (n + 1 - k)\,\mathrm{eps}(1 + \mathrm{eps})^{n-k}|\alpha_{ij}|$ für $j = k + 1, \ldots, n$. Sei rd eine Rundung zu F. Nach (11.4) folgt für geeignete $\epsilon_1, \epsilon_2 \in \mathbb{R}$ mit $|\epsilon_1|, |\epsilon_2| \leq \mathrm{eps}$ (vgl. Definition 4.7):

$$s_k = \mathrm{rd}\left(\mathrm{rd}(\alpha_{ik}\tilde{\xi}_k) + s_{k+1}\right)$$

$$= \left((\alpha_{ik}\tilde{\xi}_k)(1 + \epsilon_1) + s_{k+1}\right)(1 + \epsilon_2)$$

$$= \left((\alpha_{ik}\tilde{\xi}_k)(1 + \epsilon_1) + \sum_{j=k+1}^{n} \widehat{\widehat{\alpha}}_{ij}\tilde{\xi}_j\right)(1 + \epsilon_2)$$

$$= \alpha_{ik}(1 + \epsilon_1)(1 + \epsilon_2)\tilde{\xi}_k + \sum_{j=k+1}^{n} \widehat{\widehat{\alpha}}_{ij}(1 + \epsilon_2)\tilde{\xi}_j$$

Wir setzen $\widehat{\alpha}_{ik} := \alpha_{ik}(1 + \epsilon_1)(1 + \epsilon_2)$ und $\widehat{\alpha}_{ij} := \widehat{\widehat{\alpha}}_{ij}(1 + \epsilon_2)$ für $j = k + 1, \ldots, n$. Dann ist $|\widehat{\alpha}_{ik} - \alpha_{ik}| \le |\alpha_{ik}||\epsilon_1 + \epsilon_2 + \epsilon_1\epsilon_2| \le |\alpha_{ik}|(2\,\mathrm{eps} + \mathrm{eps}^2) < |\alpha_{ik}|2\,\mathrm{eps}(1 + \mathrm{eps})$.

Für $j = k + 1, \ldots, n$ berechnen wir

$$|\widehat{\alpha}_{ij} - \alpha_{ij}| = |(\widehat{\widehat{\alpha}}_{ij} - \alpha_{ij})(1 + \epsilon_2) + \epsilon_2\alpha_{ij}|$$

$$\le |\widehat{\widehat{\alpha}}_{ij} - \alpha_{ij}|(1 + |\epsilon_2|) + |\epsilon_2||\alpha_{ij}|$$

$$\le (n + 1 - k)\,\mathrm{eps}(1 + \mathrm{eps})^{n-k}|\alpha_{ij}|(1 + |\epsilon_2|) + |\epsilon_2||\alpha_{ij}|$$

$$\le \left((n + 1 - k)\,\mathrm{eps}(1 + \mathrm{eps})^{n+1-k} + \mathrm{eps}\right)|\alpha_{ij}|$$

$$< \left((n + 2 - k)\,\mathrm{eps}(1 + \mathrm{eps})^{n+1-k}\right)|\alpha_{ij}|$$

Es folgt die Behauptung.

Für $k = i + 1$ impliziert sie, dass es $\tilde{\alpha}_{ij} \in \mathbb{R}$ ($j = i + 1, \ldots, n$) gibt mit $s_{i+1} = \sum_{j=i+1}^{n} \tilde{\alpha}_{ij}\tilde{\xi}_j$ und $|\tilde{\alpha}_{ij} - \alpha_{ij}| \le (n + 1 - i)\,\mathrm{eps}(1 + \mathrm{eps})^{n-i}|\alpha_{ij}|$ für $j = i + 1, \ldots, n$.

Für $i = \min\{m, n\}, \ldots, 1$ mit $\alpha_{ii} \ne 0$ haben wir für geeignete $\epsilon_1, \epsilon_2 \in \mathbb{R}$ mit $|\epsilon_1|, |\epsilon_2| \le \mathrm{eps}$:

$$\tilde{\xi}_i = \mathrm{rd}\left(\frac{\mathrm{rd}\,(\beta_i - s_{i+1})}{\alpha_{ii}}\right) = \left(\frac{(\beta_i - s_{i+1})(1 + \epsilon_1)}{\alpha_{ii}}\right)(1 + \epsilon_2).$$

Wir setzen daher noch $\tilde{\alpha}_{ii} := \alpha_{ii}/((1 + \epsilon_1)(1 + \epsilon_2))$ und erhalten wegen $1 - |\epsilon| \le \frac{1}{1+\epsilon} \le 1 + \frac{3}{2}|\epsilon|$ für $\epsilon \in \mathbb{R}$ mit $|\epsilon| \le \frac{1}{3}$ wie gewünscht $|\tilde{\alpha}_{ii} - \alpha_{ii}| \le ((1 + \frac{3}{2}\,\mathrm{eps})(1 + \frac{3}{2}\,\mathrm{eps}) - 1)|\alpha_{ii}| < 3\,\mathrm{eps}(1 + \mathrm{eps})|\alpha_{ii}|$. Falls $i = n = 1$, ist $\epsilon_1 = 0$ und also sogar $|\tilde{\alpha}_{ii} - \alpha_{ii}| \le \frac{3}{2}\,\mathrm{eps}\,|\alpha_{ii}|$. Zudem gilt

$$\tilde{\xi}_i = \frac{\beta_i - \sum_{j=i+1}^{n} \tilde{\alpha}_{ij}\tilde{\xi}_j}{\tilde{\alpha}_{ii}}.$$

Insgesamt folgt $\tilde{A}\tilde{x} = b$.   □

Der Term $(1 + \mathrm{eps})^{n-1}$ ist für F_{double} und alle praktisch relevanten Größen von n so nahe an 1, dass er vernachlässigt werden kann. Für F_{double} und $n = 10^6$ haben wir beispielsweise $|\alpha_{ij} - \tilde{\alpha}_{ij}| \le 2^{-33}|\alpha_{ij}|$. Die zweite Phase der Gauß-Elimination ist also rückwärtsstabil.

Eigentlich ist man aber am relativen Fehler von $\tilde{x}$ interessiert. Diesen kann man mit Hilfe der Kondition aus der Rückwärtsstabilität erhalten, wie wir zeigen werden. Wir benötigen dazu aber etwas Vorbereitung.

11.5 Matrixnormen

Um den Begriff der Kondition auf mehrdimensionale Probleme zu verallgemeinern, braucht man Normen. Durch Abbildungen können Fehler gedämpft oder verstärkt werden. Wir konzentrieren uns hier auf lineare Abbildungen, wie sie für die Lösung linearer Gleichungssysteme relevant sind.

Definition 11.24 *Ist V ein Vektorraum über $\mathbb{R}$ (etwa $V = \mathbb{R}^n$ oder $V = \mathbb{R}^{m \times n}$; analog über $\mathbb{C}$), so ist eine* **Norm** *auf V eine Abbildung $\| \cdot \| \colon V \to \mathbb{R}$ mit*

- $\|x\| > 0$ *für alle $x \neq 0$;*
- $\|\alpha x\| = |\alpha| \cdot \|x\|$ *für alle $\alpha \in \mathbb{R}$ und alle $x \in V$;*
- $\|x + y\| \leq \|x\| + \|y\|$ *für alle $x, y \in V$ (Dreiecksungleichung).*

Eine **Matrixnorm** *ist eine Norm auf $\mathbb{R}^{m \times n}$.*

Beispiel 11.25 Bekannte Vektornormen (jeweils für $x = (\xi_i) \in \mathbb{R}^n$) sind:

- $\|x\|_1 := \sum_{i=1}^n |\xi_i|$ (Betragssummennorm, ℓ_1-Norm, Manhattannorm);
- $\|x\|_\infty := \max_{1 \leq i \leq n} |\xi_i|$ (Maximumnorm, ℓ_∞-Norm).

Matrixnormen (jeweils für $A = (\alpha_{ij}) \in \mathbb{R}^{m \times n}$) sind z. B.:

- $\|A\|_1 := \max_{1 \leq j \leq n} \sum_{i=1}^m |\alpha_{ij}|$ (Spaltensummennorm);
- $\|A\|_\infty := \max_{1 \leq i \leq m} \sum_{j=1}^n |\alpha_{ij}|$ (Zeilensummennorm).

Im Folgenden beschränken wir uns auf quadratische Matrizen.

Definition 11.26 *Eine Matrixnorm $\| \cdot \|^{\mathrm{M}}$ auf $\mathbb{R}^{n \times n}$ heißt* **verträglich** *mit der Vektornorm $\| \cdot \|$ auf $\mathbb{R}^n$, falls für alle $A \in \mathbb{R}^{n \times n}$ und alle $x \in \mathbb{R}^n$ gilt:*

$$\|Ax\| \leq \|A\|^{\mathrm{M}} \cdot \|x\| .$$

Eine Matrixnorm $\| \cdot \| \colon \mathbb{R}^{n \times n} \to \mathbb{R}$ heißt **submultiplikativ,** *wenn*

$$\|AB\| \leq \|A\| \cdot \|B\|$$

für alle $A, B \in \mathbb{R}^{n \times n}$.

Nicht alle Matrixnormen $\|\cdot\| : \mathbb{R}^{n \times n} \to \mathbb{R}$ sind submultiplikativ: z. B. definiert $\|A\| :=$ $\max_{1 \leq i,j, \leq n} |a_{ij}|$ eine Matrixnorm mit $\left\|\left(\begin{smallmatrix}1&1\\0&0\end{smallmatrix}\right)\left(\begin{smallmatrix}1&0\\1&0\end{smallmatrix}\right)\right\| = \left\|\left(\begin{smallmatrix}2&0\\0&0\end{smallmatrix}\right)\right\| = 2 > 1 \cdot 1 = \left\|\left(\begin{smallmatrix}1&1\\0&0\end{smallmatrix}\right)\right\| \cdot$ $\left\|\left(\begin{smallmatrix}1&0\\1&0\end{smallmatrix}\right)\right\|$. Diese Matrixnorm ist auch nicht mit der Vektornorm $\|\cdot\|_\infty$ verträglich, wie das Beispiel $\left\|\left(\begin{smallmatrix}1&1\\0&0\end{smallmatrix}\right)\left(\begin{smallmatrix}1\\1\end{smallmatrix}\right)\right\|_\infty = \left\|\left(\begin{smallmatrix}2\\0\end{smallmatrix}\right)\right\|_\infty = 2 > 1 \cdot 1 = \left\|\left(\begin{smallmatrix}1&1\\0&0\end{smallmatrix}\right)\right\| \cdot \left\|\left(\begin{smallmatrix}1\\1\end{smallmatrix}\right)\right\|_\infty$ zeigt.

Satz 11.27 *Sei $\|\cdot\|$ eine Vektornorm auf $\mathbb{R}^n$. Dann ist $\|\|\cdot\|\| : \mathbb{R}^{n \times n} \to \mathbb{R}$, definiert durch*

$$\|\|A\|\| := \max\left\{ \frac{\|Ax\|}{\|x\|} \,\middle|\, x \in \mathbb{R}^n \setminus \{0\}\right\} = \max\{\|Ax\| \mid x \in \mathbb{R}^n, \|x\| = 1\}$$

für alle $A \in \mathbb{R}^{n \times n}$, eine submultiplikative, mit $\|\cdot\|$ verträgliche Matrixnorm.

Beweis Wir zeigen zunächst, dass $\|\|\cdot\|\|$ eine Norm ist:

- Falls $A \neq 0$, gibt es einen Eintrag $\alpha_{ij} \neq 0$, und dann ist $Ae_j \neq 0$, also $\|Ae_j\| > 0$. Es folgt $\|\|A\|\| = \max_{x \neq 0} \frac{\|Ax\|}{\|x\|} \geq \frac{\|Ae_j\|}{\|e_j\|} > 0$.
- Für alle $\alpha \in \mathbb{R}$ und $A \in \mathbb{R}^{n \times n}$ ist $\|\|\alpha A\|\| = \max_{x \neq 0} \frac{\|\alpha Ax\|}{\|x\|} = |\alpha| \max_{x \neq 0} \frac{\|Ax\|}{\|x\|} = |\alpha| \cdot \|\|A\|\|$.
- Für alle $A, B \in \mathbb{R}^{n \times n}$ ist

$$\begin{aligned}\|\|A + B\|\| &= \max_{\|x\|=1} \|(A + B)x\| \\ &\leq \max_{\|x\|=1} (\|Ax\| + \|Bx\|) \\ &\leq \max_{\|x\|=1} \|Ax\| + \max_{\|x\|=1} \|Bx\| \\ &= \|\|A\|\| + \|\|B\|\|.\end{aligned}$$

$\|\|\cdot\|\|$ ist submultiplikativ, denn für alle $A, B \in \mathbb{R}^{n \times n}$ mit $B \neq 0$ ist

$$\begin{aligned}\|\|AB\|\| &= \max_{x \neq 0} \frac{\|ABx\|}{\|x\|} \\ &= \max_{Bx \neq 0} \left(\frac{\|A(Bx)\|}{\|Bx\|} \cdot \frac{\|Bx\|}{\|x\|} \right) \\ &\leq \max_{y \neq 0} \frac{\|Ay\|}{\|y\|} \cdot \max_{x \neq 0} \frac{\|Bx\|}{\|x\|} \\ &= \|\|A\|\| \cdot \|\|B\|\|.\end{aligned}$$

$\|\|\cdot\|\|$ ist verträglich mit $\|\cdot\|$, denn für alle $A \in \mathbb{R}^{n \times n}$ und alle $x \in \mathbb{R}^n$ gilt:

$$\|A\| \cdot \|x\| = \max_{y \neq 0} \frac{\|Ay\|}{\|y\|} \|x\| \geq \|Ax\|.$$

$\square$

Wir nennen die in Satz 11.27 definierte Matrixnorm $\|cdot\|$ die von $\|\cdot\|$ **induzierte Norm.**
Die von einer Vektornorm induzierte Matrixnorm ist offenbar die kleinstmögliche mit dieser
Vektornorm verträgliche Matrixnorm.

Beispiel 11.28 Die Betragssummennorm $x \mapsto \|x\|_1$ ($x \in \mathbb{R}^n$) induziert die Spaltensum-
mennorm $A \mapsto \|A\|_1$ ($A \in \mathbb{R}^{n \times n}$), denn es gilt stets

$$\max\{\|Ax\|_1 \mid \|x\|_1 = 1\} = \max\left\{ \sum_{i=1}^{n} \left| \sum_{j=1}^{n} \alpha_{ij}\xi_j \right| \,\middle|\, \sum_{j=1}^{n} |\xi_j| = 1 \right\} = \max_{1 \leq j \leq n} \sum_{i=1}^{n} |\alpha_{ij}|$$

(das erste Maximum wird für einen Einheitsvektor angenommen).
   Die Maximumnorm $x \mapsto \|x\|_\infty$ induziert die Zeilensummennorm $A \mapsto \|A\|_\infty$, denn es
gilt stets

$$\max\{\|Ax\|_\infty \mid \|x\|_\infty = 1\} = \max\left\{ \max_{1 \leq i \leq n} \left| \sum_{j=1}^{n} \alpha_{ij}\xi_j \right| \,\middle|\, |\xi_j| \leq 1 \,\forall j \right\} = \max_{1 \leq i \leq n} \sum_{j=1}^{n} |\alpha_{ij}|.$$

11.6   Kondition linearer Gleichungssysteme

Wir erinnern uns an die Definition der Kondition aus Abschn. 5.3 und verallgemeinern
Definition 5.6 auf mehrdimensionale Probleme, indem wir überall den Absolutbetrag durch
eine Norm ersetzen. Die Kondition hängt natürlich von der Wahl der Norm ab.
   Der Einfachheit halber konzentrieren wir uns hier auf lineare Gleichungssysteme $Ax = b$,
bei denen $A \in \mathbb{R}^{n \times n}$ nichtsingulär ist; damit ist das Berechnungsproblem eindeutig, denn
es ist die eindeutige Lösung $x = A^{-1}b$ gesucht.
   Halten wir zunächst die Matrix A fest und betrachten b als Eingabe, so haben wir:

Proposition 11.29 *Sei $A \in \mathbb{R}^{n \times n}$ nichtsingulär und $\|\cdot\|: \mathbb{R}^n \to \mathbb{R}$ eine feste Vektornorm.
Die Kondition des Problems $b \mapsto A^{-1}b$ (bzgl. dieser Norm) ist*

$$\kappa(A) := \|A^{-1}\| \cdot \|A\|,$$

wobei $\|\cdot\|$ auch die von der Vektornorm $\|\cdot\|$ induzierte Matrixnorm bezeichnet.

Beweis Gemäß der Definition berechnen wir die Kondition wie folgt:

$$
\sup\left\{\lim_{\epsilon\to 0}\sup\left\{\left.\frac{\frac{\|A^{-1}b-A^{-1}b'\|}{\|A^{-1}b\|}}{\frac{\|b-b'\|}{\|b\|}}\ \right|\ b'\in\mathbb{R}^n,\ 0<\|b-b'\|<\epsilon\right\}\ \right|\ b\in\mathbb{R}^n, b\neq 0\right\}
$$

$$
=\sup\left\{\left.\frac{\|A^{-1}(b-b')\|}{\|b-b'\|}\cdot\frac{\|A(A^{-1}b)\|}{\|A^{-1}b\|}\ \right|\ b,b'\in\mathbb{R}^n,\ b\neq 0, b'\neq b\right\}
$$

$$
=\sup\left\{\left.\frac{\|A^{-1}x\|}{\|x\|}\ \right|\ x\neq 0\right\}\cdot\sup\left\{\left.\frac{\|Ay\|}{\|y\|}\ \right|\ y\neq 0\right\}
$$

$$
=\|A^{-1}\|\cdot\|A\|.\qquad\qquad\qquad\qquad\qquad\qquad\qquad\qquad\qquad\qquad\square
$$

$\kappa(A)$ heißt auch die **Kondition der Matrix** A. Wegen $\|A^{-1}\|\cdot\|A\|\geq\|A^{-1}A\|=\|I\|=1$ ist sie immer mindestens 1.

Kennen wir die Kondition von A (oder zumindest eine obere Schranke), so können wir die Genauigkeit einer Näherungslösung $\tilde{x}$ abschätzen. Hierzu berechnen wir den Residuenvektor $r:=A\tilde{x}-b$. Mit $\tilde{x}=A^{-1}(b+r)$ und $x=A^{-1}b$ erhalten wir

$$
\frac{\|x-\tilde{x}\|}{\|x\|}=\frac{\|A^{-1}b-A^{-1}(b+r)\|}{\|x\|}=\frac{\|A^{-1}r\|\cdot\|Ax\|}{\|b\|\cdot\|x\|}\leq\frac{\|A^{-1}\|\cdot\|r\|}{\|b\|}\|A\|=\kappa(A)\frac{\|r\|}{\|b\|}.
$$

Ist der Fehler zu groß, kann man es mit einer Nachiteration versuchen. Hierzu löst man (ebenfalls näherungsweise) das lineare Gleichungssystem $Ax=r$ und subtrahiert die Lösung von $\tilde{x}$.

Beispiel 11.30 Wir betrachten das lineare Gleichungssystem aus Beispiel 5.5:

$$
\begin{pmatrix}10^{-20} & 2\\ 10^{-20} & 10^{-20}\end{pmatrix}\begin{pmatrix}\xi_1\\ \xi_2\end{pmatrix}=\begin{pmatrix}1\\ 10^{-20}\end{pmatrix}.
$$

Gauß-Elimination (ohne Pivotisierung) mit Maschinenzahlenarithmetik in $F_{\texttt{double}}$ ergibt die Näherungslösung $\xi_2=\frac{1}{2}$ und $\xi_1=0$. Diese hat den sehr kleinen Residuenvektor

$$
\begin{pmatrix}10^{-20} & 2\\ 10^{-20} & 10^{-20}\end{pmatrix}\begin{pmatrix}0\\ \frac{1}{2}\end{pmatrix}-\begin{pmatrix}1\\ 10^{-20}\end{pmatrix}=\begin{pmatrix}0\\ -\frac{1}{2}\cdot 10^{-20}\end{pmatrix},
$$

was aber nicht bedeutet, dass die Lösung gut ist, denn die Kondition der Matrix ist sehr schlecht:

$$
\kappa\begin{pmatrix}10^{-20} & 2\\ 10^{-20} & 10^{-20}\end{pmatrix}=\left\|\begin{pmatrix}10^{-20} & 2\\ 10^{-20} & 10^{-20}\end{pmatrix}\right\|\cdot\left\|\begin{pmatrix}\frac{-1}{2-10^{-20}} & \frac{2\cdot 10^{20}}{2-10^{-20}}\\ \frac{1}{2-10^{-20}} & \frac{-1}{2-10^{-20}}\end{pmatrix}\right\|\approx 2\cdot 10^{20}.
$$

Multipliziert man die zweite Zeile mit 10^{20}, so wird die Kondition viel besser, denn

$$\kappa \begin{pmatrix} 10^{-20} & 2 \\ 1 & 1 \end{pmatrix} = \left\| \begin{pmatrix} 10^{-20} & 2 \\ 1 & 1 \end{pmatrix} \right\| \cdot \left\| \begin{pmatrix} \frac{-1}{2-10^{-20}} & \frac{2}{2-10^{-20}} \\ \frac{1}{2-10^{-20}} & \frac{-10^{-20}}{2-10^{-20}} \end{pmatrix} \right\| \approx 3$$

(jeweils bzgl. Zeilensummennorm). Allerdings ist jetzt auch der Residuenvektor groß, denn

$$\begin{pmatrix} 10^{-20} & 2 \\ 1 & 1 \end{pmatrix} \begin{pmatrix} 0 \\ \frac{1}{2} \end{pmatrix} - \begin{pmatrix} 1 \\ 1 \end{pmatrix} = \begin{pmatrix} 0 \\ -\frac{1}{2} \end{pmatrix} \, .$$

Dennoch hilft eine gute Kondition bei rückwärtsstabilen Verfahren. Möchten wir allgemein eine Instanz I eines numerischen Berechnungsproblems lösen, und wissen wir, dass die von einem bestimmten Algorithmus berechnete Näherungslösung $\tilde{x}$ die korrekte Lösung für eine Instanz $\tilde{I}$ ist mit $\frac{\|I - \tilde{I}\|}{\|I\|}$ klein (Rückwärtsstabilität), so kann der relative Fehler $\frac{\|\tilde{x} - x\|}{\|x\|}$ in erster Näherung durch $\kappa(I) \frac{\|I - \tilde{I}\|}{\|I\|}$ abgeschätzt werden. Dies unterstellt ein (natürlich nicht immer gegebenes) lineares Verhalten und ist sonst nur für hinreichend kleine Fehler annähernd korrekt. Man spricht auch von linearisierter Fehlertheorie.

Ein Beispiel liefert Satz 11.23. Hier ist allerdings nicht die rechte Seite gestört, sondern die Matrix selbst. Die Kondition der Instanz ist dann nicht (wie in Proposition 11.29) einfach die Kondition der Matrix. Wir benötigen folgende allgemeinere Aussage.

Satz 11.31 *Seien $A, \tilde{A} \in \mathbb{R}^{n \times n}$ mit A nichtsingulär und $\|\tilde{A} - A\| \|A^{-1}\| < 1$ (bzgl. einer festen Vektornorm und der davon induzierten Matrixnorm). Dann ist $\tilde{A}$ nichtsingulär. Seien weiter $b, \tilde{b} \in \mathbb{R}^n$ mit $b \neq 0$. Dann gilt für $x := A^{-1}b$ und $\tilde{x} := \tilde{A}^{-1}\tilde{b}$:*

$$\frac{\|\tilde{x} - x\|}{\|x\|} \leq \frac{\kappa(A)}{1 - \|\tilde{A} - A\| \|A^{-1}\|} \left(\frac{\|\tilde{b} - b\|}{\|b\|} + \frac{\|\tilde{A} - A\|}{\|A\|} \right) \, .$$

Beweis Es gilt für alle $y \in \mathbb{R}^n$:

$$\begin{aligned}
\|A^{-1}\| \cdot \|\tilde{A}y\| &\geq \|A^{-1}\tilde{A}y\| \\
&= \|y + A^{-1}(\tilde{A} - A)y\| \\
&\geq \|y\| - \|A^{-1}(\tilde{A} - A)y\| \\
&\geq \|y\| - \|A^{-1}\| \cdot \|\tilde{A} - A\| \cdot \|y\| \\
&= \left(1 - \|\tilde{A} - A\| \|A^{-1}\| \right) \|y\| \, .
\end{aligned} \tag{11.5}$$

Nach Voraussetzung ist die rechte Seite für alle $y \neq 0$ positiv, und somit auch $\|\tilde{A}y\| > 0$ für alle $y \neq 0$; also ist $\tilde{A}$ nichtsingulär.

Setzen wir $y = \tilde{x} - x$ in (11.5) ein und benutzen

$$\|\tilde{A}(\tilde{x} - x)\| = \|\tilde{b} - \tilde{A}x\|$$

$$= \|(\tilde{b} - b) - (\tilde{A} - A)x\|$$

$$\leq \|\tilde{b} - b\| + \|\tilde{A} - A\| \cdot \|x\|$$

$$= \|A\| \left(\frac{\|\tilde{b} - b\|}{\|b\|} \cdot \frac{\|Ax\|}{\|A\|} + \frac{\|\tilde{A} - A\|}{\|A\|} \cdot \|x\| \right)$$

$$\leq \|A\| \left(\frac{\|\tilde{b} - b\|}{\|b\|} + \frac{\|\tilde{A} - A\|}{\|A\|} \right) \|x\| \,,$$

so erhalten wir

$$\|\tilde{x} - x\| \leq \frac{\|A^{-1}\|}{1 - \|\tilde{A} - A\| \|A^{-1}\|} \|A\| \left(\frac{\|\tilde{b} - b\|}{\|b\|} + \frac{\|\tilde{A} - A\|}{\|A\|} \right) \|x\| \,,$$

wie gefordert.   □

Satz 11.23 und 11.31 ergeben zusammen eine sehr gute Abschätzung für den relativen Fehler der Lösung, die wir in der zweiten Phase der Gauß-Elimination erhalten, wenn wir mit Maschinenzahlen rechnen, zumindest wenn die Matrix kleine Kondition hat.

In Beispiel 11.30 haben wir bereits gesehen, dass man die Kondition einer Matrix oft durch Multiplikation einer Zeile mit einer (von null verschiedenen) Zahl verbessern kann. Ebenso kann man Spalten mit Konstanten ungleich null multiplizieren. Allgemein wählt man nichtsinguläre Diagonalmatrizen D_1 und D_2, so dass $D_1 A D_2$ besser konditioniert ist als A; dann löst man statt $Ax = b$ das Gleichungssystem $(D_1 A D_2)y = D_1 b$ und setzt anschließend $x := D_2 y$. Dies nennt man Vorkonditionierung.

Tatsächlich können D_1 und D_2 beliebige nichtsinguläre Matrizen sein, aber leider ist noch nicht einmal bei der Beschränkung auf Diagonalmatrizen klar, wie man D_1 und D_2 am besten wählen sollte. Man strebt normalerweise an, dass die Summen der Absolutbeträge in allen Zeilen und Spalten von $D_1 A D_2$ ähnlich sind; dies nennt man Äquilibrierung. Beschränkt man sich auf Vorkonditionierung mit einer Diagonalmatrix von links (d. h. $D_2 = I$), führen gleiche Zeilenbetragssummen tatsächlich zur besten so erreichbaren Kondition bezüglich der Maximumnorm:

Satz 11.32 *Sei* $A = (\alpha_{ij}) \in \mathbb{R}^{n \times n}$ *eine nichtsinguläre Matrix mit* $\sum_{j=1}^{n} |\alpha_{ij}| = \sum_{j=1}^{n} |\alpha_{1j}|$ *für* $i = 1, \ldots, n$. *Dann gilt für jede nichtsinguläre Diagonalmatrix* D *bzgl. der Maximumnorm:*

$$\kappa(DA) \geq \kappa(A) \,.$$

Beweis Die Diagonalelemente von D bezeichnen wir mit $\delta_1, \ldots, \delta_n$. Dann gilt

$$\|DA\|_\infty = \max_{1 \le i \le n} |\delta_i| \sum_{j=1}^n |\alpha_{ij}| = \|A\|_\infty \max_{1 \le i \le n} |\delta_i|.$$

Hier haben wir ausgenutzt, dass die Zeilensummen alle gleich sind.

Die Inverse von D hat die Diagonaleinträge $\frac{1}{\delta_1}, \ldots, \frac{1}{\delta_n}$. Sei $A^{-1} = (\alpha'_{ij})_{i,j=1,\ldots,n}$. Dann ist:

$$\|(DA)^{-1}\|_\infty = \|A^{-1}D^{-1}\|_\infty$$

$$= \max_{1 \le i \le n} \sum_{j=1}^n \frac{|\alpha'_{ij}|}{|\delta_j|} \ge \frac{\max_{1 \le i \le n} \sum_{j=1}^n |\alpha'_{ij}|}{\max_{1 \le k \le n} |\delta_k|} = \frac{\|A^{-1}\|_\infty}{\max_{1 \le k \le n} |\delta_k|}.$$

Die Multiplikation dieser beiden Ungleichungen ergibt:

$$\kappa(DA) = \|DA\|_\infty \|A^{-1}D^{-1}\|_\infty \ge \|A\|_\infty \|A^{-1}\|_\infty = \kappa(A). \qquad \square$$

Zusammenfassend ist die Gauß-Elimination (ggfs. mit Vorkonditionierung und/oder Nach-iteration) ein brauchbares Verfahren für die Lösung allgemeiner linearer Gleichungssysteme und verwandter Probleme. Benötigt man allerdings eine exakte Lösung, so muss man mit rationalen Zahlen exakt rechnen (Abschn. 11.3). Für Gleichungssysteme mit speziellen Eigenschaften gibt es andere, oft bessere Verfahren, auf die wir hier aber nicht näher eingehen können.

11.7 Übungsaufgaben

1. Zeigen Sie, dass ein lineares Gleichungssystem entweder keine, genau eine, oder unendlich viele Lösungen besitzt. Geben Sie für jeden der drei Fälle ein Beispiel an.
2. Es sei $Ax = 0$ ein lineares Gleichungssystem, wobei die Einträge der Matrix A ganzzahlig seien. Angenommen, es gibt außer $x = 0$ eine weitere Lösung. Zeigen Sie, dass es dann außer $x = 0$ eine weitere ganzzahlige Lösung gibt.
3. Zeigen Sie, dass der Rechenaufwand für den Laplaceschen Entwicklungssatz $\Theta(n!)$ beträgt.
4. Geben Sie eine 3×3-Matrix an, die (a) keine (b) unendlich viele LU-Zerlegungen besitzt.
5. Zeigen Sie, dass es für jede nichtsinguläre Matrix A, deren Diagonaleinträge alle 1 sind, eine LU-Zerlegung gibt, so dass auch U normiert ist.
6. Zeigen Sie, dass nichtsinguläre Matrizen immer eine teilpivotisierte LU-Zerlegung haben.
7. Eine Matrix A heißt diagonaldominant, wenn $|\alpha_{ii}| \ge \sum_{j \ne i} |\alpha_{ij}|$ für alle i gilt. Betrachten Sie die Gauß-Elimination, wenn die Eingabematrix A diagonaldominant

ist. Zeigen Sie, dass man dann keine Zeilen- und Spaltenvertauschungen benötigt, und
dass U stets diagonaldominant ist.

8. Geben Sie analog zu Beispiel 11.18 nichtsinguläre Matrizen $A_n \in \{-2, -1, 0, 1, 2\}^{n \times n}$
   mit LU-Zerlegungen $A_n = L_n U_n$ an, so dass die Einträge von L_n exponentiell (in n)
   wachsen.

9. Zeigen Sie, dass für eine ganzzahlige quadratische Matrix A, deren Einträge mit insge-
   samt k Bits gespeichert werden können, $|\det A| \leq 2^k$ gilt.

10. Es sei k die Anzahl der Bits, die zum Speichern aller Einträge einer Eingabematrix
    $A \in \mathbb{Q}^{m \times n}$ benötigt wird (insbesondere ist $k \geq mn$). Zeigen Sie, dass die Anzahl
    elementarer Rechenschritte (Operationen auf einzelnen Bits) der Gauß-Elimination mit
    ständigem Kürzen von Brüchen durch $O(k^{4,5})$ beschränkt werden kann.

11. Es sei $A \in \mathbb{Q}^{n \times n}$ nichtsingulär und $b \in \mathbb{Q}^n$. Sei k die zum Speichern aller Einträge von A
    und b benötigte Anzahl Bits. Zeigen Sie, dass dann die Einträge der eindeutigen Lösung
    x des linearen Gleichungssytems $Ax = b$ mit jeweils höchstens $2k$ Bits gespeichert
    werden können.

12. Es sei $A = (\alpha_{ij}) \in \mathbb{R}^{n \times n}$. Zeigen Sie, dass durch $\|A\| := n \max_{i,j} |\alpha_{ij}|$ eine
    Matrixnorm definiert wird.

13. Es seien $n, m \in \mathbb{N}$. Zeigen Sie, dass die durch $A \mapsto \sqrt{mn} \max_{i=1}^{m} \max_{j=1}^{n} |\alpha_{ij}|$ für alle
    $A \in \mathbb{R}^{m \times n}$ definierte Abbildung eine submultiplikative Matrixnorm ist.

14. Es sei A eine nichtsinguläre Matrix. Zeigen Sie, dass dann gilt:

$$\inf \left\{ \frac{\|A - B\|}{\|A\|} \,\middle|\, B \text{ singulär} \right\} \geq \frac{1}{\kappa(A)} \,.$$

Literaturverzeichnis

1. Agrawal M, Kayal N, Saxena N. PRIMES is in P. Ann Math. 2004;160:781–93.
2. Applegate DL, Bixby RE, Chvátal V, Cook WJ. The traveling salesman problem. A computational study. Princeton: Princeton University Press; 2006.
3. Bellman R. On a routing problem. Q Appl Math. 1958;16:87–90.
4. Berge C. Two theorems in graph theory. Proc Natl Acad Sci USA. 1957;43:842–4.
5. Breymann U. Der C++ Programmierer. 5. Aufl. München: Hanser; 2018.
6. C++ Standard. ISO/IEC 14882:2011. http://www.open-std.org/jtc1/sc22/wg21/docs/papers/2012/n3337.pdf. Zugegriffen: 26. März 2018.
7. Church A. An unsolvable problem of elementary number theory. Am J Math. 1936;58:345–63.
8. Cormen TH, Leiserson CE, Rivest RL, Stein C. Introduction to algorithms. 3. Aufl. Cambridge: MIT Press; 2009.
9. Dantzig GB, Fulkerson DR. On the max-flow min-cut theorem of networks. In: Kuhn HW, Tucker AW, Herausgeber. Linear inequalities and related systems. Princeton: Princeton University Press; 1956. S. 215–21.
10. Dijkstra EW. A note on two problems in connexion with graphs. Numer Math. 1959;1:269–71.
11. Edmonds J. Systems of distinct representatives and linear algebra. J Res Natl Bur Stand. 1967;B71:241–5.
12. Edmonds J, Karp RM. Theoretical improvements in algorithmic efficiency for network flow problems. J ACM. 1972;19:248–64.
13. Folkerts M. Die älteste lateinische Schrift über das indische Rechnen nach al-Ḫwārizmī.

    München: Verlag der Bayerischen Akademie der Wissenschaften; 1997.
14. Ford LR. Network flow theory. Paper P-923, The Rand Corporation, Santa Monica; 1956.
15. Ford LR, Fulkerson DR. Maximal flow through a network. Can J Math. 1956;8:399–404.
16. Ford LR, Fulkerson DR. A simple algorithm for finding maximal network flows and an application to the Hitchcock problem. Can J Math. 1957;9:210–8.
17. Frobenius G. Über zerlegbare Determinanten. Sitzungsberichte der Königlich Preussischen Akademie der Wissenschaften 1917;XVIII:274–77.
18. Fürer M. Faster integer multiplication. SIAM J Comput. 2009;39:979–1005.
19. Held M, Karp RM. A dynamic programming approach to sequencing problems. J SIAM. 1962;10:196–210.

20. IEEE Standard for Binary Floating-Point Arithmetic. ANSI/IEEE Std 754-1985. http://754r. ucbtest.org/web-2008/standards/754.pdf. Zugegiffen: 26. März 2018.

21. Jarník V. O jistém problému minimálním. Práce Moravské Přírodovědecké Společnosti 1930;6:57–63.

22. Karatsuba A, Ofman Y. Multiplication of multidigit numbers on automata. Sov Phys Dokl. 1963;7:595–6.

23. Knuth DE. The art of computer programming, vol. 1–4A. 3rd ed. Boston: Addison-Wesley; 2011.

24. König D. Über Graphen und ihre Anwendung auf Determinantentheorie und Mengenlehre. Math Ann. 1916;77:453–65.

25. Kruskal JB. On the shortest spanning subtree of a graph and the traveling salesman problem. Proc AMS. 1956;7:48–50.

26. Lippman SB, Lajoie J, Moo BE. C++ primer. 5. Aufl. Boston: Addison Wesley 2013

27. Moore EF. The shortest path through a maze. Proceedings of an International Symposium on the Theory of Switching; Teil II. Cambridge: Harvard University Press; 1959. S. 285–92.

28. Oliveira e Silva T. Empirical verification of the 3x+1 and related conjectures. In: Lagarias JC, Herausgeber. The ultimate challenge: the 3x+1 problem. Prov Am Math Soc; 2010. S. 189–207.

29. Petersen J. Die Theorie der regulären Graphs. Acta Math. 1891;15:193–220.

30. Prim RC. Shortest connection networks and some generalizations. Bell Syst Tech J. 1957;36:1389–401.

31. Schönhage A, Strassen V. Schnelle Multiplikation großer Zahlen. Computing. 1971;7:281–92.

32. Stroustrup B. The C++ programming language. 4. Aufl. Boston: Addison-Wesley; 2013.

33. Stroustrup B. Programming: principles and practice using C++. 2. Aufl. Boston: Addison Wesley; 2014.

34. Tarjan RE. Data structures and network algorithms. Philadelphia: SIAM; 1983.

35. Treiber D, Zur Reihe der Primzahlreziproken. Elem Math. 1995;50:164–6.

36. Turing AM. On computable numbers, with an application to the Entscheidungsproblem. Proc Lond Math Soc 1937;42(2):230–65, 43:544–6.

37. Vogel K, Herausgeber. Mohammed ibn Musa Alchwarizmi's Algorismus. Das früheste Lehrbuch zum Rechnen mit indischen Ziffern. Aalen: Zeller; 1963.

38. Waldecker R, Rempe-Gillen L. Primzahltests für Einsteiger. 2. Auflage Springer 2016.

39. Wilkinson JH. Error analysis of direct methods of matrix inversion. J ACM. 1961;8:281–330.

Sachverzeichnis

© Springer-Verlag GmbH Deutschland, ein Teil von Springer Nature 2018
S. Hougardy und J. Vygen, *Algorithmische Mathematik*,
https://doi.org/10.1007/978-3-662-57461-4